B2B

아서 스컬리 · 윌리엄 우즈 지음

안 경 태 (삼일회계법인 대표) 옮김

한국경제신문

옮긴이의 글

새로운 정보통신 수단인 인터넷은 전화나 위성통신 등 다른 정보 통신 수단이 미치던 영향보다 더욱더 큰 반향을 사회에 불러일으키고 있으며 새로운 비즈니스 기회를 창출하고 있다.

경제활동에 미치는 인터넷의 영향

1990년대 초반까지만 하더라도 인터넷은 정보를 공유하는 제한적인 장소에 불과했다. 그러나 1990년대 초에 개발된 웹과 브라우저로 인해 인터넷 사용자가 폭발적으로 증가함에 따라 이제 인터넷은 상품과 서비스의 판매, 마케팅 및 구매업무 등을 처리하는 새로운 매체로서 그 활용범위가 크게 확대되고 있다. 아직 인터넷을 통한 시장의 형성은 초기 단계에 있지만 1998년에 인터넷을 매체로 하는 전자상거래가 전체 전자상거래 시장에서 26%를 차지하고 있으며,

2003년에는 46%로 늘어날 것이라는 미국의 시장조사기관 IDC사의 발표 내용에도 나타난 바와 같이, 향후 인터넷이 전자상거래의 주요 매체로서 그 중요성을 더할 것으로 예상된다.

B2C와 B2B의 등장

1990년대 중반부터 등장한 인터넷 기반의 시장은 기업과 소비자를 연결해주는 B2C(business-to-customer)였다. B2C의 경우에는 기발한 아이디어 하나만으로도 전세계적으로 성공할 수 있는 가능성을 보여줌으로써 수많은 기업들이 B2C에 참여하게 만드는 결과를 낳았다. 국내에서도 인터넷 선도기업들의 쇼핑몰 개설을 중심으로 많은 온라인 상점들이 생겨났고, 현재도 많은 기업들이 B2C 시장 진출을 위해 준비하고 있다. 이러한 B2C를 통한 전자상거래 기술의 발전과 인식의 전환은 기업과 기업 간의 거래에도 적용돼, B2B(business-to-business) 시장의 확장을 촉발시켰다. 특히 B2B 시장은 B2C 시장 규모에 비교할 수 없을 정도로 크기 때문에 해를 거듭할수록 전세계적으로 폭발적인 성장을 보이고 있다. 가트너 그룹의 예상에 따르면 전세계 B2B 시장 규모가 오는 2004년 7조 2,900억 달러로 현재 수준에서 50배 이상 증가할 것으로 추산했다.

국내 B2B 현황 및 향후 추세

B2B가 미국을 중심으로 급성장하는 전세계적인 추세와는 달리 국내의 경우 통신, 하드웨어 등의 인프라 부족과 협력사의 강한 유대관계를 기반으로 하는 기업의 거래 관행으로 인해 아직까지 B2B 시장의 본격적인 시작은 이루어지지 않고 있다. 하지만 최근 국내

에서도 많은 버티컬 B2B 시장 형성을 위한 컨소시엄 구성이 활발하게 이루어지고 있기 때문에 국내 B2B 시장은 빠른 시일 내에 비약적으로 커질 것으로 전망된다. 특히 커머스원(Commerce One), 오라클(Oracle), 아이투 테크놀로지(i2 Technology), 아리바(Ariba) 등 전자상거래 해외 솔루션의 국내 진출은 물론 국산 솔루션의 개발 등으로 국내 B2B 시장의 성장 속도가 앞당겨질 것으로 예상된다. 아직까지 국내 B2B 시장의 미래 규모를 예측하기가 쉽지는 않지만, 과거 미국 시장의 성장 속도를 감안하면 연간 100% 이상의 성장을 기대할 수 있을 것으로 판단된다.

B2B 시장이 현재의 기업 거래에 미치는 영향

1990년대 기업의 이슈가 ERP를 통한 기업 내부 프로세스 통합(process integration)이었다면, 2000년대는 SCM, CRM를 이용한 기업 외적인 프로세스까지의 통합이 새로운 이슈라고 볼 수 있다. 이런 상황에서 기업 간 전자상거래는 구매 측면에서의 비용 절감과 판매 측면에서의 수익 증대라는 두 마리 토끼를 모두 잡을 수 있다는 점에서 기업들에겐 선택의 여지가 없을 것으로 판단된다. 특히 미국을 중심으로 구축된 전세계 글로벌 네트워크는 B2B 시장이 더 이상 한 국가 안에서만 머무르지 않고, 국경의 장벽을 넘어 글로벌 B2B라는 거대한 시장을 조성할 수 있는 장을 제공하고 있다. 이제 국내 기업은 물론 전세계 모든 기업들은 B2B 시장 참여 여부에 대한 계획이 아니라, 어떠한 전략과 브랜드로 B2B 시장에 진출할지에 중점을 두어야 할 때라고 판단된다.

앞으로 상당수의 대기업이 B2B 시장의 구축을 시도할 것이다. 그러나 정작 B2B 시장을 전반적으로 이해하고 있는 이는 매우 적다.

또한 B2B에 관심이 있는 독자들이 B2B와 관련된 정보를 알고자 해도 신문이나 잡지 등에서 다룬, 한정된 정보만을 볼 수 있을 뿐이다.

역자는 우연한 기회에 이 책의 저자인 아서 스컬리와 윌리엄 우즈가 증권시장 및 인터넷 관련 회사들, 특히 B2B익스체인지 회사에 투자를 하면서 얻은 B2B익스체인지 관련 지식을 집대성한 본서를 입수하게 되었으며, B2B를 이해하는 데 안성맞춤의 책으로 평가하던 중 B2B 관련 도서가 부족한 한국 상황을 고려해 국내에 번역, 출판하게 되었다

이 책은 B2B익스체인지에 대한 이해를 도울 수 있는 전반적인 B2B 관련 내용과 B2B익스체인지를 성공적으로 운영하기 위한 중요한 요소들을 담고 있다. 그리고 현재 전세계에서 운영 중인 B2B익스체인지를 부록에 첨부해 B2B익스체인지의 수익 모델 및 운영 방식을 좀더 깊이 이해할 수 있는 정보를 제공하고 있다.

이 책을 통해 세계를 상대로 영업을 하고 있는 기업의 임직원들과 앞으로 B2B 사업을 구상 중인 회사 임원들, e-비즈니스 부서에 종사 중인 회사원, 신경제(New Economy)에 관심을 갖고 있는 학생들이 B2B에 대한 안목을 넓히는 계기가 되었으면 한다.

번역작업을 격려해주시고 지원을 아끼지 않으신 삼일회계법인 서태식 회장님과 실무작업을 헌신적으로 도와준 E-비즈니스 컨설팅팀의 안재영 이사, 박흠석, 길진용 컨설턴트를 포함한 여러 스태프들의 도움에 고마움을 표한다.

삼일회계법인

대표

지은이의 글

서로 관련이 없는 사람들일지라도 생각을 나누다 보면 새로운 아이디어가 떠오르는 경우가 있다. 우리도 이와 같은 경험을 했는데, 서로 주식거래를 통해 얻은 경험과 신경제의 전자상거래 기업에서 함께 겪은 다양한 체험을 털어놓다 문득 한 가지 사실을 깨닫게 된 것이다. 즉 각자가 지니고 있는 여러 분야의 전문지식을 한데 모아 엄청난 잠재력을 지닌 일종의 「지식의 보고」를 창출해 인터넷상의 B2B익스체인지(business-to-business exchange)를 구축하거나 개발하려는 기업들을 지원할 수 있다는 결론에 도달한 것이다.

이러한 결론을 내리게 되기까지는, 우리가 지난 15년 동안 여러 증권거래소에서 습득한 증권시장에 대한 경험이 결정적인 계기가 되었다. 초기의 미진이 지진의 임박을 알리는 조짐이듯, 인터넷에 기반을 둔 온라인 거래 시스템이 일으키는 증권시장의 격변으로 인해 머지 않아 기존의 전통산업들도 모두 대격변을 경험하게 될 것이다. 온라인 시스템이 수백 년 동안 다져진 증권거래제도의 기반 자체를 동요시키고 있다는 사실은, 아무리 기초가 탄탄한 산업이나 기업이라 할지라도 예외가 될 수 없다는 경고로 받아들여져야 한다. 이 인터넷 지진은 모든 기업들을 뒤흔들어놓을 것이다.

우리는 이 새로운 B2B익스체인지를 분석하면 할수록 이것이 B2B 혁명의 「킬러 애플리케이션(Killer Application)」이라는 것을 깨닫게 된다. 이 신종 인터넷 익스체인지들은 증권거래소들이 지난 300년 간 축적해온 구축 및 운영방식으로부터 많은 것을 배울 수 있다. 그리고 특히 신경제의 토대가 되는 「이익 증대」라는 경제역학에 비춰 볼 때, B2B익스체인지는 해서는 안 될 수많은 일을 증권시장으로부터 배워야만 한다.

우리는 이 새로운 익스체인지를 위한 성공의 핵심원칙을 제시함으로써 이 독특한 기회를 포착하여 신속한 발전을 이룰 수 있도록 노력했다. 「승자가 대부분을 차지하는」 경제에서는 민첩하게 움직이는 것이 매우 중요하므로, 우리는 B2B익스체인지를 시작하는 기업가들이 이 책에 소개된 성공 비결을 활용해 꿈을 이루기를 바란다. 급속히 발전하는 신경제를 이끄는 데 이 책이 다소나마 도움이 된다면 그보다 기쁜 일은 없을 것이다.

이 책은 주로 미국의 사례에 초점을 맞추고 있는데, 그 이유는 신경제가 가장 빠른 속도로 발전하고 있는 곳이 바로 미국이기 때문이다. 하지만 이러한 사업전환에 대한 모색은 전세계적으로 행해지고 있으며, 이제는 미국의 경험을 배운 기업들이 이를 따라잡기 위해 분투하면서 유럽과 아시아에서도 가속화되기 시작했다.

이 책은 전통적인 기업들의 경영진과 B2B익스체인지를 구축하고자 하는 기업가, 그리고 B2B익스체인지의 잠재적 투자가들을 대상으로 쓰여졌다. 우리는 이 책이 또한 전통적인 기업에서 종사하는 사람들을 비롯한 일반 대중에게도 폭넓게 받아들여져 이들이 스스로의 운명, 나아가 자신을 고용한 사람들의 운명을 개척하는 데 어떤 식으로든 도움이 되기를 바란다.

우리가 이 책의 집필에 착수할 당시만 해도 B2B는 흥미를 끄는 주제에서 뜨거운 주제로 부상되는 중이었다. 그러던 것이 작업이 진행되는 동안에 완전히 선풍적인 관심사가 되어버렸다. 사실, 우리가 지금 쓰고 있는 이 책의 내용 중에도 이제 곧 어쩔 수 없이 시대에 뒤떨어지는 부분이 있을 것이다. 바로 이러한 이유로 우리는 이 책의 정보를 가능한 한 자주 보충하고 최신 정보를 보강(update)하기 위해 웹사이트(www.b2bexchanges.com)를 개설했다. 나머지 부분은 다음 주에 당장 벌어질 수도 있고 그렇지 않을 수도 있는, 어쩔 수 없는 불확실성에 싸여 있다.

따라서 우리의 웹사이트가 이 흥미진진한 신개척 분야에 발을 디딘 이들에게 유용한 정보의 원천이 되기를 바라며, 아울러 B2B익스체인지를 위한 온라인 네트워킹의 전기를 마련할 수 있기를 기대한다.

이 책의 출판을 위해 수고를 아끼지 않은 분들에게 특히 감사를 드리고 싶다. 끈기 있게 연구와 편집을 도와준 시드니 프라이스(Sydney Price), 원고를 편집해주고 이 책을 출판하려는 우리의 아이디어에 신뢰를 보내준 ISI출판사의 사라 바럼(Sarah Barham), 우리에게 자신들의 조사 데이터 이용을 허락하고 향후 4년 간의 B2B익스체인지 시장 규모에 대해 몇 가지 실질적인 평가서를 제공한 골드만 삭스 투자연구소(Goldman Sachs Investment Research)의 라케시 수드(Rakesh Sood)와 제이미 프리드먼(Jamie Friedman), 아이디어를 검토하고 통찰력 있는 의견을 제시한 볼프 브라운 & 휄런(Volpe Brown & Whelan)사의 찰스 피니(Charles Finnie), 홍보

(PR)에 관해 탁월한 조언을 해준 보어하우스(Vorhaus)사의 로비 보어하우스(Robbie Vorhaus)와 보니 브로더릭(Bonni Broderick), 표지 디자인을 맡아준 버뮤다(Bermuda)사의 리 페티(Lee Petty)…. 그러나 이 책에 오류나 누락이 있다면 그것은 당연히 우리 저자들의 책임이다.

아서 스컬리(Arthur Sculley)
윌리엄 우즈(William Woods)

<h1 style="text-align:center">추천의 글</h1>

　필자의 형 아서는 JP 모건을 퇴사한 뒤 버뮤다증권거래소의 비상임 소장직을 수락하면서 증권거래에 경험이 풍부한 윌리엄 우즈(William Woods)와 함께 일하기 시작했다. 그리고 이들은 활기 없고 고립된 섬과 같은 증권거래소를, 인터넷을 활용한 세계적인 증권거래소로 탈바꿈시키면서 사업을 성공으로 이끌었다.

　사실, 필자의 경우 5년 전에는 인터넷 B2B익스체인지가 얼마나 중요하게 부각될지 충분히 이해하지 못했었다. 하지만 오늘날의 상황을 바라볼 때, 각종 재화와 금융증권, 지적재산 등을 비롯해 다양한 상품과 서비스를 전자적으로 거래할 수 있는 기업 간의 인터넷 익스체인지는 신경제를 떠받치는 가장 중요한 기둥 중 하나로 부상할 것이라고 말할 수 있다.

　신경제를 과거의 경제와 구별짓는 가장 두드러진 특징은, 아마도 시장지배권이 생산자로부터 고객으로 이동하여 고객이 모든 것을 좌지우지하게 되었다는 점일 것이다. 고객은 최상의 품질과 서비스, 그리고 최저의 가격을 요구한다. 그리고 그 요구가 충족될 것을 기대하며, 모든 것이 맞춤식 서비스의 형태로 바로 제공되기를 원한다. 인터넷은 진정한 의미에서 전세계적인 규모의 상거래를 가능케 해주고 있으며, 기업들도 업무처리방식을 근본적으로 개혁함으로써 고객들이 원하는 것은 무엇이든 제공할 수 있게 되었다. 즉 이제는 규모의 경쟁이 아니라 속도의 경쟁시대가 된 것이다. 또한 기술혁신은 높은 보상을 받는 반면, 전통적인 기업의 규모는 득이 되기는커녕 짐이 되는 경우가 점점 더 빈번해지고 있다. 500여 년 전에 활자가 발명된 이래 세계는 이러한 혁명적 변화를 겪은 적이 없었다. 하지만 이 둘 사이에는 커다란 차이점이 있는데, 현재 일어나고 있는 변화는 세계가 지금까지 겪은 어떠한 변화보다도 대대적일 뿐더러 고속으로 이루어지고 있다는 것이다. 지난 1990년대는 B2C(business-to-customer) 기업들이 세계의 이목을 끌었던 것이 사실이다. 그러나 새천년을 맞아 많은 저명한 산업분석가들은 기업 간 전자상거래 업체들의 성장률이 B2C 기업들보다 높을 것으로 예측하고 있다.

1세대의 웹 회사들은 브라우저나 검색 엔진, 경매, 전자우편, 채팅, 그리고 다양한 포털 서비스 등과 같은 독자적인 기술에 기반을 두고 있었다. 인지도 높은 인터넷 브랜드를 구축하는 일이 급선무였던 만큼, 1세대 인터넷 회사들이 하이테크 기업가들에 의해 창업되고 명망 있는 하이테크 벤처 캐피털리스트들의 지원을 받았다는 사실은 그다지 놀라운 일이 아니다. 그러나 인터넷이 B2B로 이동함에 따라 이제는 전통적인 대기업들도 게임에 동참하지 않을 수 없게 되었으며, 향후 10년 간 우리는 대부분의 기업들이 서로 앞다투며 자체 혁신에 나서는 모습을 보게 될 것이다. 또한 뉴욕, 시카고,

런던, 프랑크푸르트 등과 같은 세계 서비스 경제의 거대 중심지들이 인터넷 B2B 산업의 다양한 부문을 주도할 수 있는 유리한 고지를 점령하려고 노력하는 모습도 보게 될 것이다. 이와 더불어 홍콩·싱가포르·이스라엘·아일랜드·대만·스칸디나비아·오스트레일리아·버뮤다 등과 같이 작은 나라와 지역들도 속도의 이점을 살려 신경제의 게임에 동참하기 위해 질주하고 있다. 머지 않아 우리는 B2B익스체인지가 B2B 세계경제의 중요한 요소로 부상하는 광경을 목격하게 될 것이다.

인터넷의 독특한 강점을 살리는 기업이 최고의 신기업이 될 것이다. 일대일 방식으로 실행될 수 있는 실시간(real-time), 쌍방향 커뮤니케이션 및 거래 등이 좋은 예다. 또한 인터넷의 위력은 과거 이력을 추적해 데이터베이스화하고, 공동구매 그룹을 동적으로 형성하고, 경매를 성립시키고, 거래성사를 위해 즉각적으로 최신 정보를 제공하는 능력에서 나온다.

필자는 형의 B2B익스체인지 경험으로부터 많은 것을 배웠으며, 현재 우리 형제는 이를 우리의 다른 B2B 및 B2C 인터넷 기업에 채택하되, 여러 가지 형태로 적용하고자 노력하고 있다. 필자는 이 책이 신경제 속에서 회사를 설립하고자 하는 모든 이들에게 참으로 유용하고도 통찰력 있는 길잡이가 될 것으로 생각한다.

스컬리 브러더스사
존 스컬리(John Sculley)

제2장

온라인 사업의 미래, B2B가 주도한다

제3장

B2B가 인터넷상에서 개발되고 있는 이유

제4장　이건 기술 문제가 아니야!

제2부　B2B익스체인지 분석

제5장　멤버십과 오너십 모델

제6장　거래 모델

제7장 전략적 파트너십 모델

제8장 수익 모델

제3부　B2B익스체인지의 성공을 위한 7가지 비결

제9장　첫째 : 버티컬 특화에 주력하라

제10장　둘째 : 게임의 승리, 시장지배에 있다

제11장　셋째 : 상업적 중립성을 지켜라

<h2>제12장 넷째 : 투명성과 정직성을 유지하라</h2>

<h2>제13장 다섯째 : 가상 커뮤니티 구축을 통해 부가가치를 높여라</h2>

제4부　B2B의 미래

부록 B2B익스체인지의 프로파일

B2B 시장의 정의

B2B익스체인지란 무엇인가

오늘날의 기업들이 생존경쟁에서 살아남고자 한다면 자체 개혁을 통해 인터넷을 모든 업무에 통합시켜야만 할 것이다.

수많은 특수 용어들의 난립

이른바 인터넷 혁명 또는 신경제(New Economy)는 수많은 신생 기업들을 만들어내고 수천 명의 백만장자들을 탄생시켰으며, 투자자들의 관심을 사로잡아 뉴욕의 모든 택시 운전사까지도 온라인 중개 서비스의 당일 거래자(day trader)로 나설 정도에 이르렀다. 하지만 아직까지 투자자들의 관심은 일반 대중에게 상품이나 서비스를 파는 회사들—흔히 약자로 「B2C」라고 불리는 「기업 대 소비자(business-to-customer)」 거래 회사들—아니면 소비자들끼리 상품이나 서비스를 팔 수 있도록 주선해주는 회사들—「소비자 대 소

비자(customer-to-customer)」모델, 즉「C2C」──에 초점이 맞추어
져 왔다. 또 다른 신종 경제 모델은 소비자가 가격을 정하는「소비
자 대 기업(customer-to-business)」, 즉「C2B」다.

B2C 회사의 대표적인 예로 인터넷 서점인 아마존 닷컴
(www.amazon.com)과 인터넷 서비스 및 온라인 콘텐츠 공급업체
인 아메리카 온라인(www.aol.com)을 들 수 있다. C2C 회사의 예
로는 인기 있는 온라인 경매회사 e-베이(www.ebay.com)가 있는
데, 이 회사는 거대한「가상」의 소비자 트레이딩 커뮤니티를 제공하
며 개인들이 타인들과 물건을 사고 팔 수 있도록 지원한다. 따라서
e-베이의 경매는 인터넷상에서 벌어지는 C2C 거래의 좋은 예라 할
수 있다. C2B의 경우에는, 고객들이 비행기 티켓을 비롯해 다양한
상품과 서비스에 대해 자신이 원하는 가격을 제시하는 프라이스라
인(www.priceline.com)을 예로 들 수 있다.

이 책은 난무하는 특수 용어들의 의미를 확실하게 알아보고 인터
넷상의 기업 간 전자상거래 솔루션, 즉「B2B」거래의 본질에 관해
논하고 있다. 미국 이외의 지역에서는 아직도 인터넷을 일종의 학
구적인 실험, 또는 기껏해야 전화 대용물로서 개인들끼리 주고받는
보안성이 떨어지는 전자우편으로만 여기는 사람들이 있다. 하지만
지난 3년 간, 특히 미국의 경우에는 인터넷 초기에 문제가 되었던
안전성과 보안이 거의 해결되어, 이제는 모든 기업들이 어떤 형태
로든 인터넷을 채택할 정도가 되었다. 이제, 기업들이 인터넷을 혁
신적이고 새로운 방식으로 사용함으로써 다양한 상품과 서비스 확
보, 가격결정 및 유통방식에 일대 변혁이 일고 있다.

B2B 거래의 세계에서 전개되고 있는 조용한 혁명은 C2C, B2C, C2B
등의 모델이 창출할 수 있는 것보다 훨씬 큰 수익과 백만장자들을 탄생시

킬 것이며, 각국 경제에 미치는 영향력은 수많은 아마존 닷컴을 합친 것
보다 훨씬 더 심대할 것이다.

> • B2B＝B2B익스체인지와 같은 기업 대 기업(business-to-business) 모델
> • B2C＝아마존 닷컴과 같은 기업 대 소비자(business-to-customer) 모델
> • C2C＝e-베이의 사용자들과 같은 소비자 대 소비자(customer-to-customer)
>   모델
> • C2B＝프라이스라인과 같은 소비자 대 기업(customer-to-business) 모델

네트워크의 위력

이들 알파벳 약어의 배후에는 실리콘 칩과 동선 및 유리섬유의 다
발, 즉 총칭하여 「네트워크」라 불리는 것이 자리잡고 있다. 네트워
크는 인터넷에 연결된 모든 컴퓨터(전세계적으로 2억 대 이상)와
실리콘 칩을 내장한, 점점 다양해지는 전자제품(현재 전세계적으로
20억 대 이상)을 연결하고 있으며 일반적으로 TCP/IP(Transmission
Control Protocol/Internet Protocol)라 불리는 일련의 통신표준에
기초해 운영되고 있다.

이더넷(Ethernet)이라 불리는 또 다른 네트워킹 표준을 창안한 밥 메트
칼프(Bob Metcalfe)는 네트워크의 가치가 네크워크에 접속한 사람 또는
사물의 수의 제곱에 비례하여 증가한다는 사실을 최초로 간파했다.

달리 말하면 네트워크의 접속 숫자가 산술급수적으로 증가한다
면, 구성원에 대한 그 네트워크의 가치는 기하급수적으로 증가하는

것이다. 만일 전세계적으로 단 두 대의 팩스가 있는 상황에서 팩스 한 대를 소유하고 있다면 그 가치는 별 것이 아닐 것이다. 하지만 2억 대 이상의 팩스가 전화 네트워크에 연결돼 있는 오늘날 팩스를 한 대 보유한다면, 그 2억 대에 달하는 기계 각각을 통해(총 $2억^2$개의 접속이 가능) 송수신할 수 있는 능력은 그 팩스에 기하급수적으로 불어나는 가치를 부여한다. 덧붙이자면, 인터넷은 기업 간의 커뮤니케이션 방식을 근본적으로 바꿔놓고 있기 때문에 여러분은 머지 않아 팩스를 낡은 텔렉스가 처박혀 있는 벽장으로 보내버리게 될지도 모른다.

케빈 켈리(Kevin Kelly)는 자신의 저서 《신경제를 위한 새로운 규칙(New Rules for the New Economy)》에서 인터넷과 같은 네트워크의 가치는 실제로 메트칼프의 n^2(여기에서 n은 접속한 사람의 수) 공식보다 빠르게 증가한다고 지적하고 있다. 사실 메트칼프의 네트워크 법칙은 두 사람 간에 포인트 투 포인트 접속이 이루어지는 전화나 팩스 네트워크에 기초한 것이다. 그러나 네트워크상에서는 여러 그룹의 사람들끼리 동시에 복수 접속이 이루어지기 때문에 네트워크의 잠재적 가치는 단지 $n \times n$이 아니라 n^n으로 되며, 우리는 이것을 「켈리의 네트워크 신법칙」이라고 부른다.

이런 유형의 네트워크에 대한 가장 극적인 예가 바로 복수의 구매자와 복수의 판매자가 공동으로 모여 거래할 수 있는 가상공간인 온라인 익스체인지다.

인터넷은 모든 것을 바꾼다

일단 기업이 업무에 인터넷 통합을 시작하면 모든 것이 바뀌게 된다. 변화는 직원들 간의 커뮤니케이션 방식에서부터 시작하여 기업

의 제품 판매 및 배송 방식이 바뀌고, 그 다음에는 기업 간의 커뮤
니케이션 방식이 바뀐다. 예를 들어, 회사가 공급업체와 커뮤니케
이션하는 방식, 회사에 필요한 상품과 서비스를 구매하는 방식, 회
사가 전체 공급망을 관리하는 방식 등이 변화하는 것이다. 끝으로,
인터넷은 회사들로 하여금 고정된 가격결정 방식에서 벗어나 동적
인 가격 모델(가령 B2B익스체인지를 이용한 모델)을 채택할 수 있
게 해준다. 이로써 구매업체들은 구매비용을 현저히 낮추고, 재고
를 줄이며, 상품의 적시 배달을 보장받을 수 있게 된다.

이렇듯 새로운 환경에서 인터넷을 통한 권력이동이 획기적으로 판매자
로부터 구매자로 넘어감에 따라 구매업자들의 요구는 훨씬 더 다양해지
고 까다로워진다.

거대한 B2B 시장

골드만 삭스 투자연구소(Goldman Sachs Investment Research)
는 B2B 시장을 분석한 결과, 2004년에는 회사들 간에 온라인으로
이루어지는 거래가치가 1조 5,000억 달러에 이르게 될 것으로 예측
했다.

우리는 골드만 삭스와 공동으로 작업하면서 미국에서 B2B익스체인지
를 통해 이루어지는 B2B 인터넷 상거래의 규모가 어느 정도일지 평가했
다. 그 결과, 2004년까지 익스체인지에서 이루어지는 거래금액이 미국
에서만 약 6,000억 달러를 초과할 것임을 예측할 수 있게 되었다.

이는 B2B익스체인지에서 이루어지는 거래액의 단 0.5%에 해당하

는 수익만을 올려도 2004년에는 미국에서만 연간 30억 달러의 수익을 창출하게 된다는 의미다.

또한 포레스터 리서치(Forrester Research)사는 미국 내의 B2B 온라인 상거래가 2003년까지 1,080억 달러에 이를 것이라는 전망을 내놓았다.

B2B익스체인지

이러한 네트워크의 위력은 기업들이 상품과 서비스를 서로 매매할 수 있는 집중된 시장의 출현에 따른 결과다. 주식과 채권을 거래하기 위해 집중된 시장이 증권거래소(stock exchange)로 알려지게 된 것처럼, 우리는 이 새로운 기업 간 전자상거래 시장에 B2B익스체인지라는 이름을 부여했다. 사실 B2B 혁명의 커다란 물결 속에서 이 온라인 거래의 독특한 특성은 아직 주요 매스컴이나 일반 투자자(예를 들어, 앞에서 언급한 택시 운전사)의 관심을 끌지 못하고 있다. 따라서 이 책에서는 이러한 인터넷 기반 B2B익스체인지들의 성장에 따른 B2B 거래 변화의 본질을 심층 분석한다.

구매자와 판매자를 온라인으로 한데 모으고 동적인 가격을 창출할 수 있는 능력에 기반을 둔 B2B익스체인지는 B2B 인터넷 혁명의 킬러 애플리케이션이라 할 수 있다.

B2B익스체인지의 정의

「익스체인지 : 기업의 거래나 환전을 위해 사용되는 건물, 사무실, 기관 등」──옥스퍼드 영어 사전.

인터넷상에서 구매자와 판매자를 한데 모으고, 서로를 찾을 수 있는 웹사이트는 모두 실제로「가상」익스체인지 공간이라고 할 수 있다. 우리는 이 책에서 웹상에서 전개되고 있는 공식적인 B2B익스체인지 현상에 대해 설명하고 B2B익스체인지 모델의 구조를 다루고자 한다. 나아가 성공적이고 신뢰할 수 있을 뿐만 아니라 효율적인 B2B익스체인지를 구축하는 데 따르는 핵심 문제도 분석하고자 한다.

B2B익스체인지를 이해하기 위해서는 먼저 이 용어를 정의할 필요가 있다. 따라서 우리는 가급적 B2B익스체인지에 대한 정의를 명확하게 내리고, 이러한「익스체인지」를 이미 존재하는 수만 가지의 표준 B2B 전자상거래 회사들과 구분하고자 한다.

> B2B익스체인지의 독특한 특성은 익스체인지가 복수의 구매자와 판매자를 하나의 집중된 시장(「가상공간」의 의미에서)으로 집결시키고, 익스체인지의 규칙에 따라 결정되는 동적인 가격으로 서로 매매할 수 있도록 지원한다는 점이다.

익스체인지를 다른 B2B 전자상거래 회사들과 차별화하는 핵심은, 익스체인지가 복수의 구매자와 판매자를 끌어들이고, 구매 및 판매주문을 한데 모아 중개해주며, 거래 후 정보를 제공한다는 점에 있다. 이것을 GM사와 같은 기업의 조달과정과 비교해보자. GM은 공급업체가 자사와의 계약에 입찰할 수 있도록 경매절차가 마련된 웹사이트를 운영하고 있다. 이런 경우에는, 구매자가 오직 한 업체이기 때문에 B2B 전자상거래 사이트일 수는 있어도 정확히 B2B익스체인지는 아니다. 마찬가지로 인터넷을 통해 타기업에 판매할 상품과 서비스를 제공하는 기업은, 비록 경매와 같이 통상적으로 익스체인지와 연관된 가격책정 메커니즘을 제공한다고 할지라도, 판매자가 오직 하나뿐이기 때문에 이 또한 익스체인지가 아니다.

복수의 구매자와 판매자가 존재할 때는 그에 따른 특별한 효과가 생겨나게 마련이므로 성공적인 B2B익스체인지를 구축하기 위해서는 B2B 전자상거래 업체들의 방식과는 다른 접근방식이 필요하다. 예컨대, 이 책의 5장과 11장에서 탐구하고 있는 것처럼, 익스체인지는 구매자와 판매자, 주주와 브로커를 비롯해 모든 사용자의 경쟁적 이해관계에서 반드시 중립과 균형을 유지해야 하며, 때로는 공공의 복리를 고려해야만 한다.

우리가 이 새로운 가상시장을 「익스체인지(거래소)」라고 부르고 있기는 하지만 이들은 대체로 증권거래소나 상품거래소의 정의에 일치하지는 않으며, 미국 증권거래위원회와 같이 주식시장과 증권거래소를 감독하는 정부 규제기관에 등록을 하거나 통제를 받지 않는다. 그러면서도 B2B익스체인지는 종이나 화학제품, 보험 등과 같은 상품과 서비스 거래가 수월하게 이루어질 수 있도록 지원한다.

> 불과 4년 전만 해도 주식시장 외에는 B2B익스체인지라 부를 만한 것이 없었지만, 오늘날 인터넷상에는 대략 100개의 익스체인지가 운영되고 있다.

그 중에서 우리는 카텍스(Catex), 켐덱스(Chemdex), 크레디트트레이드(CreditTrade), e-스틸(e-STEEL), 프리마켓(FreeMarkets), 메탈사이트(MetalSite), 페이퍼익스체인지(PaperExchange), 플라스틱넷(PlasticsNet), 테크엑스(TechEx) 등을 B2B익스체인지의 탁월한 사례로 소개하곤 한다.

물론, 이러한 익스체인지 중에는 우리가 설립자로, 투자자로, 동업자로, 또는 고문으로 참여하고 있는 익스체인지들도 있다. 이 책에는 우리가 현재까지 쌓아온 B2B익스체인지에 관한 지식과 경험, 그리고 완전히 전자적으로 이루어지는 증권 익스체인지인 버뮤다증권거래소(Bermuda Stock Exchange : BSX)를 개발하면서 얻은 체험이 모두 담겨져 있다.

승자가 대부분을 차지한다

《사이버 주식회사 : 새로운 기업혁명(Cybercorp : The New Business Revolution)》의 저자인 제임스 마틴(James Martin) 박사는 《낯선 지성 : 승자가 대부분을 차지한다(Alien Intelligence : Winner Takes Most)》라는 제목의 신간 서적을 출판할 예정인데, 이 책에서 그는 『신경제에서는 성공이 스스로를 강화시켜주기 때문에 특정한 버티컬 영역 내의 최대 플레이어, 즉 「승자」는 그 버티컬 영역을 지배하게 될 것이다』라고 주장한다. 이 강력한 새 패러다임은, 네트워크상에서의 성공이란 전통적인 회사들을 괴롭히는 수익체감의 법칙을 따르기보다는 수익증대의 역학에 의해 추진력을 얻는다는 사실로부터 연역된 것이다.

주식시장의 경우 한 장소에 모을 수 있는 경쟁적인 구매자와 판매자가 많으면 많을수록 시장은 그만큼 더 유동성이 증대되고 가격설정 메커니즘은 더욱 효과적으로 기능한다. 판매자들은 잠재성이 가장 큰 구매자들이 확보된 시장에 매력을 느끼게 되고, 판매자들이 늘어나면 그 시장은 더 많은 구매자들에게 더욱 매력적인 공간이 되고… 이런 식으로 하여 결국은 그 시장에서 더 많은 거래가 이루어지게 되는 자기 강화의 메커니즘을 촉발하는 것이다.

B2B익스체인지의 세계에서는 유동성이 승패의 열쇠를 쥐고 있다. 즉 수익증대의 법칙에 따라 가장 유동적인 익스체인지가 승자가 될 것이다.

인터넷의 편재성과 사용의 용이성으로 인해 이제 사람들은 유동성을 창출하기 위해 굳이 물리적인 거래장소에 소집되어야 할 필요가 없게 되었으며, 컴퓨터와 원격통신 비용이 점점 더 저렴해지면서 인터넷 기반의 거래 네트워크를 통해 전통적인 거래 메커니즘에 도전할 수 있게 되었다.

B2B익스체인지는 전자적인 「가상」 마켓플레이스(marketplace), 즉 우리가 시장「영역」이라고 부르는 것을 창조한다. 또한 수익증대는 각 상품에 대해 하나의 B2B익스체인지 시장영역으로 구매자와 판매자를 집중시키게 될 것이다.

하나의 B2B익스체인지는 몇 개의 시장공간을 운영할 수도 있지만, 각 상품에 대해서는 오로지 하나의 시장공간만이 지배하게 될 공산이 크다.

ECN은 B2B익스체인지인가

전통 매체에서 현재까지 높은 인기를 구가하고 있는 온라인 거래의 한 형태는 전자통신 네트워크, 즉 「ECN(Electronic Communications Network)」이다. ECN은 일반적으로 사적으로 소유되며, 자동 주문 발송 및 거래성사 서비스를 제공하는 대체 주식거래 시스템이다. 결국 소규모 증권거래소인 셈이지만 스스로는 그렇게 불리기를 원치 않으며, 또한 전통적인 증권거래소가 제공하는 서비스를 모두 제공하지도 않는다. 그 까닭은 미국 증권거래위원회가 이들을 증권거래소로 등록해주지 않았기 때문이다. 아키펠라고(Archipelago),

인스티넷(Instinet), 아일랜드(Island) 등의 ECN은 매수 및 매도주문이 자동적으로 중개되는 중앙 시장공간을 제공한다. 해당 ECN에서 거래가 성사되지 않은 주문의 경우에는 자동적으로 다른 ECN이나 전통적인 증권거래소로 넘어가게 된다. 우리가 분석한 바에 따르면 ECN은 분명히 익스체인지의 형태 중 하나이기는 하지만 전형적인 B2B익스체인지라고는 할 수 없다. 미국에서 ECN은 많은 기관투자자들에게 익명의 거래기회를 제공하고 있지만, 또 한편으로 개인투자자들에게 저렴한 거래 전용 서비스와 거래시간 연장, 그리고 다수의 익스체인지에 대한 링크 제공을 목표로 삼고 있기 때문이다. 그러므로 우리는 ECN을 B2C와 B2B익스체인지의 혼합형태라고 정의한다.

ECN은 급속히 성장하여 현재 미국에만 50개가 넘는 대체 거래 시스템이 있는데, 이 중에서 아키펠라고, 인스티넷, 아일랜드, 스트라이크(Strike)와 같은 리딩 시스템을 포함한 아홉 개 시스템은 ECN으로 등록되어 있다. 현재 ECN의 거래 규모는 미국 증권거래위원회가 발표한 최근 보고서에 따르면 나스닥의 25%, 뉴욕증권거래소의 5%를 상회하고 있다고 한다.

ECN이 나스닥 거래량의 큰 몫을 점유할 수 있었던 것은, 이들이 나스닥의 마켓메이커들보다 더 효과적인 가격결정 기능을 제공하기 때문이다. 즉 ECN은 나스닥 마켓메이커(스프레드 차이를 유지한다)의 호가 스프레드보다는 매수자와 매도자를 각자가 제시하는 가격에 직접 연결시켜준다. 뉴욕증권거래소의 경우에는 스페셜리스트들을 이용해 매도자와 매입자의 주문을 중개하지만, 유동성이 워낙 커서 거래의 10%가량만이 스페셜리스트들에 의해 이루어지고, 나머지 90%의 거래는 매수자와 매도자가 제시한 가격에 직접 매치되는 방식으로 이루어진다. 이러한 방법은 시장가격을 설정하는 데 더욱 효율적이기 때문에 뉴욕증권거래소가 나스닥보다 ECN의 시장 공략에 효과적으로 방어할 수 있는 것이다.

이 책에서 우리는 ECN의 성공으로부터 배운 몇 가지 교훈을 이용해 B2B익스체인지를 위한 성공의 일곱 가지 비결을 예증하고 있지만, 특정 ECN들에 대한 심층분석을 하지는 않았다. 왜냐하면 이들은 주식시장의 특수한 현상으로서 독자적인 연구를 필요로 하기 때문이다. 하지만 증권거래소는 가장 오래 된 형태의 공식적 익스체인지 시장의 하나인 만큼, ECN의 급속한 성공과 전통적인 증권거래소에 이들이 미치는 극적인 효과는 B2B익스체인지의 잠재력을 보여주는 사뭇 중요한 지표가 된다.

더욱 효과적인 가격결정

산업경제에서 대부분의 가격은 카탈로그에 협상 불가능한 정찰가를 붙여 발행하는 판매자가 결정한다. 이러한 가격결정 방식의 새로운 대안은 모든 잠재적 구매 및 판매 주문을 한데 모아 이들의 경쟁적인 호가를 통해 최고 가격 또는 판매량을 최대화할 수 있는 가격을 설정하도록 하는 것이다. 바로 이 방법이 중앙시장연계 시스템을 사용하는 ECN들이 채택한 접근방식이다. 이는 또한 e-베이가 소비자들을 위한 온라인 경매를 운영하기 위해 채택하고 있는 가격결정 메커니즘이기도 하다.

동적 가격설정 메커니즘은 B2B익스체인지들의 기업 간 거래에서 점점 더 많이 이용되고 있는데, 이는 인터넷상에서의 기업 간 연결비용이 매우 저렴해 인터넷 익스체인지들은 전세계로부터 매매 주문을 받을 수 있기 때문이다.

이처럼 신경제에서 경제적 권력이 판매자에서 구매자로 현저하게 이동하고 있는 이러한 현상은 B2C, C2C, C2B뿐만 아니라 B2B 거래에서도 일어나고 있다. 특히 인터넷상에서 행해지는 「역경매」, 즉 구매자 중심 경매의 가파른 신장세가 이를 분명하게 보여주고 있다. 6장에서 다시 살펴겠지만, 이 경매는 구매자——가령 공급물량을 조달하려고 하는 회사——로 하여금 복수의 공급업체에게 입찰을 요청하고 경매의 종료가 임박함에 따라 공급업체들 간의 경쟁으로 인해 구매가가 하향 조정되는 것을 지켜볼 수 있도록 해준다(이 때문에 「역경매」라 불리게 되었다). B2B익스체인지는 이러한 역경매를 채택해, 대형 거래자들의 구매비용을 대폭 절감시켜줌으로써 주요 구매자들을 유치하고 있다.

시장규제

완벽한 투명성을 갖춘 개방적이고 공정한 시장을 조성하는 일은 기업을 끌어들일 수 있는 능력을 강화시켜주는, 즉 익스체인지의 가치평가에서 핵심적인 요소다. 따라서 익스체인지는 집중된 시장 설비 사용자들을 규제하게 될 경우, 공개적이면서도 공정성을 잃지 않아야 한다. 인터넷 기반 익스체인지에 가장 적합한 규제의 형태는 이른바 「자기규제」이며, B2B익스체인지는 자기규제적인 조직, 즉 SRO(self-regulatory organization)가 되어야 한다.

B2B익스체인지가 회원들을 자율규제함으로써 신뢰성과 통합성을 성공적으로 구축하고 외부의 규제 시도를 피할 수 있는지에 관해서는 12장에서 다룬다.

B2B는 왜 B2C만큼 눈에 띄지 않는가

아마존, e-베이, 야후 등은 이미 전세계적으로 널리 알려진 이름이 되었다. 반면에 카텍스, 크레디트트레이드, 켐덱스, e-스틸, 엘리넥스, 메탈사이트, 페이퍼익스체인지, 테크엑스 등은 일반 대중에게는 낯설지만 각각의 업계에서는 비교적 유명하다. 왜 그런가? 한 가지 분명한 이유는, B2C 회사들이 소비자를 대상으로 마케팅과 판매를 하기 때문에 그들이 무슨 일을 하는지 누구나 알 수 있다는 것이다. 그러나 B2B익스체인지는 오직 특정 버티컬 산업부문에서 타업체들하고만 거래하므로 자연히 소비자와 매스컴의 눈에는 덜 뜨이게 마련이다. 또한 지금까지 이른바 「닷컴」 IPO들은 대부분 B2C, C2C, C2B 등의 경제 모델을 취하는 회사들이었다.

또 다른 요인은 다수의 B2C 회사들이 미국의 서해안에 자리를 잡고 실리콘 밸리의 명성에 편승해 테크노 미디어의 주목을 끌고 있지만, B2B익스체인지는 동해안에 터를 잡은 관계로 이 지역에서는 상당히 유명하지만 아직 매스컴의 폭넓은 주목을 받지 못하고 있기 때문이다.

그러나 이제 상황이 변하고 있다. B2B 혁명을 언급하는 매스컴의 기사가 점점 늘어나고 있고 B2B 전자상거래에 초점을 맞추는 주식 분석가의 수도 점차 증가하고 있다. 또한 최근 인터넷 캐피털 그룹(Internet Capital Group)의 IPO 성공은 월스트리트가 B2B 전자상거래에 주목하는 계기를 마련했고, 월스트리트에서는 이제 가장 빠른 미래의 성장은 B2B가 달성할 것이라는 전망까지 나오고 있다. 신경제 잡지로서 인기를 끌고 있는 〈비즈니스 2.0(www.business2.com)〉은 1999년 9월호에 「B2B 붐 : 1조 달러짜리 웹의 비밀」이라는 제목의 기사를 연재했다. 물론 B2C 「닷컴」 현상에서 투자 기회를 놓쳤던 투자자들, 특히 기관투자자들도 이번만큼은 뒤처지지 않으려 하고 있다. 만일 여러분이 인터넷 상거래 혁명의 물결을 쫓고 있다면, 「이제까지는 빙산의 일각」에 불과하다고 말할 수 있다.

1장 요약

- B2B는 기업 간 전자상거래, B2C는 아마존 닷컴, C2C는 e-베이, C2C는 프라이스라인을 의미한다.
- B2B 전자상거래는 B2C 시장보다 잠재력이 훨씬 큰 수익과 비용절감을 의미한다.
- 메트칼프의 네트워크의 법칙은 네트워크에서 기하급수적인(n^2) 성장을 증명한 반면, 켈리의 「네트워크 신법칙」은 인터넷 네트워크의 가치에서 가산 지수적인(n^n) 성장을 증명하고 있다.
- 인터넷은 기업 전반에 걸쳐 모든 것을 바꿔놓는다.
- B2B의 시장 규모는 B2C보다 훨씬 거대하다. 골드만 삭스 투자연구소는 2004년까지 온라인 B2B 거래가치가 미국에서만 1조 5,000억 달러에 이를 것으로 예측했다.
- 저자들은 B2B익스체인지를 경유하는 B2B 거래의 가치가 2004년까지 6,000억 달러를 초과할 것으로 내다본다. B2B익스체인지가 이 총거래량의 단지 0.5%에 해당하는 수익만을 올린다고 해도 이들은 2004년까지 미국에서만 연간 30억 달러의 수익을 창출하게 될 것이다.
- 인터넷 기술의 편재성을 기반으로 오늘날 수많은 신기업들이 웹상에서 공식적인 B2B익스체인지로 자리를 잡아가고 있다.
- B2B익스체인지의 정의 : B2B익스체인지의 독특한 특성은 복수의 구매자와 판매자를 하나의 집중된 시장(「가상공간」의 의미에서)에 집결시키고, 익스체인지의 규칙에 따라 결정되는 동적인 가격으로 서로 매매할 수 있도록 지원한다는 점이다.
- 전자통신 네트워크(ECN)는 일종의 익스체인지이지만 엄격히 말해

B2B익스체인지는 아니다.

- B2B익스체인지는 온라인을 통해 상품을 판매하거나 조달하지만 복수의 판매자와 구매자를 유치하지 않고, 단지 하나의 구매자나 판매자만을 대표하는 B2B 전자상거래 회사들과 반드시 구별되어야 한다.
- 수익증대란 각각의 버티컬 영역에서 승자가 대부분을 차지하리라는 것을 의미한다.
- 지금까지는 B2C나 C2C에 비해 B2B에 관한 매스컴의 선전이 부족했다. 하지만 이런 상황은 변화하고 있다.

B2B
EXCHANGES

- 저자 주 : 2장에서는 온라인 B2B 거래가 작업흐름의 패턴에 대변혁을 일으키고 인터넷상에서 비용절감과 수익증대를 창출하는 방식을 탐구한다. 또한 B2B 시장의 규모를 예측하고 인터넷이 기업에 대해 일으키고 있는 변화를 서술하고자 한다. 만일 여러분이 이미 B2B에 관해 개략적인 지식을 갖고 있어 좀더 상세한 내용을 곧바로 접하고 싶다면 이 장을 생략하고 바로 3장으로 건너뛰어도 무방하다.

제 2 장

온라인 사업의 미래, B2B가 주도한다

1장에서 우리는 신경제의 일부 특성을 묘사하기 위해 만들어진 약어들을 살펴보았다. 이 장에서 우리는 B2B 시장영역의 규모를 확정하고 인터넷이 어떻게 B2B 거래를 변혁시키고 있는지 서술하고자 한다.

인터넷 솔루션을 채택하는 기업이 점점 늘어나는 이유는 다음과 같다.

- 이제는 대화형 네트워크를 어디에서나 값싸게 이용할 수 있게 되었다.
- 기업들이 점점 더 인터넷 기술과 친숙해져 가고 있다.
- 회사들이 인터넷에 기반을 둔 전략을 채택하는 데 제약이 거의 없다.
- 기존의 EDI(Electronic Data Interchange) 표준보다 저렴하면서

도 성능이 우수한 고속의 XML(Extensible Markup Language)
같은 표준이 업계 전반에 걸쳐 구현되고 있다.

- 인터넷은 궁극적인 글로벌 유통 시스템이다.
- 기업들은 온라인을 통한 엄청난 비용절감과 새로운 수익창출의
  기회에 대한 소문을 듣고 있거나 실제로 경험하고 있다.
- 인터넷은 기업들의 공급망 관리를 효율적으로 혁신할 수 있는
  기회를 제공한다.

인터넷 기반의 B2B 애플리케이션을 채택하는 회사들이 늘어남에
따라 이제 다른 회사들도 경쟁력을 갖추기 위해서라도 그들을 따라
야만 할 것이다. 따라서 이 혁명은 이제 막 시작되었지만 폭발적으
로 확산될 것이 자명하다.

B2B 시장영역의 규모

전자상거래의 규모에 관해 신뢰할 만한 평가를 제공하는 양대 산업
컨설턴트로 인터내셔널 데이터사(International Data Corp : IDC)와
포레스터 리서치사를 들 수 있다. IDC는 「웹이 대량의 B2B 구매를
위한 수단으로 받아들여짐에 따라 B2B 온라인 상거래가 폭발적으
로 늘 것」으로 예상하면서, ICMM(Internet Commerce Market
Model, 5.1 버전)을 통해 B2B 온라인 상거래가 미국에서만 1998년
에 500억 달러에서 2003년에는 6,330억 달러로 증가할 것으로 예측
하고 있다. 반면, 포레스터 리서치는 미국의 경우 인터넷상에서 이
루어지는 내구 소비재의 회사 간 거래가 1998년에 430억 달러를 기
록했다고 밝히면서, 이것이 1999년에는 1,099억 달러가 되고 2003
년까지는 1조 3,000억 달러에 이르면서 연간 99%의 성장률을 기록

하게 될 것으로 예측하고 있다. 이 수치는 포레스터 리서치가 2003년까지 2,000억 달러에 이를 것으로 예측하고 있는, 인터넷을 통한 기업 간 「비내구」 소비재와 서비스 거래액을 제외한 것이다. 이에 반해서, B2C 온라인 상거래의 경우에는 지난 1998년의 시장 총규모는 80억 달러에 불과했으며 2003년경의 B2C 온라인 지출은 단지 1,080억 달러에 그칠 것으로 전망했다.

B2B 온라인 상거래에 관한 이 두 가지 예측의 차이는 전자상거래와 각 회사가 사용하는 방법에 대한 정의가 서로 다른 데 기인한 것일 수 있다. 하지만 골드만 삭스 연구소의 분석가들이 내놓은 B2B 인터넷 상거래에 관한 독자적인 평가서를 보면, 골드만 삭스는 2002년 미국의 B2B 온라인 상거래 시장의 규모가 앞의 두 예측보다 큰 1조 5,000억 달러에 달할 것으로 전망하고 있다.

> 이러한 예측에서 볼 수 있듯이 향후 B2B 인터넷 상거래의 규모는 B2C 온라인 상거래의 대략 열 배가 될 것임을 분명하게 알 수 있다.

B2B 전자상거래 시장은 이미 규모 면에서 B2C보다 훨씬 거대할 뿐만 아니라 성장곡선도 매우 가파르게 그려질 것으로 예측할 수 있다.

이제 통신 기술은 눈에 보이지 않는다

「전선(wire)」으로 회사들을 연결하려던 기존의 노력은 폐쇄된 기술인 EDI 표준에 기반을 두고 있었으며, 네트워크상에서 기업 간의 연결은 전용 접속을 통해서만 가능했기 때문에 구현 비용만도 수십만 달러가 들었다. 즉 전자상거래를 용이하게 하기 위해서는 우선,

EDI를 구현하고자 하는 모든 산업의 표준을 정의함으로써, 특정 기업의 판매 및 대금청구 시스템이 다른 회사의 주문 시스템과 접속될 수 있도록 기반을 마련한 다음 물리적 접속, 즉 전용 네트워크를 구축하고 이들 컴퓨터 시스템을 한데 연결하는 소프트웨어 사용을 허용해야 했다. 그리고 이러한 과정은 새로운 공급자 또는 소비자가 시스템에 추가될 때마다 반복적으로 이행되었다.

지난 4년 동안 인터넷의 안정성, 속도, 보안성이 크게 향상되면서 점점 더 많은 기업들이 인터넷에 접속하게 되었다. 그리고 전통 기업들도 이제는 인터넷을 통해 전자상거래를 수행하고 있으며, 고객, 공급업체, 배송업자들과 정보를 교환하고 있다. 또한 기업들이 인터넷 기술을 폭넓게 채택하고 XML 같은 표준을 온라인 정보교환을 위한 최상의 방법으로 수용한 결과, 놀랍게도 이제는 인터넷 접속이 가능한 PC에 웹 브라우저만 있으면 어디에서나 접속할 수 있는 EDI 메커니즘만 존재하게 되었다.

이제, 성공적인 제조업체들도 회사 고유의 IT 시스템으로부터 벗어나 인터넷을 중심으로 구축된 공급 파트너들과 연결하면서 개방적이고 유연하면서 풍부한 정보를 교환하는 시스템으로 신속히 전환하고 있다.

모든 ERP(enterprise resource planning) 시스템은 이제 완벽하게 EDI 규격을 따르고 XML을 수용할 수 있도록 설계되므로, 값비싼 EDI 네트워크를 사용하는 제조업체들은 EDI가 너무 비싸다고 여겨 사용하지 않는 공급업체들과 직접 연결할 수 있다.

이제는 어떻게 통신할 것인가, 우리들 사이에 어떻게 물리적 접속을 구축할 것인가 하는 것은 더 이상 문제가 되지 않는다. 그보다는 이 놀라운 형태의 새로운 접속성을 어떤 일에 이용할 것인가, 이 네트워크상에서 우리는 어떤 비즈니스 애플리케이션을 개발해야 할 것인가가 문제가 된다.

기업들의 통신방식과 사용하는 네트워크 유형에 관한 기술은 이제 현관의 등을 켤 때 느끼는 전기의 경이로움처럼 크게 의식되지 않는 것이 되었다.

판매와 마케팅을 위한 인터넷 사용

인터넷을 처음 사용하는 기업들은 인터넷을, 기존에 하던 작업을 좀더 저렴한 비용으로 신속하고 효율적으로 처리할 수 있는 방편으로 활용하는 경향이 있다. 사실, 인터넷은 처음에는 기업의 웹사이트 구축과 전자우편 채택을 통한 커뮤니케이션 및 판매와 마케팅 업무에 가장 지대한 영향을 미친다.

예를 들어, 회사들은 기존의 브로셔나 카탈로그를 골라서 흔히 「브로셔웨어(brochureware)」라는 흥미로운 웹사이트를 개설한다. 그리고 사이트를 규칙적으로 갱신해가면서 과거의 카탈로그 인쇄보다 홍보 내용이나 아이템 가격을 훨씬 쉽게 조정할 수 있을 뿐만 아니라 비용도 별로 들지 않는다는 사실을 알게 된다. 그러면서 이들은 사이트를 방문한 고객들의 의견을 직접 접수한 후 거기에 맞는 답장을 전자우편으로 발송하기 시작한다. 이러한 작업은 항상 도매업자나 소매업자만을 상대하면서 개인 고객들과는 한번도 직접적인 거래를 해본 적이 없는 회사로서는 사실 전혀 새로운 경험이 될 것이다.

사내 커뮤니케이션 분야에서 전자우편의 위력은 즉각적인 효력을 발휘한다. 즉 정보를 전사적으로 유포해 지식 노동자들이 회사의 시장영역, 상품, 공정, 수익성 등의 전략적 사고에 더 많은 시간을 할애할 수 있는 환경을 제공한다.

빌 게이츠(Bill Gates)가 자신의 저서 《비즈니스@생각의 속도 (Business@The Speed of Thought : Using a Digital Nervous System)》에서 밝히고 있듯이, 기업이 성공하려면 일종의 신경계통이 필요하다. 그리고 신경제시대에 이 신경계통은 반드시 전자우편과 데이터베이스의 공유, 공동작업용 애플리케이션 등을 통해 조직 내 정보의 흐름을 원활히 할 수 있는 디지털 신경계여야만 한다. 왜냐하면 기업이 인터넷을 도입하면서 얻는 직접적인 효과가, 바로 유용한 정보를 직원들이 빠르게 획득하고 쉽게 공유한다는 점이기 때문이다.

인터넷은 어떻게 유통 채널과의 마찰을 일으키는가

어떤 회사가 인터넷 사이트에 상품을 게시했다고 가정해보자. 어느 날 똑똑한 직원이 사이트에서 직접 상품을 판 뒤 곧바로 최종 소비자에게 배송할 수 있다는 점을 지적하자, 경영자측에서는 그 동안 사업을 운영하면서 기존의 유통 채널에 상당한 불만을 느끼고 있었기 때문에 잠시 고심하다 웹사이트에서 상거래가 이루어지는 것을 허용하고 직접 판매에 나서기로 용단을 내린다. 이 회사는 이제 인터넷 상거래를 수행하고 있는 것이다. 여기에서 묘사하고 있는 과정은 이미 전세계적으로 수천 개의 소기업과 수백 개의 대기업에서 실제로 일어났던 일이며, 컴팩 컴퓨터(Compaq Computer)와 GM과 같은 규모의 회사들이 여기에 포함된다.

기업 팜플렛과 상품 카탈로그를 온라인으로 배포하기 위해 시작된 단순한 통신수단에 불과했던 인터넷이 이제 판매 및 유통 시스템에 예기치 않은 변혁의 바람을 몰고 오면서 상품을 단순히 온라인상에 올리던 B2B 업체들이 B2C 업체로의 사업전환을 단행하기 시작한 것이다.

어떻게 B2B가 B2C로 될 수 있는가

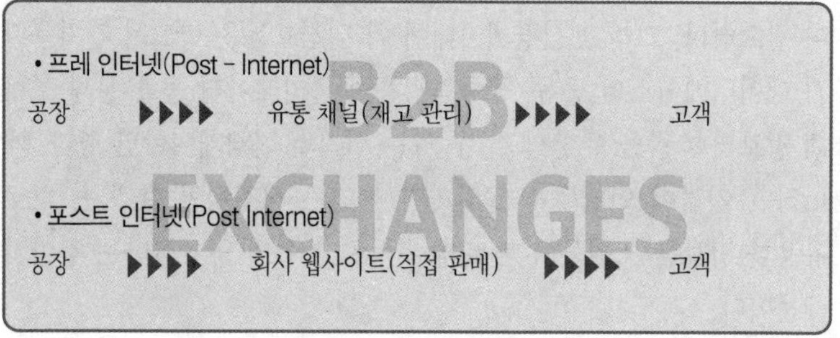

그러나 이러한 사업전환이 충격 없이 이루어질 수는 없다. 첫번째 충격은 회사의 기존 유통 채널에서 발생한다. 왜냐하면 회사가 고객을 상대로 직접 판매에 나선 이상 기존의 유통 채널과 갈등을 일으킬 소지가 충분하기 때문이다. 예를 들어, 회사가 다수의 가맹점을 갖고 있을 경우, 이 가맹점 처지에서 보면 웹사이트에 매상을 빼앗기는 결과를 초래하므로 회사로서도 인터넷을 선택하는 데 주저하게 된다. 예컨대, 토이저러스(Toys "R" Us)사의 경우, 최근에 새로운 온라인 사업체를 출범하는 데 자금을 지원하겠다는 벤치마크 파트너(Benchmark Partners)의 합작 제의를 거절했다고 발표했다. 그런데 이는 온라인 업체에게 자사의 대리점들과 직접 경쟁하는 것을 허용함으로써 발생하는 유통 채널의 갈등으로 인해 전세계에 퍼져 있는 기존 대리점들의 강한 반발을 우려했던 것으로 풀이된다.

마찬가지로, 직판회사인 암웨이사(Amway Corporation)는 온라인 기업 퀵스타 닷컴(www.Quixtar.com)을 창업한 이상 배송 역할을 맡고 있는 300만에 달하는 개인 영업주(individual business owners : IBO) 모두와 경쟁할 수도 있었지만, 결국은 고객들이 온라인 구매를 할 때마다 자신을 추천한 IBO의 ID 번호를 입력하도록 함으로써 새로운 직접판매 웹사이트와 IBO의 전세계 네트워크 사이의 갈등을 피할 수 있는 혁신적인 접근방식을 채택했다. 이런 식으로 IBO들은 온라인 직접판매망을 통해 여전히 수익을 올릴 수 있게 되었다.

두번째 충격은 가상회사에 대한 우리의 간단한 사례연구를 보면 느낄 수 있을 것이다. 어느 날 회사는 해외로부터 주문을 받는데, 일본에 있는 한 인터넷 사용자가 이 회사의 웹사이트를 방문한 뒤 직접 주문을 낸 것이다. 회사는 자신들이 하룻밤 사이에 세계적인 기업이 된 것을 얼떨결에 깨닫는다. 사실, 실제 건물을 갖고 영업을 하는 소매점과는 달리 웹사이트는 장소와 시간의 제약을 전혀 받지 않고 전세계를 대상으로 하루 24시간, 1년 365일을 쉬지 않고 영업할 수 있는데, 이것은 곧 회사의 마케팅 전략과 주력할 판매 대상에 변화를 가져온다. 이제 기업은 제품 제조에만 몰두하는 것이 아니라, 어떻게 이들 제품을 고객에게 전달하고 고객을 만족시키기 위해 무엇을 해야 할지에 초점을 맞추어야 하는 것이다. 다시 말해, 제조업체도 고객관리에 책임을 지는 시대가 도래한 것이다.

인터넷은 어떻게 작업흐름을 바꿔놓는가

앞에서 든 예는 비록 단순화한 내용이지만, 지난 5년 동안 기업에 인터넷이 도입된 결과 전세계적으로 수천 개의 회사들이 거쳐야 했던 기본 과정을 묘사하고 있다.

좀더 최근에, 인터넷은 B2B 관계에 더욱 정교한 마력을 불어 넣고 있다. 오늘날 수많은 기업들은 공급업체로부터의 물품 조달, 공급망 관리 및 제품 개발에 인터넷이 사뭇 중요한 위치를 차지한다고 생각한다.

이러한 변화의 배후에는 인터넷이 개인 간에, 기업 간에, 그리고 기업의 컴퓨터들은 물론 보유 자산들 간에 보편적이면서도 저가의 통신 수단을 창출함으로써 신규 주문의 수령과 같은 중요한 정보를 모든 관계자에게 신속히 전달할 수 있다는 기본 원리가 자리잡고 있다.

컴퓨터 외에도 실리콘 칩을 내장하고 있는 것은 무엇이든 네트워크에 연결되어 정보를 주고받을 수 있으며, 정보의 내용도 특정 항목이 켜져 있는지 꺼져 있는지, 비어 있는지 차 있는지, 뜨거운지 차가운지 하는 것을 알려주는 단순 내용에서부터 항목의 현재 위치[위성 기반의 위치측정 위성시스템(Global Positioning System : GPS)에 의해 결정]나 진행상황과 같이 더욱 복잡하고 세심한 내용에 이르기까지 다양하다. 그리고 이러한 정보는 기업의 작업흐름을 완전히 바꿀 정도로 엄청난 가치를 지닌다.

인터넷은 이제 제조회사들에게 자사가 거래하고 있는 모든 공급업체와 운송업체들을 한 곳에 연결할 수 있는 기회를 제공한다. 따라서 제조, 공급 및 운송업체들은 원료 조달에서 완제품 배송에 이르는 모든 과정을 추적할 수 있을 뿐만 아니라 재고량, 생산일정, 그리고 공급 일자까지도 파악할 수 있게 되었다.

일단 회사가 모든 업무에 인터넷을 통합하고 나면, 회사는 공급망 관리를 완전히 재구성하면서 회사의 전체 사업흐름을 혁신할 수 있게 된다.

주문제작이 가능해진다

GM이나 포드와 같은 대규모 제조업체의 공급망 관리를 예로 들어보자. 자동차 제조업체들은 오늘날 평균적인 생산 모델의 자동차를 구성하는 온갖 종류의 부품(고도의 지능을 갖춘 일부 실리콘 칩을 포함해서)을 조달하기 위해 수천 명의 공급업자들과 거래한다. 과거 GM이나 포드 같은 회사들은 공급업자들이 각기 다르게 운영하는 다양한 컴퓨터 시스템을 한데 연결하는 고가의 EDI 기반 시스템을 이용해 모든 거래 관계를 관리하려고 했다. EDI 시스템은 제조업체가 발행한 구매 주문을 공급업자의 내부 시스템이 자동으로 인수하는 한편, 제조업체의 중앙 컴퓨터가 자동으로 공급업자의 송장을 인식한 후 인증 및 확인 작업을 실행할 수 있도록 지원한다. EDI 시스템 구축 비용 중 상당 부분은 원거리 업체들과 제조업체 간에 통신을 지원하는 물리적 네트워크를 설정하고 각 공급업자를 위한 소프트웨어를 인가하는 데 소요된다.

GM이나 포드 같은 기업들은 이제 공급업자와의 통신 수단을 모두 인터넷으로 이전하고 있다. 이제, 제조업체는 거대한 네트워크를 운영하면서 시스템들이 서로 커뮤니케이션할 수 있는 환경을 구축하는 대신에, 언제라도 새로운 공급업자를 추가할 수 있을 뿐만 아니라 공급업자들과 쌍방향 대화를 할 수 있게 되었다. 이는 곧 공급망 관리방식이 완전히 바뀌었음을 시사하는 것이다.

이 새로운 방법은, 공급업자들이 자사의 카탈로그를 온라인상에 게시해 제조업체의 구매담당자와 제조업체가 역경매를 운영하는 일을 가능케 해준다. 즉 이러한 경매 환경에서는 사전 심사를 거친 소수의 공급업자들은 제조업체와의 대규모 구매계약에 입찰하도록 역으로 요청받는 것이다. 6장에서 다시 살피게 되겠지만, 역경매는 공급업자들 간의 가격경쟁을 유도함으로써 회사의 구매비용을 획기적으로 절감할 수 있게 한다. GM이나 포드 같은 회사들은, 이 새로운 거래 메커니즘이 일부 품목에 대해 무려 25%에 달하는 구매비용 절감효과를 가져왔다고 주장한다.

　3장에서는 제3의 B2B익스체인지가 어떻게 인터넷의 역할을 확대하면서 동적인 가격결정 모델과 획기적인 비용절감 효과를 창출하는지 알아본다.

파라 워너(Fara Warner)의 1999년 8월 11자 〈월스트리트 저널(Wall Street Journal)〉 기사를 보면, GM의 공급업체들과 연계되는 이 새로운 「네트워크」와 GM이 GM 닷컴(www.gm.com)에서 관리하는 웹사이트 덕분에 GM은 주문제작 방식으로 자동차를 생산하는 것을 고려할 수 있게 되었다고 밝혔다. 물론 컴퓨터 제조업체들은 벌써 몇 해 전부터 이런 방식을 채택해왔다. 델 컴퓨터(Dell Computers)사의 마이클 델(Michael Dell)은 직접판매 기법을 완성시켜 이제는 매일(1주일 내내) 1,200만 달러가 넘는 컴퓨터를 자사의 웹사이트(www.dell.com)를 통해 판매하고 있다. 그러나 그는 주문을 받은 후에만 컴퓨터를 제작한다.

이제 여러분이 새 자동차를 온라인을 통해 구매하는 것을 상상해 보자. 여러분은 웹사이트에 게시된 선택 항목 중에서 정확한 사양과 색상을 고르고 다양한 기능을 선택한 다음 주문을 낸다. 어쩌면 온라인으로 대출신청도 할 수 있을지 모른다. 물론, 여러분의 주문과 지불(또는 대출)이 처리되기 전까지 GM은 주문 차량의 제작에 착수조차 하지 않을 것이다. 그러나 1주일이 채 못 되어, 여러분의 주문에 맞춰 제작된 차가 여러분의 문 앞에 배달될 것이다.

GM은 이러한 방식으로 웹사이트를 통해 고객과 직접 커뮤니케이션을 할 수 있다. 공급업자와 정보를 공유함으로써 GM은 특정 차량을 조립하는 데 필요한 부품이 언제 조달될지 미리 예측하고, 이에 따라 조립 계획을 짤 수 있다. 공급업자들 역시 부품 주문을 받기 전이라도 GM의 주문 시스템으로 들어가 회사가 무엇을 필요로 하는지 파악한 후 이에 따라 주문이 발송되는 즉시 해당 부품을 선적할 준비를 갖출 수 있다. 그 결과 제조업체는 대기해두어야 할 부품의 재고량을 대폭 줄일 수 있어 비용을 상당히 절감하게 되고, 또한 제품을 「제 시간」에 배달할 수 있는 여건을 마련하게 되는 것이다.

그러나 워너는 GM의 이러한 야심은 아직 하나의 몽상일 뿐이라면서, GM이 이를 실현할 기술이나 노하우를 갖고 있지 않아서가 아니라 미국의 자동차 노조가 「주문제작」 생산 라인에 꼭 필요한 공급업자의 사전 제작 모듈을 GM이 사용하지 못하도록 방해하고 있기 때문이라고 그 이유를 설명하고 있다.

세계화

앤더슨 컨설팅(Andersen Consulting, www.ac.com)이 최근에 발표한 연구 보고서에 따르면, 지금까지 전자상거래를 통한 수익의 대부분과 그에 따른 경제적 충격은 지난 3년 간 전자상거래와 IT 산업을 통해 실질적인 경제성장의 3분의 1을 차지한 미국에서 발생했지만, 이제 유럽이 미국의 주도권을 급속히 잠식해가고 있다고 한다. 2002년경에는 유럽의 전자상거래 수익이 미국 내 총수익의 55%에 달하고 2003년이 되면 유럽연합(European Union : EU)의 온라인 사용인구는 미국과 맞먹게 될 것으로 전망한다. 앤더슨 컨설팅이 지난 1998년에 발표한 조사 보고서를 보면, 당시 유럽의 기업들은 대부분 인터넷을 판매와 마케팅용으로만 이용한다고 되어 있다.

그러나 1999년 이들 조사 대상 기업 중 3분의 1 이상이 자신들의 사업을 확장하는 방안을 마련했고, 이제는 상품 및 서비스 조달, 물류, 재무 및 제품 개발 등에 인터넷을 필수적인 요소로 받아들이고 있다는 점을 천명했다.

또한 5년 이내에 적어도 90% 이상이 판매와 마케팅에, 그리고 83%는 부품 조달에 전자상거래를 이용할 생각을 갖고 있다. 그러나 그들 대부분이 전자상거래에 대한 의존도가 아직까지는 미국에 비해 뒤떨어져 있음을 시인했다.

전세계적으로 Y2K 문제 해결을 위해 IT 예산을 지출하는 단계가 지났으므로, 기업들은 모든 업무를 인터넷에 통합하는 데 막대한 자금을 쏟아 붓기 시작할 것이다.

거래 중개자와 정보 중개자

구매자와 판매자 사이에서 브로커 역할을 하는 거래 중개자는 다양한 B2B 시장에 서비스를 제공한다. 가격 투명성이 결여되고 매매 시점과 대상을 파악하기 힘든 시장에서 브로커는 구매자들이 서로에게 만족스러운 가격을 제시하는 판매자를 제때에 쉽게 찾아낼 수 있도록 도와주는 역할을 한다. 중국 속담에 『맑은 물에는 큰 고기가 자라지 않는다』는 말이 있다. 이 속담을 B2B 시장에 적용하면, 시장에서의 투명성 결여는 이따금 브로커가 시장을 지배하고, 실제로 자신들에게 제공되는 서비스의 가치보다 거래가치(규모)에 근거해 고액의 커미션을 강요하고 시장 내에서의 자유로운 정보흐름을 제한하는 빌미를 제공한다. 예컨대, 브로커들은 성사된 거래가에 대한 정보가 밖으로 새나가지 않도록 조심하고 매매 대상에 관한 정보를 엄격히 통제한다.

증권시장에서 전통적인 증권 중개인들은 주식정보의 신속한 접근을 통제해왔다. 인터넷 시대 이전에는 정보 공여자(vendor)로부터 단말기를 구입할 능력이 없는 경우, 한 달에 수백 달러씩을 내고 주식시세와 연구 데이터를 빠르게 접할 수 있는 유일한 길은 브로커를 통하는 것뿐이었다. 이 때문에 증권 중개인들은 고액의 커미션을 요구할 수 있었다. 그러나 현재 온라인 브로커들은 인터넷을 통해 거래당 8달러에 불과한 고정 커미션만 받고 주식시세와 연구 데이터를 제공할 수 있게 되었는데, 똑같은 서비스를 종래의 브로커에게 요청하면 적어도 100달러 이상의 커미션을 지불해야 할 것이다. 이러한 시장의 또 다른 예로 재보험시장을 들 수 있다. 이 시장에서도 소수의 대형 브로커들이 원보험업자와 재보험사의 보험업자 간의 정보교류를 통제하면서 시장을 지배하고 있다. 일부 재보험 거래에서는 보험료의 10%나 되는 커미션이 거래를 주선하는 브로커에게 지불된다. 이와 유사하게 플라스틱 업계에서도 중개인들이 일부 제품에 대해 30~50%의 커미션을 요구한다고 한다.

안개를 증발시키면서 물이 환하게 드러나는 것과 같이 이러한 시장에서 성공적인 B2B익스체인지는 안개 낀 연못에 내리 쬐는 강렬한 햇빛 같은 효과를 낼 수 있다. 이제 구매자와 판매자들은 서로를 손쉽게 식별할 수 있고 주식시세와 체결된 거래가격은 회자되고 시장은 점점 투명해지기 시작한다. 따라서 일부 브로커들은 이런 시장에 B2B익스체인지가 도입되는 흐름에 저항할 수도 있다. 하지만 대다수는 이제 이 과정의 필연성을 인식하고 고객들에게 부가 가치가 더 높은 서비스를 제공하는 데 초점을 맞추고 있다.

B2B익스체인지가 반드시 중개인들의 역할을 파괴하는 것은 아니며,

단지 그 역할을 완전히 재정의하게 될 것이다.

실제로 익스체인지는 단순히 브로커의 역할을 변경하는 데 그치는 경우가 많다. 익스체인지가 브로커들에게 요구하는 것은, 그들이 부가하는 가치를 명시하고 그 가치를 제대로 반영하는 커미션만을 (대개는 고정 수수료 방식으로) 청구하라는 것이다. 예를 들어, 재보험업계에서 카텍스 같은 B2B익스체인지의 도입은 보험 중개인의 소멸을 재촉하지 않았다. 대부분의 보험업자들은 여전히 거래를 성사시키기 위한 중개자로 브로커를 이용하는 것이 더 편하다고 생각하고 있다. 그러나 컨설턴트 서비스에 대한 커미션을 낮추고 고정 요금을 부과하려는 추세가 뚜렷이 나타나고 있다.

매킨지사(McKinsey & Company)의 존 하겔 3세〔John Hagel III, 《넷의 이점(Net Gain)》의 공동 저자〕와 마크 싱어(Marc Singer)의 신간 《넷의 진가(Net Worth)》에서는 단지 같은 작업을 더 빠르고 싼값에 수행하는 것이 아니라, 인터넷상에서 새로운 기업 모델을 구축하는 일의 잠재력에 초점을 맞추고 있다. 《넷의 진가》는 인터넷을 사용함으로써 일부 중개인이 해체되기는 하겠지만, 반면에 인터넷을 통해 가능해지는 전혀 새로운 종류의 중개인이 탄생할 것이라고 주장한다. 실제로 저자들은 인터넷에서 가치를 창출할 수 있는 가장 중요한 기회는 파는 사람으로부터 고객으로 가치가 이동하는 것을 돕는 새로운 종류의 중개 수단을 구축하는 데 달려 있다고 말한다. 이들은 이러한 회사를 「정보 중개자(informediary)」라고 부른다. 이들의 책이 주로 기업 벤더(business vendor)와 고객 사이에서 (즉 B2C와 C2B 공간에서) 전개될 정보 중개자들의 잠재력에 초점을 맞추고 있기는 하지만, 하겔과 싱어의 아이디어는 B2B 시장에도 적용될 수 있다.

B2B 시장에서 B2B익스체인지들 자체가 일종의 새로운 정보 중개자로서 역할을 수행하게 되는데, 그 이유는 이들이 구매자의 이익을 강화하고 향상시키는 경우가 많기 때문이다.

예를 들어, 발전 단계에 있는 B2B익스체인지 중 한 가지 형태는, 기업 구매자를 대표해 그들과 다른 구매자들의 정보를 한데 모은 다음, 결합된 시장력을 이용해 이들 편에서 공급업자들이 제시하는 경쟁적인 입찰에 대해 협상을 벌이는 정보 중개자다. 숍투게더(Shop2gether, www.shop2gether.com)는 바로 이런 B2B익스체인지로서 소기업들의 구매 주문을 한데 모으는 데 특히 주력하고 있다.

인터넷을 통한 수익

지금까지 B2C 인터넷 회사의 성공은 「수익」이라는 단어와는 관련이 없었다. 예컨대, 아마존 닷컴은 현재 230억 달러가 넘는 시가 총액을 보유하고 있으며 470만 개가 넘는 품목을 구비하고 있다고 주장하지만, 영업을 시작한 이래 전혀 수익을 올리지 못했다. 실제로 아마존 닷컴은 1998년 말까지 1억 5,000만 달러가 넘는 손실을 입었다. 아마존의 빠른 성장으로 이익을 본 사람은 책을 배급하는 수송회사들과 책을 대중에게 널리 알린 평론가들, 그리고 일찍 사서 벌써 팔아치운 투자자들뿐이다.

지난 4/4분기에 80만 달러의 순이익을 올린 e-베이는 이 규칙의 예외에 해당한다. 그러나 얼마 안 되는 이 이익 수치는 같은 기간에 올린 4억 9,500만 달러의 총수익에서 창출된 것이며, 280억 달러에 달하는 시장가치를 조성하고 있다.

그러나 분석가들은, 신경제에서 인터넷 회사는 순이익이 아니라 총수익으로 평가되어야 하며, 웹을 지배하게 될 소수의 B2C 회사들은 장차 막대한 이익을 올리게 될 것이라고 주장한다.

여기에서 문제가 되는 것은 신생 인터넷 회사들이 기업 모델의 성공 여부, 시장점유율, 신속한 조정능력, 지도자로서의 지위 등을 나타내는, 다음 해의 추정수익으로 평가되는 경우가 많다는 사실이다. B2C에 대해서는 이러한 평가 기준이 타당할 수도 있고 그렇지 않을 수도 있다. 하지만 확실한 것은 B2B 전자상거래는 B2C 상거래보다 훨씬 큰 수익을 창출할 잠재력을 갖고 있다는 사실이다.

가령 인세가 30달러라고 가정하고 이와 같은 책 판매의 경제적 의미를 고찰해보자. 일반적인 성과의 분배는 다음과 같다. 저자 10%, 출판사 10%, 도매 배급자 50%, 소매점, 즉 아마존 닷컴 30%. 이 체인 내에서 주된 수익은 B2B 거래를 통해 창출된다는 점에 주목할 필요가 있다. 출판사는 도매 배급자를 연결시키고 10%가량을 받는다. 도매 기업은 소매점, 즉 아마존 닷컴을 연결시키면서 50% 남짓을 챙긴다. 결국 60%(18달러)가 넘는 가치가 B2B 거래에서 창출되고 있는 것이다.

이로부터 다음과 같은 결론이 나온다. 만일 인터넷을 통한 효율성이 생산 및 공급망의 한 가운데에 놓인 기업들의 비용을 절감할 수 있다면, 그에 따른 수익의 증가는 B2C의 경우(즉 소매점이 소비자에 판매할 때)보다 B2B의 경우에 더 커질 것이다.

이 이론적인 예를 B2B 구매 세계에 대입해보자. 브로커들이 전화나 우편을 이용해 제품을 판매하고 10%가량의 커미션을 받는 B2B 시장은 이제 B2B 인터넷 기반 익스체인지의 과녁이 되고 있다. 이 B2B익스체인지들은 거래비용을 1% 미만으로 절감할 수 있다. 여기에서의 차액은 기업과 B2B익스체인지의 수익증대를 의미한다.

이 B2B 시장 중 일부는 막대한 가치를 지니고 있다. 예를 들면, 미국의 제지시장은 적어도 연간 2,600억 달러의 가치가 있으며(페이퍼익스체인지), 철강시장은 연간 6,000억 달러(메탈사이트와 e-스틸), 플라스틱 시장은 연간 3,700억 달러(플라스틱넷), 그리고 재보험시장은 보험료만 계산해도 최소한 연간 1,000억 달러의 가치가 있다. 이것을 연간 250억 달러에 불과한 미국의 도서시장과 비교해보라. 더구나 이 B2B 구매 계약 대부분에 따르는 평균 인세는 30달러가 아니라 3만 달러가 넘으므로 비용절감과 매출 이익률 증대의 잠재력은 책이나 CD처럼 인세가 낮은 품목의 경우에 비해 훨씬 높아진다.

- B2B 시장의 폭발적 성장은 필연적 추세다.
- 포레스터 리서치는 1998년 인터넷을 통한 내구 소비재의 B2B 거래 규모는 430억 달러에 달했고 2003년에는 1조 3,000억 달러에 이를 것이라고 전망하면서 연간 99%의 성장률을 기록할 것임을 보여주고 있다. 골드만 삭스 연구소도 미국에서의 B2B 인터넷 상거래가 2004년까지 1조 5,000억 달러에 이를 것이라고 내다봤다.
- 회사들은 처음에 인터넷을 「브로셔웨어」를 통한 판매와 마케팅에 이용한다.
- 온라인 영업 전략은 회사를 급속히 B2C 회사로 바꾸어 소매상들과의 채널 갈등을 일으킬 수 있다.
- 이제 회사들은 인터넷을 구매, 물류, 재정, 그리고 심지어 제품 개발에까지 적용하고 있다.
- 고객들과 접촉하고 공급업자들을 동시에 생산공정으로 한데 묶는 데 인터넷을 활용함으로써 고객들은 온라인으로 제품을 주문한 다음, (가령 맞춤형 자동차) 제품이 자신들의 사양에 따라 제작되어 며칠 내로 문 앞까지 배달될 동안 느긋하게 기다릴 수 있게 된다.
- B2B익스체인지는 일부 시장 중개인들로 하여금 그들의 역할을 재정의하도록 촉구한다.
- B2B익스체인지는 「정보 중개자」의 형태로 새로운 기회를 창출한다.
- 대다수의 제조공정에서 기업 간에 이루어지는 부분은 제품 가치의 대부분을 차지하므로, B2B 거래가 지니는 비용절감과 수익증대의 잠재력은 B2C의 경우보다 훨씬 높다.

B2B가 인터넷상에서 개발되고 있는 이유

2장에서 살펴본 바와 같이, 대부분의 경우에 기업의 인터넷 사용은 대체로 판매와 마케팅의 영역에 국한되어왔다. 온라인 전자상거래에 대한 최초의 시도는 주로 전통적인 기업 모델을 인터넷으로 옮기는 것이었다.

아마존 닷컴은 이런 경우의 고전적인 예다. 초기 주창자가 얻는 막대한 이점과 인터넷 혁신자로서의 막강한 이미지에도 불구하고 아마존 닷컴의 본래 기업 모델은 여전히 전통적인 서적유통 채널에 묶여 있다. 출판사가 제작하고, 도매 배급자가 소매상에 판매하고 (인터넷상에서만 판매하지만), 그런 다음 중앙의 실제 창고(서적 발송을 위한 센터 역할을 함)를 통해 소비자에게 전달된다. 인터넷 초기에 거둔 성공 가운데 또 하나의 탁월한 사례로 네트워크를 운영하는 「연결 계통」을 만드는 시스코 시스템(Cisco System)사를 들 수 있다. 시스코 시스템은 기존의 기업 모델을 고전적 방식으로 네트워크로 이전해 라우터와 브리지 등을 모두 온라인으로 판매하고 있지만, 신규 고객들은 시스코 시스템으로부터 온라인으로 직접 구매할 수가 없다. 고객들은 먼저 시스코에 계좌를 개설해야만 한다.

초기부터 시도된 기술혁신은 기존의 협력업체와 정보를 더 손쉽게 교환하기 위해 인터넷을 사용하거나(전자우편) 온라인 판매를 위해 기존의 제품 카탈로그를 웹상으로 이전하는 부분에서 이루어졌다. 초기에 온라인 제품을 위한 가격결정 메커니즘은 공급업자가 제품의 마케팅에 앞서 협상 불가능한 고정가격을 설정하는 방식이 그대로 유지되었다.

이를테면, 아마존 닷컴이 상당 부분 C2C 경매방식으로 이동하기는 했지만, 책과 CD에 대해 고정가격을 매기고 있고 아직 소비자들이 온라인 경매를 통해 서적 카탈로그의 소매가격에 입찰이 가능할 정도로 바뀌지는 않았다. 앞으로 살펴보게 되겠지만, 아마존은 최소한 구도서에 대해, 또는 여분의 재고를 처분하기 위해 조만간 온라인 경매를 시행할 것으로 보인다.

새로운 온라인 B2B 기업 모델

오늘날 사태는 빠른 속도로 전개되어 인터넷은 B2B 시장영역에 진정으로 혁신적이고 새로운 기업 모델을 산출하고 있다. 포레스터 리서치는 인터넷에 고유한 세 개의 새로운 모델로 애그리게이터(aggregator), 경매(auction), 익스체인지(exchange) 등을 제시했다. 우리는 여기에 「트레이드 허브(trade hub)」와 「게시·검색(post & browse)」의 두 가지 범주를 추가하고자 한다. 이 같은 거래 메커니즘 각각에 대해서는 6장에서 상세히 분석한다.

독특한 인터넷 B2B 모델에 대한 정의

• **애그리게이터(집합체)** : 회사들의 조달을 위한 원스톱(여러 가지 물품을 한 장소에서 살 수 있는) 구매 현장. 애그리게이터는 여러 공급업자의 제품 카탈로그를 한 장소에 하나의 포맷으로 모음으로써 구매를 합리화한다. 온라인으로 진열되는 부품과 제품의 수는 수십만 개에 달할 수 있다.

　예 : e-케미컬, 켐덱스, 메탈사이트, 플라스틱넷

• **트레이드 허브** : 이들 사이트는 아직 특별한 익스체인지에 인터넷을 수용하지 않은 다양한 버티컬 계열에 속한 구매자와 판매자의 공동체를 구축한다. 판매자들에게는 자신의 제품을 광고할 수 있는 가상 진열대가 주어지고, 구매자들에게는 뉴스와 제품 사양 정보, 제품 설명, 제품 추천 등이 제공된다. 트레이드 허브는 다양한 업종의 모든 구매자와 판매자를 지원하고자 한다는 점에서 순수하게 「수평적(horizontal)」 형태가 될 수 있다. 또 한편으로, 다양한 업종에 걸쳐 특정한 유형의 구매자나 판매자, 또는 특정한 유형의 제품 범주를 지원하는 일을 전문으로 한다는 점에서 「사선적(diagonal)」 형태가 될 수 있다. 트레이드 허브는 자주 판매되지 않는 대형 품목을 위한 경매식 판매 메커니즘이나 소규모 구매자 집단을 위한 경매식 구매 과정을 제공할 수 있다.

　예 : 프리마켓, 버티컬넷(수평적), 숍투게더, 트레이드아웃(사선적)

• **게시·검색시장** : 이것은 본질적으로 구매자들과 판매자들이 구

매나 판매에 대한 관심의 표현을 게시할 수 있는 세련된 형태의 전자 게시판(bulletin board)이다. 게시판상에서의 게시를 통해「대면」한 다음, 당사자들은 직접 거래를 협상한다. 인터넷은 세계 각지의 구매자와 판매자가 온라인으로 참여할 수 있도록 해준다. 규격화되지 않은 제품을 매매하는 매우 파편화된 시장의 경우 각각의 계약은 서로 상당한 차이가 있어 일대일 협상을 요하기 때문에 이 방식은 이상적인 메커니즘이 될 수 있다. 이런 시장은 계약을 좀더 표준화해 더욱 자동화된 방식으로 거래가 이루어질 수 있도록 하려는 목표를 갖고 있다.

예 : 카텍스, 크레디트트레이드, 엘리넥스, 테크엑스

• **경매시장** : 복수의 구매자나 판매자가 경쟁적으로 계약에 입찰하는 여러 시장을 위한 혁신적인 새 가격결정 모델. 이것은 폭넓은 잠재적 구매자가 시장가격 이하에 경쟁적으로 제품에 입찰할 수 있도록 해주므로, 가능한 최선의 가격에 잉여를 처분할 수 있는 이상적인 메커니즘이다.

예 : e-스틸, 만하임 온라인, 캐틀오퍼링

• **자동화 익스체인지** : 규격화된(또는 일용품과 같은) 제품을 위한 중앙집중형 시장. 복수의 구매자와 판매자 사이에 경쟁적인 입찰이 이루어지고 주문이 자동으로 연결되므로 효과적인 온라인 가격결정 메커니즘이 창출된다.

예 : e-스틸, 페이퍼익스체인지(카텍스, 크레디트트레이드, 엘리넥스 등

도 이 방향으로 이동 중임)

* 자료 출처 : 포레스터 리서치 및 저자들.

이 책에서 우리는 트레이드 허브, 게시·검색, 경매, 자동화 익스
체인지 등의 모델을 포함하는 B2B익스체인지의 발전에 초점을 맞
춘다.

B2B익스체인지의 공통된 특성

B2B익스체인지는, 이를테면 증권거래소처럼 중립적이고 집중화
된 시장영역을 제공하는 일반적인 익스체인지와 매우 유사하다.
B2B익스체인지는 증권거래소가 운영되는 것과 마찬가지 방식으로
다음과 같은 주요 이점을 제공한다.

- 중앙집중형 시장영역
- 중립성
- 규격화된 계약, 문서, 제품
- 사용자에 대한 사전심의 및 통제
- 가격시세와 거래 후 정보 및 가격 이력의 공개
- 시장의 통합성 유지
- 투명성
- 시장과 가격결정 메커니즘의 자기 규제
- 청산 및 결제 서비스
- 은밀성과 익명성
- 교환 공동체 : 회원과 사용자, 그리고 서비스 제공자를 위한 만
  남의 장소.

이 책의 2부에서 우리는 이러한 각각의 기능에 대해 상세히 분석한다.

넷 효과

이전에는 존재하지 않았던 익스체인지가 인터넷을 통해 발전할 수 있는 이유는 다음과 같다.

- 온라인 시장은 실제 세계에서 드는 비용의 극히 일부만으로 운영된다.
- 지리적 거리에 관계없이 낮은 비용으로 접속할 수 있기 때문에 파편화된 구매자와 판매자들이 서로를 쉽게 찾을 수 있다(글로벌 접근).
- 온라인 경매와 같이 새로운 가격결정 메커니즘은 가격 책정의 능률을 향상시키고 거래량을 증대시킨다.
- 자동화된 거래와 익명성은 시장의 비능률을 상당 부분 제거할 수 있다.
- 중앙집중형 시장은 이전에는 존재하지 않았던 거래 및 가격정보를 창출한다(투명성).

새로운 B2B익스체인지로 견고한 기존의 시장에 도전하는 일은 오직 이 신참가자가 저렴한 비용으로 유동성을 구축할 수 있을 때만 가능하다. 컴퓨터와 통신에 드는 비용이 점점 싸지면서 B2B익스체인지는 거래소를 비롯해 전통적인 거래 네트워크에 도전할 수 있게 되었다.

저렴한 운영비용

산업 세계는 직접 계약, 전화, 그리고 우편이라는 세 가지 전달수단을 기반으로 거래 관계를 창출했다. 직접 계약은 「커피점」식 시장〔예컨대 19세기의 로이드(Lloyd's) 보험시장〕으로부터 점차 물리적인 「거래소(칸막이 매장)」〔예컨대 파생상품 거래를 위한 시카고상품거래소(The Chicago Board of Trade : CBOT]에서 행해지는 공개호가 거래로 발전해나갔다. 전화를 기반으로 한 시장은 거래를 기록하기 위한 기록기와 거래확인서를 전송하기 위한 팩스, 지침이 되는 가격이나 시세를 표시하기 위한 컴퓨터 화면 등의 사용과 함께 개량되어갔다. 물리적 우편은 마차를 사용한 속달우편과 쾌속범선 여행 시대로부터, 국내에서는 대부분 24시간 이내에 배달되고 해외에서는 며칠 내로 배달되는 국제우편의 시대로 발전했다. 이 밖에도 직배수송 회사들은 오늘날 문서를 전세계의 거의 모든 곳에 며칠 내로 책임지고 배달해주고 있다.

하지만 이런 전달수단 중 어느 것도, 전세계 어느 곳의 컴퓨터에나 거의 순간적으로 싼값에 정보를 배달해주는 전자우편과 웹 기반 애플리케이션으로 무장한 인터넷과 경쟁할 수는 없다.

온라인 전자시장은 집중화된 시장영역을 창출하기 위한 거래소—물리적 부동산이 프리미엄으로 따르는—를 필요로 하지 않는다.

뉴욕증권거래소가 맨해튼에 방대한 거래소를 원활히 가동하는 데 필요한 6,000명이 넘는 거래소 브로커, 전문가, 컴퓨터 기술자, 기타 잡무원들을 수용할 수 있는 3km²에 가까운 거래소를 지을 계획이라는 사실을 상기해보자. 뉴욕증권거래소가 뉴저지로 이전하겠다고 으름장을 놓자, 뉴욕 시장은 납세자들로 하여금 이 새 거래소를 위해 6,000만 달러가 넘는 돈을 지불하도록 하는 데 합의했다. 1994

년 이래로 뉴욕증권거래소는 주문서를 물리적 거래소에 더 빨리 전달하는 기술을 개발하는 데 10억 달러 이상을 소모했다. CBOT는 최대 8,000명의 거래자를 수용할 수 있는 거대한 신축 거래소를 짓는 데 1억 8,200만 달러를 썼다. 기존의 농업단지와 합쳐서 CBOT는 현재 점보 제트기 두 대를 충분히 수용할 수 있는 $2.8km^2$가 넘는 공간에 세계 최대 면적의 거래소를 자랑하고 있다. 이것을 가령 아키펠라고 홀딩(Archipelago Holdings)처럼 몇 대의 소형 컴퓨터를 통해 얼마 안 되는 비용으로 세계 어느 곳에서나 접속할 수 있는 인터넷 기반의 「가상」 거래장인 ECN의 위력과 비교해보라.

CBOT의 경우, 그 비싼 거래소에서 물리적인 부동산은 각각의 계약 유형(즉 상품)이 독자적인 물리적 거래소에서 거래되어야 하므로 프리미엄이 붙게 된다. 이것은 빠른 시간 내에 거래량을 달성하지 못하는 신계약은 모두 제거되고 다른 상품으로 대체된다는 의미이며, 이 때 새 상품의 거래를 시작하는 데는 막대한 비용이 든다. 1997년에 CBOT는 최초로 다우존스 지수에 기초한 옵션 및 선물매매를 시작했는데, 거래소를 설비하는 데에만 수백만 달러가 들었다.

전자 시스템에서 온라인 카탈로그에 상품을 새로 추가하거나 목록에 계약을 새로 추가하는 데 드는 비용은 거의 제로에 가깝다. 마찬가지로 계약이나 상품을 위한 목록을 유지하는 데 드는 비용도 매우 저렴해서 새 상품들이 시장을 개발할 시간을 벌 수 있게 된다.

글로벌 접근과 「원스톱 쇼핑」

인터넷 접속비용은 나날이 낮아지고 있으며 전자우편이나 웹을 통해 정보를 전송하는 비용은 일반 전화, 팩스, 우편비용에 비하면 상당히 저렴하다. 이것은 판매자가 전세계의 구매자와 접촉할 수 있고 구매자가 전세계의 판매자에 접근할 수 있음을 의미한다. 실제 세계에서 기업이나 개인 소비자들은 단지 자신의 물리적 위치에서 이용가능한 유일한 서비스라는 이유만으로 비싼값을 지불하거나 질이 떨어지는 상품을 구입하는 경우가 흔히 있다. 이제 B2B익스체인지는 집중화된 시장영역의 「가상」 거래소에 파편화된 구매자와 판매자들을 한데 모을 수 있게 되었다.

B2B익스체인지는 구조화되고 조직화된 방식으로 이들 구매자와 판매자의 공동체를 만들어낸다. 익스체인지상에 게시된 제안을 검토한 다음, 잠재적 구매자와 판매자 사이의 소통은 흥미를 가진 당사자들에게로 명확히 한정된다. 이런 식으로 온라인 익스체인지는 사전에 조건을 갖춘 구매자들을 찾아내어 거래를 성사시킨다. 인터넷상의 일반적인 전자우편과 달리, 중앙 익스체인지를 통한 소통은 조직화되고, 암호화되고, 인증되고, 시간이 표시되고, 추적되고, 확인될 수 있다.

지리적 거리에 관계없이 접속하는 데 드는 저렴한 비용은 파편화된 구매자와 판매자들이 실제 세계에서처럼 서로를 찾아 여행하는 비용이나 중개인을 이용하는 데 드는 고액의 커미션을 지출하지 않고도 B2B익스체인지를 통해 서로를 찾을 수 있게 해준다. 이 밖에도 복수의 판매자들을 한 장소에 모음으로써 익스체인지는 구매자들이 원스톱 쇼핑을 즐길 수 있도록 해준다.

이는 브로커와 같은 종래의 중개인들로 하여금 B2B 시장에서 자신의 역할을 재정의하도록 강요하지만, 「정보 중개인」들에게는 새로운 기회를 창출하게 된다.

더욱 효율적인 가격결정

산업경제에서 대부분의 가격은 판매자가 결정한다. 판매자는 일반적으로 가장 큰 경제적 지배력을 지닐 뿐만 아니라, 협상이 불가능한 가격이 적힌 카탈로그를 발행할 수도 있다. 또 하나의 방법은 특정 시간에 잠재적인 구매 및 판매주문을 모두 한데 모아 이 경쟁적인 제안들이 가장 높은 가격이나 판매량을 최대화하는 가격을 결정하도록 하는 것이다. 그러면 그 가격은 그 시점의 진정한 시장가격이라 불릴 수 있을 것이다.

경쟁적인 입찰과 경매 시스템을 통한 동적 가격결정은 B2B익스체인지의 가장 흥미로운 특징 가운데 하나이며, 6장에서 논하겠지만, B2B 인터넷 상거래가 지니는 혁명적 성격의 핵심 요소를 반영한다.

경매식 가격결정은 증권을 위한 중앙시장연계 시스템을 보유하고 있는 ECN이 채택하고 있는 방식이다. 이는 또한 e-베이가 자신의 온라인 시장을 운영하기 위해 채택하고 있는 가격결정 메커니즘이기도 하다. 회사들을 싼값에 서로 연결할 수 있는 능력을 지닌 인터넷이 전세계의 매수주문과 호가를 한데 모을 수 있게 됨에 따라, 이 가격결정 메커니즘을 이용하는 B2B익스체인지가 점점 더 늘어나고 있다.

주식시장에서는 경쟁하는 구매자와 판매자가 더 많이 한데 모이면 모일수록 시장은 그만큼 더 유동적으로 발전하고, 가격결정 메커니즘은 더욱 능률적으로 기능한다.

예를 들어, 미국의 증권업계에서 ECN은 나스닥이나 뉴욕증권거래소같이 전통적인 증권거래소보다 더 능률적인 주문집행 및 가격

결정 시스템을 창출해내고 있다. 나스닥은 인스티넷(Instinet : 로이터 통신 계열사)의 성공으로 시작하여 이제는 50개가량의 부동산 거래 시스템(이 중 약 10개가 증권거래위원회에 의해 ECN으로 승인되었다)이 진출하여 번창하고 있는 ECN의 영향을 특히 많이 받았다.

그 이유는, 시장 조성자들이 증권을 사거나 팔 시세를 부르면 시장 조성자의 가격과 다르게 소비자의 주문이 집행되는 「호가」 시스템을 나스닥이 운영하기 때문이다. 시장 조성자는 구매가격과 판매가격 사이에 차액을 유지함으로써 거래마다 이익을 남긴다. 「스프레드(spread)」라고 알려진 이 차액은 나스닥의 숨겨진 거래비용을 나타내는데, 그 이유는 소비자들의 주문이 그들이 지불하고자 하는 최고 가격으로 낙찰되지 않고 시장 조성자들이 설정한 가격에 낙찰되기 때문이다. 이 숨겨진 비용은 특정 주식의 유동성이 낮을 때 정당화된다. 왜냐하면 시장 조성자는 이 때 특정 시점에서 사고 팔려는 두 명의 소비자가 확보되지 않더라도 항상 구매가격과 판매가격이 존재하도록 유지하여 가치를 부가하기 때문이다.

나스닥은 뉴욕증권거래소에 상장될 수 없고 일반적으로 비유동적인 소자본 주식을 거래하기 위해 개발되었다. 마이크로소프트나 델컴퓨터와 같이 나스닥에 상장된 회사 중 일부가 성장함에 따라 나스닥은 훨씬 유동적으로 되었다. 「블루칩」 주식들은 자연히 더 이상 시장 조성자를 필요로 하지 않게 되었다. 하지만 시장 조성자들은, 소비자들의 주문이 단일가격에 직접 연계되게 하는 중앙연계장치(「중앙지정가 주문시스템」이라 불림)를 나스닥이 개발하도록 허용하지 않았다. 실제로 1990년대 중반에 행해진 증권거래위원회의 조사를 통해, 일부 주식에서 많은 시장 조성자들이 공모하여 스프레드를 고정하려 한다는 사실이 밝혀졌다. 이 사건을 기초로 증권거래위원회는, 고객이 동일한 가격의 구매주문과 판매주문을 갖고 있을 경우 시장 조성자가 고객이 지정한 가격에 거래할 것을 요구하는 새로운 주문처리규칙을 1997년 1월 도입했다.

이로써 ECN은 시장에 진입해 최상의 가격(즉 구매자와 판매자가 거래할 의향이 있음을 표시한 가격)에 주문들을 연계시키는 중앙 지정가 주문시스템을 제시할 수 있었다. ECN의 주문 시스템에서 연계될 수 없는 모든 주문은 나스닥으로 보내어 시장 조성자를 상대로 집행되도록 한다. 나스닥의 문제점은 이들 ECN이 나스닥으로부터 효과적으로 유동성을 흡수하고 시장 조성자들에게는 ECN이 신속히 이행할 수 없는 거래만 남겨준다는 점이다. 소비자의 관점에서 볼 때 ECN은 더욱 능률적으로 주문을 연계시킬 수 있는 메커니즘을 창출함으로써 거래비용을 절감시켜준 것이다. 이로써 ECN은 날마다 나스닥 거래량의 25% 이상을 나스닥으로부터 끌어낼 수 있게 되었다.

투명성의 제고

대부분의 시장은 유사한 거래의 가격, 또는 공급과 수요에 관해 완전치 못한 정보를 갖고 운영된다. 일단 중앙식 익스체인지가 발달되면 모든 사용자들이 전에는 불가능했던 방식으로 가격, 거래량, 거래 이력 등을 이용할 수 있게 된다.

전통적 B2B 재보험의 세계는 그 좋은 보기가 된다. 과거에 원보험업자들은 재보험을 위한 시세를 보험 브로커를 통해 도매 재보험업자들로부터 입수했다. 브로커는 원보험업자를 위한 최상의 시세와 브로커를 위한 최상의 커미션을 입수하기 위해 몇몇 핵심적인 재보험업자들(또는 「시장들」)과 관계를 맺고는 했다. 브로커는 자신의 시장을 보호하기 위해 브로커들이나 고객들 사이에 가격정보를 공유하지 않기 때문에 가격결정 과정에 투명성이 결여되어 있다. 원보험업자들은 다른 회사들이 재보험에 얼마를 지불하는지 알지 못하며, 따라서 브로커들은 이 정보를 통제함으로써 수백만 달러짜리 프리미엄에 대해 최대 10%의 커미션을 요구할 수 있었다.

카텍스가 보험상품을 위한 B2B익스체인지를 설립한 덕분에 시스템을 통해 재보험 계약이 집행되는 가격은 즉각 인터넷을 통해 모든 등록 사용자에게 유포된다. 그러나 모든 거래 보고는 완전히 익명으로 이루어지므로 다른 사용자들은 계약의 당사자가 누구인지 모른다. 시스템에서는 여전히 브로커가 활동을 하지만 이제 각 브로커들은 자신이 행한 거래의 가격결정과 관련한 은밀성을 포기하고 있으며, 그 대신 거래에 관한 경쟁자의 가격정보를 입수할 수 있게 되었다. 이런 식으로 가격 투명성이 향상됨으로써 시장은 더욱 깊어지고 더욱 유동적으로 변모한다. 부분적으로는 카텍스의 영향 때문에, 그리고 부분적으로는 신경제의 또 다른 역학의 결과로 인해 보험업계에서 브로커의 역할은 빠르게 바뀌고 있다. 브로커들은 이제 고액의 커미션이 아니라 고정된 요금의 대가로 더 부가가치가 높은 서비스를 제공해야만 하게끔 되었다.

페이퍼익스체인지는 현재 브로커들에게 과중하게 의존하고 있기 때문에, 판매자도, 구매자도 중심시장의 가격이 얼마가 되어야 적정한지를 모르는 또 하나의 업종에서 이와 같은 가격 투명성을 구현하고 있다. 페이퍼익스체인지는 온갖 등급과 크기의 종이 제품을 사고 파는 사람들이 호가된 가격에 사거나 팔고자 하는 관심의 표명을 게시할 수 있도록 해준다. 그러면 구매자나 판매자는 계약가격이 합의될 때까지 역제안을 게시할 수 있다. 모든 가격시세는 웹사이트에 공개적으로 발표된다.

이와 마찬가지로, 익스체인지는 구매자와 판매자가 어떤 시점에서든 공급과 수요를 측정할 수 있게 해준다. 익스체인지에 게시되는 주문 또는 관심의 표명은 사람들이 어느만큼 사거나 팔고 싶어하는지를 나타내며, 또 사거나 파는 주체가 누구인지를 알려줄 수도 있다.

이런 식으로 B2B익스체인지는 특정 시점에서 이루어지는 시장에서의 가격결정이나 공급 및 수요의 수준과 관련한 투명성을 창출할 수 있다.

시장의 비능률성 척결

시장을 지리적으로 확장하는 일 못지않게 B2B익스체인지는 시장의 비능률성을 척결할 수 있다.

예를 들면, 주식시장에서 손꼽히는 비능률성 가운데 하나는 기관들이 「시장충격(market impact)」이라 부르는 것이다. 이 현상은 대규모 구매 또는 판매주문에 관한 정보가 시장으로 유출되어 사거나 팔려는 당사자에 반해 가격이 극적으로 변동될 때 발생한다. 정보유출은 브로커나 마켓메이커, 전문 회사를 이용할 때 생길 수 있다. SEI 투자 회사 같은 주식 전문가의 연구는, 하나의 기관이 치르는 가장 큰 거래비용은 커미션이나 시장 조성자의 스프레드가 아니라, 다른 거래자들이 블록 거래에 관한 뉴스의 반동으로 시장가격을 변경하는 데 따르는 것이 「시장충격」일 수 있음을 보여준다. 다른 한편으로 익명성은 기관 투자자들로 하여금 스마트 머니(smart money)가 팔리고 있다는 소문이 유출되어 구매자가 사라지고 가격이 가파르게 떨어질지 모른다는 두려움 없이 대규모 블록의 주식을 팔 수 있게 해준다.

현재 ECN이 제공하고 있는(그리고 B2B익스체인지가 채택하고 있는) 온라인 거래 시스템은 거래자들에게 완전한 익명성을 보장해주며, 따라서 시장충격을 제거할 수 있다.

로이터 통신이 소유하고 있는 전자시장 인스티넷은 널리 선전된 익명성과 시장충격을 피할 수 있는 능력을 바탕으로 나스닥의 일일 거래량에서 최대 20%를 독자적으로 끌어들일 수 있었다. 이와 더불어 정교한 거래 시스템은 거래자들이 대규모 주문을 신청할 수 있게 해주면서도 거래량의 단지 일부만을 시장에 공개한다. 가시적 주문이 연계됨에 따라 전자 시스템은 나머지 거래량을 사전에 설정된 금액대로 자동으로 주문장에 기입한다. 이는 다시 대규모 주문이 시장충격을 최소화하면서 집행될 수 있도록 해준다.

증권업계 바깥에도 지나치게 많은 중개인들이 연루되어 비능률을 초래하는 기존의 공급 체인이 많이 있다. 예를 들어, 내셔널 트랜스포테이션 익스체인지(National Transportation Exchange : NTE)는 부품 공급업자들에게 귀환 트럭의 빈 공간을 팔아서 크게 성공했다. 이전에는 공급업자들이 그런 수송 공간을 이용할 방도가 없었으나, 공급업자들은 할인가격에 거래를 맺고 트럭 운송 회사들은 이전에는 사용하지 않던 귀로 공간을 판매한다. NTE의 웹사이트(ww.nte.net)에는 이렇게 적혀 있다. 『NTE는 적하를 입찰하는 선하주 회원과 이동 트럭의 이용가능한 수용 공간을 입찰하는 직접 서비스 운송업자 회원을 위한 실시간의 중립적 플랫폼을 제공한다. NTE는 이 서비스를 「익스체인지」라 명명했는데, 그 까닭은 이 서비스가 회원들로 하여금 마치 증권거래소와 같은 실시간 시장 설정을 통해 수익성 있는 사업을 함께 운영할 수 있도록 해주기 때문이다. 또한 증권거래소처럼 이 서비스는 일련의 정의된 과정, 데이터 수

집 및 보고, 회원에 대한 개방된 접근가능성, 필요한 다른 기술에
대한 인터페이스 등을 갖고 있으며 운송료 청구 및 지불을 제삼자
의 감독하에 처리하기도 한다.』

버티컬 지식

B2B익스체인지는 주로 버티컬 산업 분야에서 경험을 쌓은 전문
가들이 개발하고 있다. 이 전문가들은 오늘날 기업들이 인터넷 기
술을 받아들임으로써 자신들에게 산업시대의 기업들을 박차고 나와
B2B익스체인지를 창업할 엄청난 기회가 주어지고 있음을 알아차린
사람들이다. 이전에 그들을 고용했던 기업주는 우리가 11장에서 논
하게 될 중립성 문제 때문에 이것의 실현을 어렵다고 생각할 것이
다. 이 전문가들은 자신의 특정 분야에 대해 깊은 지식을 갖고 있
고, 그 버티컬 공간 내에서 주요 구매자 및 판매자들과 강한 유대
관계를 맺고 있다.

이러한 버티컬 지식은, 그 수직 계열 내에서 익스체인지에 대한 신뢰
성을 신속히 구축하고 익스체인지가 그 특정한 시장에 적응할 수 있도록
맞추는 데 필수적인 요소다.

제조업자들을 위한 유통 채널의 갈등

2장에서 살펴본 바와 같이, 판매할 제품을 온라인으로 제공하고
자 하는 제조업자는 전통적인 유통 채널에 엄청난 갈등을 불러일으
킬 소지가 있다. 이 유통 채널은 제조업자가 인터넷 이전의 환경에
서 제품을 최대한 배급할 수 있도록 하기 위해 개발된 것이다. 유통

채널은 또한 제조업자가 판매가격의 일부를 지불하는 대가로 완제품의 재고 수준을 관리하고 그 재고를 저장하는 데 도움을 준다. 전통적인 유통 채널에 대한 제조업자의 유대관계 때문에 온라인 판매가 어려운 경우, 별도의 제삼자가 중립적인 온라인 판매 메커니즘을 제시할 가능성이 커진다.

B2B익스체인지는 모든 제조업자들이 기존의 유통 채널과 경쟁할 필요 없이 제품을 판매하는 방식을 바꿀 수 있도록 해주는 중립적인 제삼자 시장영역이다.

제조업자가 직접 판매를 위해 독자적인 온라인 상점을 개설할 능력이 있더라도 B2B익스체인지는 많은 구매자들에게 매력적인 조건이 될 것이다. 이는 중립적인 제삼자 익스체인지가 복수 제조업자의 상점을 한 장소에 게시할 수 있고, 그리하여 구매자가 최적의 가격에 최상의 제품을 검색하는 일을 용이하게 해주기 때문이다.

B2B익스체인지의 영향

B2B익스체인지는 이미 전통적인 시장에 역동적인 영향을 가하고 있다. 이 혁명은 이제 막 시작되었을 뿐이며, 그 효과는 연못 위의 물결처럼 증폭될 수밖에 없다. 우리가 여태까지 목격한 주요 효과는 다음과 같다.

- 저렴한 비용.
- 제조업자의 구매비용을 낮추어 잠재적 수익을 높여준다.
- 시장의 깊이와 유동성이 증대된다.

- 낮은 재고 요건.
- 높은 투명성과 정돈된 시장.
- 지리적 장벽과 시간대 차이의 극복.
- 특정한 시장에 연고를 갖고 있는 중개인이나 브로커 같은 유통 채널 방해 요인의 제거. 이로써 잠재적 실업과 전통적 중개자의 역할 변화가 따름.

B2B익스체인지 관련 유수 기업

4년 전만 해도 주식시장의 바깥에는 온라인 B2B익스체인지가 하나도 없었으나 지금은 벌써 100개가 넘는다. 부록 A에는 다음과 같이 주도적인 B2B익스체인지 회사에 관한 소개가 상세히 실려 있다.

- 카텍스 : 보험시장(www.catex.com)
- 켐덱스 : 화학제품(www.chemdex.com)
- 크레디트트레이드 : 신용관련 제품(www.credittrade.com)
- e-케미컬 : 공업용 화학제품(www.e-chemicals.com)
- 엘리넥스 : 전력선물계약(www.el-in-ex.com)
- e-스틸 : 철강 및 기타 금속(www.esteel.com)
- 메탈사이트 : 철강 및 기타 금속(www.metalsite.net)
- 내셔널 트랜스포테이션 익스체인지 : 트럭 운송(www.nte.net)
- 페이퍼익스체인지 : 제지(www.paperexchange.com)
- 플라스틱넷 : 플라스틱(www.plasticsnet.com)
- 테크엑스 : 생명공학관련 지적재산(www.techex.com)

- 초기의 전자상거래는 전통적인 기업 모델을 온라인으로 이주시키려는 시도가 지배적이었다.
- 인터넷이 산출한 새로운 기업 모델로는, 애그리게이터, 트레이드 허브, 게시 · 검색, 경매시장, 자동화 익스체인지 등 다섯 가지를 들 수 있다.
- 이들 모델 각각은 기업의 전략과 거래의 흐름을 급속히 재규정하고 있다.
- B2B익스체인지는 시장의 비능률을 제거하고 시장을 급속하게 지리적으로 확산시킨다. 예를 들어, 주식부문에서는 ECN의 발달로 전통적인 증권 거래소를 벗어나 좀더 효율적인 주문 집행이 이루어지게 되었다.
- 새로운 B2B익스체인지로 견고한 기존 시장에 도전하는 일은 오직 이 신참가자가 저렴한 비용으로 유동성을 구축할 수 있을 때만 가능하다. 컴퓨터와 통신에 드는 비용이 점점 싸지면서 B2B익스체인지는 거래소를 비롯해 전통적인 거래 네트워크에 도전할 수 있게 되었다.
- 지리적 거리에 관계없이 접속하는 데 드는 저렴한 비용은 파편화된 구매자와 판매자들이 실제 세계에서처럼 서로를 찾아서 여행하는 비용이나 중개인을 이용하는 데 드는 높은 커미션을 지출하지 않고도 B2B익스체인지를 통해 서로를 찾을 수 있게 해준다.
- 버티컬 지식은, 그 버티컬 계열 내에서 익스체인지에 대한 신뢰성을 신속히 구축하고 익스체인지가 그 특정한 시장에 적응할 수 있도록 맞추는 데 필수적인 요소가 된다.
- B2B익스체인지의 선도적인 예로서 카텍스, 엘리넥스, e-스틸, 메탈사이트, 페이퍼익스체인지, 크레디트트레이드, 테크엑스, 플라스틱넷, 내셔널 트랜스포테이션 익스체인지 등을 들 수 있다

제 4 장

이건 기술 문제가 아니야!

B2B익스체인지를 가능하게 만드는 것은 인터넷의 기술이지만, 여기에서 문제가 되는 것은 주로 기업 애플리케이션이지 기술혁신이 아니다. 특정한 시장에 맞추어 익스체인지가 구축된다면, 사용자들에 대한 B2B익스체인지의 장기적인 실질가치는 그만큼 커진다. 이 때문에 익스체인지는 순수하게 기술적인 관점이 아니라 주로 기업적인 관점에서 설계될 필요가 있다.

인터넷과 웹 브라우저에 기반을 둔 기술은 이제 어느 곳에서나 찾아볼 수 있기 때문에 익스체인지의 가치는 시장에 특정한 설계와 기업 솔루션으로부터 창출될 수밖에 없다.

익스체인지의 주문형 설계

　실제 세계에서 성공을 거둔 익스체인지란 특정 지역에 초점을 맞춘 익스체인지였다. 예를 들어, 증권업계에서 뉴욕증권거래소의 위력에도 불구하고 나스닥 익스체인지는 판이 큰 뉴욕증권거래소에서는 그다지 환영받지 못하는 소규모 자본 및 고성장 기술 주식의 상장을 전문으로 하여 성공을 거두었다. 마찬가지로 실제 시장은 이용자에 맞게 특별히 구성된다. 예를 들어, 가축 경매는 배달과 보관 및 전시가 용이한 장소에서 농장주에게 편리한 시기에 열린다. 그런가 하면 중고차 경매는 또 다른 시설에서 열리며 자동차 딜러들에 맞게 특별히 설계된다. 실제 경매에서는 서로 다른 제품들을 동일한 프로그램에 같이 섞지 않는다.

　온라인의 세계도 이와 다를 것이 없다. 이용자들은 자신들을 위해 특별히 설계된 사이트에 접속해 가능한 한 빨리 원하는 정보나 제품을 얻을 수 있기를 바란다.

　온라인 중고차 경매 사이트인 만하임(www.manheim.com)의 사이버로트 데모(CyberLot Demo)를 살펴보기로 하자. 이 사이트는 자동차 딜러들에 맞추어 특별히 설계되었으며, 다른 제품은 취급하지 않는다. 마찬가지로 캐틀오퍼링은 가축 판매와 농업관련 산업을 위해 특별히 설계되었다. 여기에서 핵심 문제는 특수화된 이용자들이 누구나 금방 알아볼 수 있는 외관과 분위기와 기능성을 지닌 「공동체」를 창조하는 일이다. 이에 못지않게 중요한 것은 간단하고, 사용하기 쉽고, 문턱이 낮아야 한다는 것, 다시 말해 새 하드웨어나 상용 소프트웨어를 비롯한 선행 투자가 필요없어야 한다는 점이다.

다행히도 폭넓은 접속성을 지닌 인터넷 기술에 기반을 둔 네트워크
는 이러한 일을 신경제 내에서 이룰 수 있도록 해준다.

회원확보에 주력하라

수익증대의 법칙을 가동시키기 위해서는 익스체인지가 자기 시장
을 이용하는 구매자와 판매자의 수를 가능한 한 빨리 늘리는 것이
매우 중요하다.

익스체인지의 궁극적인 성공을 위해서는 충분한 수의 이용자를 확
보하는 것이 가장 진보된 기술력을 갖추는 것보다 훨씬 중요하다.

개방형 인터넷 기반 시스템의 활용

B2B익스체인지가 주로 채택하고 있는 기술은 데이터를 정의하기
위한 공통 프로토콜인 XML과 같은 TCP/IP 기반 시스템 및 표준이
다. 이 표준을 이용함으로써 여러분은 오늘날 어디에나 퍼져 있는
인터넷상의 브라우저 기반 애플리케이션을 구축할 수 있다. 비공개
상용 시스템을 구축하는 데 돈을 쓰는 것은 바람직하지 않다. 시스
템을 찾는 이용자를 제한하면 경쟁으로부터 보호될 수 있을 거라고
생각할지 모르지만, EDI가 바로 이런 곤경에 봉착했음을 상기할 필
요가 있다.

카텍스(www.catex.com) 리스크 보험 B2B익스체인지는 인터넷
의 위력을 보여주는 좋은 예다. 카텍스 거래 및 정보 애플리케이션
의 첫번째 버전은 윈도 NT 4.0을 이용한 상용 시스템으로 구축되어
각각의 사용자가 전용선을 보유하거나 익스체인지의 서버에 다이얼
업으로 접속해야만 했다. 1998년 11월에 이 익스체인지는 웹 기반

의 공개 애플리케이션으로 제작된 두번째 버전을 내놓았고, 즉각적으로 시스템은 인터넷 기능 PC에 웹 브라우저를 갖춘 사전 인증된 모든 간부의 접속이 가능하게 되었다. 당장 시스템을 실연해보이는 일이 손쉬워졌다. 첫번째 시스템 버전의 데모가 깔린 강력한 랩탑을 들고 다니는 대신 영업사원은 고객의 데스크탑에서 시스템을 불러내어 생생한 버전을 보여줄 수 있었으며, 인터넷 시스템으로 전환한 다음부터 신규 가입자 수가 기하급수적으로 증가했다. 카텍스의 최고경영자인 프랭크 포투나토(Frank Fortunato)는 〈인슈어런스 네트워킹(Insurance Networking)〉에 기고한 글에서 『그 충격은 엄청난 것이었다』고 말했다고 전해진다. 이제는 인터넷 PC와 사용자 ID, 그리고 비밀번호를 갖고 있는 사람이라면 누구나 생생한 카텍스 거래 시스템에 온라인으로 접속할 수 있다.

접근을 제한하는 사용자명 및 비밀번호의 사용과 개방된 넷을 통해 기밀정보가 유출되는 것을 방지하는 표준암호화 방식의 사용으로 인터넷상의 보안 문제는 상당히 해결되었다. 또한 B2B 시장영역에서 익스체인지는 인프라를 통한 통신의 인증 및 추적 서비스와 경우에 따른 익명성의 허용, 디지털 문서에 사인하고 보안을 유지하기 위한 디지털 서명 등의 기능을 제공할 수 있다.

기술 아웃소싱

이 책을 통해 우리는 B2B익스체인지의 구축자들에게 기술 개발을 아웃소싱할 것을 권하고 있다. B2B익스체인지가 성공하기 위해서는 핵심 능력, 즉 해당 시장에서 가능한 최상의 기업 솔루션을 창출할 수 있는 특정한 업계의 전문지식에 주력하고 외부 기술 전문가들에게 시스템 구축을 의뢰하는 것이 매우 중요하다. 시작 단계부터 컴퓨터 서비스사(Computer Services Corporation : CSC)와 공동으로 거래 시스템을 구축한 e-스틸이 좋은 예다. e-스틸의 경영진은 자유로이 철강업계와 힘을 합쳐 익스체인지를 마케팅하고 시스템의 설계에 사용자의 요구를 반영할 수 있었다.

지난 3년 동안은 제삼자 기술을 이용할 수 없었기 때문에 B2B익스체인지는 독자적인 시스템을 구축해야만 했다. 그런가 하면 지난 12개월 동안 온라인 경매를 비롯한 여러 익스체인지 기능을 위한 기술을 구축하고 판매하기 위한 창업활동이 쇄도했다. 이 중에서 두드러진 것이, 애그리게이터형의 온라인 카탈로그 사이트를 관리하기 위한 전자상거래 프로그램 세트를 제공하는 아리바(Ariba)와 커머스 원(Commerce One), 경매 기반 사이트를 위한 모아이 테크놀로지(Moai Technologies)와 오픈사이트 테크놀로지(OpenSite Technologies), B2B익스체인지를 위한 트레이드엑스(Tradex), 옵티마크(Optimark), 트레이디엄(Tradeum), 뮤턴트 테크놀로지(Mutant Technology) 등이다. B2B익스체인지 시장영역이 확장됨에 따라 전통적인 소프트웨어 회사들은 이 영역으로 사업을 확장할 계획을 세우고 있다. 예를 들어, IBM은 이미 일련의 전자상거래 제품을 보유하고 있고, 마이크로소프트 역시 SSC(Site Server Commerce) 소프트웨어를 위한 경매 툴 키트를 갖고 온라인 경매 공간에 진출했다. 이 밖에도 EFA 소프트웨어, OM 시스템스, 컴퓨터새어(Computershare) 등과 같은 일부 전문가용 증권거래 시스템 벤더들은 머지 않아 자사의 주식용 거래 및 연계 엔진을 B2B익스체인지 애플리케이션으로 전환할 수 있는 기회를 맞게 될 것이다.

B2B익스체인지의 성장으로 산출된 기회 중 하나는 기술, 마케팅, 접속성, 콘텐츠 및 데이터 서비스, 컨설팅 등을 이들 신흥기업에 공급하는 일이다. 포레스터 리서치는 전자상거래를 도와주는 소프트

웨어 한 가지 시장만 해도 2003년까지 5억 달러에 이르게 될 것으로 어림잡고 있다.

산업 전문 기술 — 버티컬 지식

B2B 익스체인지가 그들만의 시장영역 내에서 폭넓은 수용력과 신뢰성을 신속히 획득하기 위해서는 최고 수준의 특수한 전문지식을 필요로 한다. 이제 막 창업한 익스체인지가 잠재적 공급업체와 구매자의 고위 업무진, 트레이더, 최고재정책임자(chief financial officer : CFO) 또는 최고경영자(chief executive officer : CEO)와 회견하지 못하고 IT 직원들과 상담해야만 한다면, 그것은 「죽음의 키스」와 다름없을 것이다. B2B익스체인지는 단지 기술 요원의 승인이 아니라 고위 경영진의 전적인 지지를 필요로 하는 기업 솔루션이다. 이것은 특히, 익스체인지가 그 시장영역에서 업무가 이루어지는 방식으로 패러다임 전환을 주도하고 있을 때 해당되는 얘기다. 대부분의 경우, IT 담당자와 업무 지도자 사이에는 회사의 전략적 방향에 대한 이해라는 차원에서 차이가 있게 마련이다.

그러나 지난 1개월에 걸쳐 많은 회사들은, 신경제가 자기 회사에 미치는 중요성을 깨닫고 인터넷 전략에 우선순위를 두기 시작했다. 제너럴 일렉트릭(General Electric : GE)사처럼 포천(Fortune)이 선정한 500대 기업에 속하는 기업들 중 다수가 이 문제를 처리하기 위해 CEO 직속의 고위 경영진으로 이루어진 특별 전담팀(SWAT)을 구성했다. 골드만 삭스가 1999년 8월에 독점적으로 행한 「GS B2B 조사 1.0」은 CFO를 회사의 인터넷 전략에 관한 「문제에 답변할 채비를 가장 잘 갖춘」 사람으로 꼽는 미국 회사들이 점점 더 늘고 있다고 밝히고 있다.

페이퍼익스체인지의 회장이며 제지업계의 최고 권위자 중 한 사람인 로저 스톤(Roger Stone)은 스톤 컨테이너사(Stone Container Corporation)를 1998년 말에 제퍼슨 스머핏(Jefferson Smurfit)사와 합병하기 전까지 총수익 78억 달러의 회사로 만들었다. 스톤 컨테이너는 직원이 4만 3,000명에 50개국 이상에서 사업을 벌이는 세계 최대의 컨테이너 보드 및 포장 회사였다. 페이퍼익스체인지의 CEO인 제이슨 와이스(Jason Weiss)는『전세계 제지공장의 모든 CEO가 로저 스톤을 알고 있으며 현재까지 만나지 못했다면 앞으로 그와 만나게 될 것이다…. 그는 제지공장들이 우리를 편안하게 느끼도록 만들 것이며, 우리가 제지산업을 도우려 한다는 사실을 알릴 것이다』라고 말했다고 한다.

보험업계에서 변호사로서 다년간 함께 일한 바 있는 포투나토와 프랭크 스위니(Frank Sweeney)는 비상재해 리스크 익스체인지(Catastrophe Risk Exchange)를 구상했다. 업계 내에서의 신용을 바탕으로 이들은 초기 단계부터 미국 보험회사들의 긴밀한 협조를 얻어 카텍스 거래 시스템을 설계하고 구축할 수 있었다. 이것은 그러한 협조가 없었던들 기술 팀이 금방 생각해내지 못했을 설계 특성과 업계 특유의 기능을 위한 다양한 아이디어로 이어졌다.

수평적 트레이드 허브

1999년 7월 오라클사는「오라클 익스체인지(Oracle Exchange)」의 출범을 발표했다. 이것은 기술 회사들이 기업 공급자와 구매자들에게 제품과 서비스를 사고 팔 수 있는 시장을 제공하고자 한 여러 가지 시도 중 하나다. 오라클 익스체인지는 260개가 넘는 회사가 제공하는 콘텐츠와 관련 서비스를 오라클 공급자 네트워크(Oracle

Supplier Network : OSN)를 통해 오라클 익스체인지상에서 이용할 수 있게 될 것이라고 발표했다. OSN은 OSP(Oracle Strategic Procurement) 애플리케이션에 통합되는 공급자와 콘텐츠 서비스 제공자의 집단이다. 이 애플리케이션은 오라클 익스체인지에 상주하면서 구매자들에게 공급자들의 제품과 서비스에 접속하고 이를 인터넷상에서 구매할 수 있는 능력을 제공할 것이다. 오라클 익스체인지와 OSN이 합쳐져, 비용을 절감하고 과정을 합리화하고 신규 시장을 획득할 수 있는 인터넷의 능력을 회사들이 최대한 활용할 수 있도록 해줄 것이다.

또한 버티컬넷(www.verticalnet.com)과 프리마켓(www.freemarkets.com) 같은 트레이드 허브 역시 이 공간에 존재한다. 이 사이트들은 아직 인터넷을 수용하지 않은 특정한 업종을 위한 구매자 및 판매자 공동체를 구축한다. 판매자들에게는 자신의 제품을 광고할 수 있는 가상 진열대가 주어지며, 구매자들은 뉴스와 제품 사양 정보, 제품 평가, 제품 추천 등을 접할 수 있다. 트레이드 허브는 특히 판매가 자주 이루어지지 않는 대형 품목을 위한 경매식 판매 메커니즘의 공급에 착수하고 있다. 예를 들어, 버티컬넷은 자신의 「파워온라인(poweronline)」 버티컬(수직적 업종)에서 세 개의 발전소를 경매했다.

우리는 이 모델을 수평적 트레이드 허브(horizontal trade hub)라고 부르는데, 그 까닭은 회사들이 유사한 애플리케이션을 제공하고자 하고 복수의 다양한 업종(즉 버티컬)에 걸쳐 모든 구매자와 판매자를 지원하고자 하기 때문이다. 예를 들어, 버티컬넷은 현재 첨단기술, 통신, 환경, 식품 및 포장, 식품 서비스·환대, 의료, 제조 및 금속, 과학, 서비스 등의 열 개 부문으로 나누어진 47개의 버티컬 공동체를 운영하고 있다.

이런 유형의 서비스에서 발생할 수 있는 문제 중 하나는 「전천후식」 모델이 B2B익스체인지 시장영역에서도 성공을 거둘 수 있는가 하는 점이다. 우리는 업종에 특유한 사이트만이 성공할 수 있으며 해당 업종 내에서 폭넓게 수용될 수 있으리라고 믿는다. 일단 수평적 트레이드 허브 내에 공동체가 개설된 다음에, 해당 버티컬에 대한 숙련된 지식을 지닌 전문가가 운영하고 해당 시장에 맞추어 특별히 구성된 B2B익스체인지로 이주할 수 있다. 이런 경우에 수평적 트레이드 허브는 뒤이은 B2B익스체인지를 위한 촉매 또는 인큐베이터의 역할을 하게 될 것이다.

수평적 트레이드 허브, 이를 테면 지난 해의 패션이나 그 밖에 과잉 재고품을 경매하는 경우처럼, 거래가 빈번하지 않기 때문에 업종 특유의 사이트를 지원하기에 충분한 양이 확보되지 않는 적소 지역에서 번창할 것이다.

사선적 트레이드 허브

사선적 트레이드 허브는 복수의 업종에 걸쳐 특정 유형의 구매자나 판매자, 또는 특정 유형의 제품 범주를 지원하는 일을 전문으로 한다.

이 분야에서 두드러진 사례로는 잉여 재고와 유휴 자산을 현금화하려는 기업을 위한 전문 트레이드 허브인 트레이드아웃(www.tradeout.com)을 꼽을 수 있다. 트레이드아웃은 비생산적인 자산을 매각하는 기업을 위한 시장이 연간 3,000억 달러가 넘는 가치를 지니는 것으로 평가하고 있다. 현재 전세계적으로 과잉 재고 및 유휴 자산은 여러 가지 비능률적인 유통 채널을 통해 팔리고 있다. 판매자들은 정당한 시장가격을 받지 못하고, 구매자들은 자신이 원할 때 자신이 원하는 품목을 찾지 못하는 경우가 많다. 트레이드아웃은 세계 곳곳의 구매자와 판매자가 온라인으로 접속할 수 있도록 집중화된 인터넷 기반의 B2B익스체인지를 제공함으로써 이러한 비능률을 줄이고자 한다.

트레이드아웃은 50개 범주가 넘는 제품을 경매식, 비밀입찰, 고정가격 등의 형식으로 판매한다.

사선적 트레이드 허브의 또 다른 예로 숍투게더(www.shop2gether.com)를 들 수 있다. 숍투게더는 소기업 구매자들이 자신의 주문을 하나의 대형 주문으로 모아서 복수 판매자들에게 「입찰」할 수 있도록 해준다. 숍투게더는 특정한 업종 또는 버티컬에 초점을 맞추기보다는 복수 버티컬에 속한 소기업 구매자들에 초점을 맞추므로 결과적으로 그 소기업 구매자가 버티컬이 된다.

사선적 트레이드 허브는 특정 구매자나 판매자에게 특정하게 맞추어진 서비스를 제공하기 때문에 성공을 거둘 가능성이 높다.

- B2B익스체인지는 IT 애플리케이션이 아니라 기업용 애플리케이션이다.
- 인터넷과 브라우저에 기반을 둔 기술은 이제 어느 곳에서나 접할 수 있기 때문에 익스체인지의 가치는 시장에 특정한 설계와 기업 솔루션으로부터 창출될 수밖에 없다.
- 상용 모델(가령 카텍스 버전 1.0)을 구축하지 말고 인터넷을 이용하라(카텍스 버전 2.0).
- 기술을 아웃소싱하라(예를 들면 e-스틸).
- 회사들은 이제 핵심 기술을 팔고 있다(예를 들면 트레이드엑스와 오픈사이트 등의 경매 시장).
- B2B익스체인지가 IT 관련 직원과 직접 상담하는 것이 아니라 잠재적 회원들의 CFO나 CEO와 면담할 수 있으려면 업종에 특유한 높은 수준의 전문 지식과 신뢰성을 필요로 한다.
- 복수의 다양한 업종을 위한 B2B 거래 네트워크를 구축하고자 하는 수평적 트레이드 허브 호브와 오라클 익스체인지 같은 기술적 시도는, 가령 빈번히 거래되지 않는 과잉 재고를 경매 처분하는 식으로 하나의 적소를 전문으로 삼지 않는 한, 각 버티컬 내에서 특수화된 B2B익스체인지의 인큐베이터 역할을 할 수도 있다.
- 복수의 시장에 걸친 특수한 유형의 구매자나 판매자 또는 특수한 제품 범주에 초점을 맞추는 사선적 트레이드 허브는 성공 확률이 매우 높다.

제 2 부

B2B익스체인지 분석

제5장

멤버십과 오너십 모델

1장에서 설명했듯이, B2B 거래의 독특한 특징은 다수의 구매자 및 판매자가 동시에 중심시장에서 존재한다는 것이며, 각각의 구매와 판매활동이 교환법칙에 따라 형성된 가격으로 이루어진다는 것이다. 다수의 구매자와 판매자가 등장함에 따라, 기존의 일반 B2B 전자상거래 기업의 거래보다 성공적인 B2B 거래를 성사시키기 위한 새로운 접근방법이 시도되었다.

특히 거래에서 중립이 지켜져야 하며, 모든 거래관계자의 이익 경쟁에는 균형이 잡혀야 한다. 모든 거래 당사자에게 장벽 없는 공정하고 투명한 시장을 제공하는 것은 거래가격을 설정하는 데 주요한 요소인 동시에 거래 활성화를 위한 촉진제 역할을 하기도 한다.

다양한 그룹들이 B2B 전자상거래를 접하게 되는데, 이들은 각기 다른 목적과 다른 형태의 이익을 추구한다. 그 주요 그룹을 예로 들면 다음과 같다.

- 소유자, 즉 주주
- 판매자 또는 공급자
- 구매자 또는 위탁 회사
- 중개상 또는 그 외 형태의 중재자, 정보제공자
- 상장법인(예 : 증권거래소)
- 거래주의 발행인(예 : 안전보장 계약)
- 정보 판매자와 서비스 제공자
- 일반 대중
- 정부

회원 개념

증권거래에는 거래제도를 이용하는 다수의 구매자와 판매자가 존재하므로 누구에게 얼마나 많은 기회를 부여할 것인가, 또는 핵심 시장영역으로의 진입을 위해 어떤 종류의 경로를 부여할 것인가 등을 결정하는 특정 형태의 회원 구조가 존재해야 한다.

이 멤버십 구조는 증권거래를 시작하고자 하는 사람이면 반드시 제출해야 하는 간단한 청약동의서를 작성하는 것만큼, 또는 새로운 고객이 온라인 C2C 경매를 이용하기 위해 e-베이에 서명하는 것만큼이나 쉬울 것이다. 또 다른 기준으로 본다면, 멤버십의 요건에는 익스체인지에 의한 신규회원의 사전심사 및 승인을 요구하는 엄격한 거래회원규칙이나 거래규범이 포함될 수도 있다. 이 경우 규칙에는 회원이 되기 위한 초기 자격요건 명시와 함께 회원이 지켜야

하는 의무조항, 지속적으로 준수해야 하는 행동규범, 그리고 회원
배려 차원의 제도적 요건까지도 포함될 것이다.

　익스체인지 회원자격 취득에 필요한 초기 자격요건에는 일반적으
로 다음과 같은 기준이 포함된다.

- 회원으로서의 적합 유무
- 관련 실무 경력사항
- 회사의 신용도
- 회사의 자금
- 사내의 해당 규정 관리

　시장에서의 거래 이용자와 그들의 거래방식 등을 통제하는 것 역
시 B2B익스체인지 가치명제의 중요한 요소다. 예컨대, 크레디트트
레이드 닷컴에서는 사전에 검사를 거친 금융기관만 거래를 할 수
있도록 제한을 두고 있다. 거래자로 등록하기 위해서는 웹사이트상
에서 제공하는 일련의 양식을 작성한 후, 익스체인지의 충분한 검
토를 거쳐 사용자 이름 및 비밀번호가 부여될 때까지 기다린다.

　증권거래소는 공식적인 중앙시장의 성격을 띠는 가장 오래 된 형
태의 시장 중 하나다. 첫 증권거래소는 1611년 암스테르담에서 설
립되었다. 수년에 걸쳐 거래방식이 발달했고, 다양한 멤버십 형태
가 발생했고, 수정되어 발전해왔다. 본 연구팀은 전통적인 증권거
래 방식의 연구를 통해 B2B거래에서 발생할 것으로 여겨지는 멤버
십과 오너십 유형 도출에 필요한 매우 귀중한 자료를 얻게 되었다.

표준 모델 네 가지

기본적으로 증권거래와 관련해 일반적인 멤버십 및 오너십 종류
에는 다음과 같이 네 가지 구조가 있다.

- 한 단체의 사용자들이 오너십을 갖는 경우 : 폐쇄적인 멤버십
  구조
- 다수의 사용자 단체가 오너십을 갖는 경우 : 개방적인 멤버십
  구조
- 1인 이상 또는 그 이상의 상업 투자자들이 오너십을 갖는 경우 :
  개방적인 멤버십 구조
- 정부가 오너십을 갖는 경우

한 단체의 사용자들이 독점적 오너십을 갖는 경우 :
폐쇄적인 멤버십 구조

거래가 한 단체의 사용자들에 의해서 독점적으로 소유되고 통제
적으로 이루어질 수도 있다(예를 들어, 구매자와 판매자를 대신해
매매업자나 중개인이 거래를 할 경우). 이 유형에서 새로운 거래 멤
버들은 거래시 오너십 지분을 구매해야 한다〔통상 「의석(seat)」이라
일컫는다〕.

이 방식의 이점은 오너십을 갖는 단체가 그들만의 특정한 편리나
이익에 맞게 거래시장을 조정할 수 있다는 것이다. 구체적으로 말
하자면 이 단체가 「의석」을 구매하는 구매자에 제한을 두거나, 의석
수에 한정을 두어 멤버십을 제한할 수 있다는 것을 의미한다(이로
써, 의석가치 평가가 상승한다). 가장 큰 단점은 소유자의 반(反)

경쟁 전략으로 이내 다른 단체들이 피해를 입을 수 있다는 것이다.

　이와 유사한 방식을 사용하고 있는 기관이 바로 월드 인슈어런스 네트워크(World Insurance Network, www.worldins.com)다. 가장 큰 보험증권 중개인 조합에서 지난 1995년 보험, 재보험회사들에게 전자상거래 활동의 편의를 도모하고자 이 회사를 설립했다. 독점적인 EDI상품을 구축하는 데 수백만 달러를 들였음에도 불구하고, 이에 관한 소유와 관리 권한이 소수에게만 제한되어 있어, 서비스가 세계적인 호응을 얻지 못하고 있다. 처음 여섯 명의 보험증권 중개인들만이 소유하여 통제권을 갖고 있었고, 그 후 합병절차를 거쳐 세 개의 대형업체로 구성되었다. 이 업체는 EDI 표준을 도안하고, 보험관계자들이 서로 의사소통을 할 수 있는 실질적인 네트워크를 구축하는 데 수백만 달러를 투자했다. 그 후 인터넷의 출현과 함께 공통된 단일 기준이나 커뮤니케이션이 더 이상 존재할 수 없다는 점을 알게 되었다. 이 업체는 EDI를 중심으로 조직된 두 개의 회사, 즉 리넷(RINET)과 림넷(LIMNET)으로 합병된 후 세계적인 보험 전자상거래를 뜻하는 와이즈(WISE)로 이름을 바꾸었다. 그러나 실질적으로 볼 때 와이즈는 여전히 B2B 거래에 제약을 받고 있다. 즉 중개인들이 오너십을 갖고 있는데다가 대형 보험업체들이나 그 소유주들이 현재 시장에서 와이즈라는 또 다른 경쟁상대를 원하지 않기 때문이다.

　디지털 경제가 발전함에 따라 주식중개인과 같이 B2B 혁명의 영향권 안에 드는 모든 업계의 중재자들은 시장 내에서 그들의 입지를 확보하기 위해 자신만의 거래조직을 구축하는 일에 더욱 관심을 갖게 될 것이다. 그러나 앞으로 더 자세히 설명하겠지만, 인터넷의 등장을 통한 개방 경쟁화로 인해 중개인이 오너십의 주체가 되는 거래는 이제 실행 불가능한 일이 되었다.

뉴욕증권거래소, 런던증권거래소, 토론토증권거래소와 같이 오랜 역사를 자랑하는 거래소 대부분은 주식중개인들에 의해 형성되었으며, 현재까지도 이 중개인들이 오너십을 갖고 있는 실정이다. 이러한 형태의 거래는 이제 마치「공동사회」또는 민간 클럽과 유사한 형태로 운영되고 있다.

단일의 사용자 그룹(중개인 그룹)이 오너십을 가질 때 발생할 수 있는 상황과 관련된 좋은 예로 뉴욕증권거래소를 들 수 있다. 1792년 5월 17일 「버튼우드」협정과 함께 공식적으로 뉴욕증권거래소가 설립되었다.「버튼우드」라는 명칭은 월스트리트 68가에 있는 플라타너스(buttonwood)의 이름에서 딴 것으로, 주식 중개인들은 그 나무 아래에서 모임을 갖곤 했다. 이 협정서에는 다음과 같은 내용이 포함되어 있다.

『우리 출자자, 유가증권 매매와 매도 중개인은 이 협정에 의거해 오늘 이후로 어떤 사람에게 어떤 주식이든 시가 25% 이하의 수수료로는 매매와 매도를 수행하지 아니할 것과 거래시에는 각자에게 우선권을 줄 것을 서로에게 엄숙하게 약속하고 서약한다.』

중개인들은 다른 거래자들을 배척하고 주식 매입·매도가격, 특히 고객을 대신해 거래를 수행하는 행위에 대한 자신들의 수수료를 통제할 수 있는 방법을 모색했다. 고정수수료제도는 중개인들 간에 가격을 놓고 경쟁하는 행위를 효과적으로 방지하며, 일반 투자자들이 경쟁시장에서 얻을 수 있는 경제적인 이익을 봉쇄했다. 영국에서는 1976년 런던증권거래소를 상대로 제기된 소송에서 최소 고정수수료를 부과하는 것은 「거래제한실행법률(The Restrictive Trade

Practices Act)」에 의거해 독점금지법 내 반경쟁 제한 행위로 규정한 바 있다. 이는 부분적으로 1934년 미국 정부가 발표한 증권거래법령(The Securities Exchange Act)에서 뉴욕증권거래소를 민간 클럽으로 명시한 것에서 연유했다. 법령에는 국내의 모든 증권거래소는 반드시 증권거래위원회에 등록해야만 한다는 규정이 있었으나, 마침내 1975년 증권거래위원회는 뉴욕증권거래소에 압력을 가해 고정수수료제도를 철회하도록 했다. 그럼에도 불구하고 중개인이 오너십을 갖는 일부 증권거래소들(예 : 홍콩증권거래소)은 여전히 고정수수료제도를 유지하고 있다.

그 밖에 일반적으로 브로커가 오너십을 행사하며 수행하는 제한적 거래형태의 실례는 다음과 같다.

- 실질적으로 「원거리」 회원들의 사용을 제한하는 폐쇄적 시스템
  (예 : 홍콩증권거래소)
- 단말장치 대수, 그리고/또는 지점의 수, 회원을 보유할 수 있는
  사무실 수의 제한(예 : 홍콩증권거래소)
- 회원이 보유할 수 있는 주식 수 또는 의석 수 제한(예 : 뉴욕증권거래소)
- 의결권 조정 또는 특정 회원이 소유할 수 있는 의결권의 제한
  (예 : 시카고거래소).

1970년 뉴욕증권거래소는 수입의 급감, 회원감소(1968년과 1972년 사이에 3분의 1 감소), 의석가치의 하락을 겪은 후 영업방식과 관리방침에 대해 대대적인 10년 조정작업에 들어갔다. 이러한 조치는 부분적으로는 자체적인 이유에 기인한 것이기도 했고, 다른 한편으로는 증권거래위원회의 압력 때문이기도 했다. 뉴욕증권거래소

는 제한적으로 자동화 시스템을 도입했으며, 종전에는 오너십 지분을 가질 수 없었던 회원들에게도 시스템을 이용할 수 있도록 허가하고, 고정수수료 체계를 철폐하는 등 거래방식의 변화를 시도했다. 위원의 수는 33명에서 21명으로 축소되었으며, 회원단 대신 일반인이 다수석을 차지하도록 조정하여 위원회의 경영대표도 다시 선임했다. 회장직, CEO, 최고업무책임자(chief operating officer : COO)와 같은 주요 경영업무는 멤버십을 갖지 않은 해당 분야의 전문가에게 일임했다.

새로운 경제구조를 탄생시킨 디지털 혁명을 맞이해 뉴욕증권거래소는 ECN과의 새롭고 치열한 경쟁에 직면하게 되었다.

이러한 전자상거래 시스템으로 인해 구매자들은 뉴욕증권거래소와 나스닥을 거치지 않고도 곧바로 중앙지정가 주문시스템을 통해 요구사항에 부합되는 해당 종목을 스스로 찾을 수 있게 되었다. 새롭고도 특이한 이 거래방식으로부터 위협을 느낀 뉴욕증권거래소는 경쟁우위를 확보하기 위해 더 많은 자금이 필요하다고 주장했다(뉴욕증권거래소가 1994년 이후 이미 기술개발에 10억 달러 이상의 자금을 소요하고 있었음에도 불구하고). 뉴욕증권거래소는 현재 브로커 소유의 협회에서 이윤추구 기업으로의 전환(즉 주식회사로의 전환)을 시도하는 동시에 자사 소유의 IPO를 꾀하고 있다.

지난 20년 동안 반경쟁적 특성을 갖고 있던 브로커 소유의 주식거래방식은 점차로 그 힘을 잃어갔고, 전세계의 각국 정부는 브로커 소유방식의 증권거래소들에 대해 일반인들이 관심을 가질 수 있는 바람직한 전형이 되도록 하는 방안을 모색해왔다. 뉴욕증권거래소의 경우와 같이 가장 일반적인 해결책은, 무엇보다도 거래를 관리하는 부서의 임원 구성에 브로커가 아닌 일반인의 의석 수를 늘리는 것이었다. 어떤 경우에는, 정부는 정부 대변인들이 의원으로 임명되어야 한다고 주장하기도 한다. 지난 5년 동안, 전자상거래 시스템의 경쟁적 압력으로 인해 모든 브로커 소유의 거래소들은 그들의 제한적 운영방침을 철폐하여 이윤추구 기업이 되기 위해 「주식회사로의 전환」을 고려해야만 했다. 1992년 버뮤다증권거래소가 기존의 상호경영방침을 철폐했으며, 스톡홀름증권거래소도 1993년 일반인에게 주식을 공개했다. 오스트레일리아증권거래소는 1998년 주식을 공개했으며, 현재 뉴욕증권거래소, 나스닥, 토론토, 런던증권거래소 역시 주식공개를 고려 중에 있다.

다수의 사용자가 오너십을 갖는 경우 : 개방적인 멤버십 구조

대안적인 접근방법으로 오너십의 폭을 확대하여 거래사용자 모두가 대표자가 되는 유형도 생각해볼 수 있다. 이 모델의 경우 멤버십 신청, 그리고 거래이용 능력은 오너십 이해관계와는 관련이 없으며, 신규회원은 대등한 위치를 갖게 된다. 즉 회원은 의석을 소유할 필요가 없으며, 그보다는 거래이용 및 거래를 통해 다양한 편의를 누릴 수 있는 라이선스를 받게 되는 셈이다. 회원은 라이선스를 양도할 수 있어야 한다. 그렇지 않으면 새로운 회원이 매거래에 직접 참여해야만 하기 때문이다.

이 모델의 장점은 각기 다른 사용자 단체의 경쟁 이익에 균형을 잡을 수 있다는 것이다. 단점은 본질적으로 전혀 이질적일 수 있는 단체들이 공동작업을 수행해나가는 데 상당한 시간이 소요될 수 있다는 점이다.

개방적 멤버십 모델은 많은 신규 증권거래소에서 채택하는 방식이다(특히 새롭게 시작할 수 있는 장점을 지닌 신규시장에서). 지난 10여 년 간 대부분의 신생 증권거래소는 브로커가 아닌 투자자들의 참여로 설립되었으며, 이들은 거래자격 요건을 갖춘 사람이면 누구나 거래에 참여할 수 있는 멤버십을 개방했는데, 그 예는 다음과 같다.

- 버뮤다증권거래소(BSX) : 1992년 이윤추구를 목적으로 상호 조직체계에서 탈퇴했다(주식회사 형태로의 전환). 멤버십은 모두 개방되었으며, 오너십으로부터 분리되었다.
- 스톡홀름증권거래소(SSE) : 1993년에 상호 조직체계에서 탈퇴했고, 1998년 OM 그루펜(OM Gruppen)에 인수될 때까지 다수의 사용자 단체들이 오너십을 소유했다(아래 참조).
- 룩셈부르크증권거래소(LSE) : 주식을 일반인에게 공개한 후, 기업의 이윤을 주주들에게 배당금 형태로 분배하는 등 광범위한 주주 오너십을 실천했다.
- 인도국립증권거래소(NSE, 금융관계자 그룹 소유) : 오랜 기간 봄베이증권거래소가 채택하고 있던 반경쟁 경영방식에 대항하기 위해 설립되었으며, 초기부터 정부의 열렬한 환영을 받았다. 전국 주요 도시에서 위성으로 연결된 터미널을 통해 누구든지 거래를 할 수 있는 완벽한 온라인 거래 시스템을 갖추고 출범한 NSE는 업계에 뛰어든 지 18개월 만에 거래량에서 인도의 선두 증권거래소였던 봄베이를 능가할 수 있었다.

이 모델과 관련해 SSE는 아주 흥미로운 예라 할 수 있다. 1993년

SSE는 스스로 전통적인 기존의 브로커 소유 거래방식에서 지분공개를 통해 브로커 회원이 50%의 지분을 소유하고 상장기업들이 50%의 지분을 소유하는 공개기업으로 변모했다. SSE의 지분은 그 후 모든 일반회원이 자유롭게 구매할 수 있게 되었는데, 오너십의 민영화는 신속한 의사결정과 시장의 변화에 효과적으로 반응할 수 있다는 점에서 매우 획기적인 움직임으로 비추어졌다. 원격 멤버십 부여와 다른 도시에서도 직접 주문 거래활동을 가능하게 한 것이 민영기업으로서 SSE가 실시한 최초의 활동이었다.

이렇듯 독창적인 전략은 거의 모든 방면에서 성공을 거두게 되는데, 1990년 이후 시장 증권자본이 다섯 배 이상 증가하고 거래량은 스무 배 이상 증가하는 등 시장은 눈부시게 번창해갔다. 거래수수료는 반 이상으로 인하되었고, 회원이 되기 위한 입회비도 3분의 2나 낮아졌다. 거래소는 또한 더 많은 자금을 끌어들여 사실상 뉴욕증권거래소에 상장된 기업의 90% 이상이 본인들 거래량의 90% 정도를 스톡홀름에서 거래하고 있는 실정이다. SSE는 또한 많은 회원들이 원격거래를 할 수 있게 되면서 국제적 면모를 확장시키는 데에도 역시 성공했다. SSE는 또한 모두가 갈망하는 ISO 9001 인증서를 획득한 최초의 증권거래소이기도 하다.

1998년 OM 스톡홀름이라는 매매 옵션시장(traded options market)을 포함해 여러 증권거래소를 운영하고 있던 OM 그루펜이 SSE를 인수했으며, 1999년 7월 1일 스톡홀름증권거래소와 OM 스톡홀름은 합병하여 OM 스톡홀름증권거래소를 탄생시켰다. SSE와 OM 스톡홀름의 모든 활동이 이제 이 새로운 법인조직체의 형태로 결합된 것이다.

1인 이상의 양성 상업 투자자들이 오너십을 갖는 경우

이 모델의 경우 거래소는 1인의 양성 투자자 또는 투자단체에 의해서 설립되어 철저하게 이윤추구를 목적으로 운영된다. 앞에서 언급한 대로 이 모델에서 멤버십, 즉 거래소에서의 거래능력은 오너십과는 관련이 없다. 신규회원들은 새로운 멤버십을 자유롭게 이용할 수 있으며, 평등원칙을 기본으로 하고, 의석구매 행위에는 어떠한 제한도 없다.

이 모델은 최근 4년에 걸쳐 설립된 대다수의 B2B익스체인지 중 가장 효과적인 것으로 평가받고 있다.

카텍스, 크레디트트레이드, e-케미컬, 엘리넥스, 페이퍼익스체인지, 플라스틱넷, 내셔널 트랜스포테이션 익스체인지, 그리고 테크엑스 등이 좋은 예다.

플라스틱넷의 역사는 독립적 성격을 띤 제삼자 B2B익스체인지의 발전사를 대표한다고 할 수 있다. 1994년 초 팀(Tim)과 닉 스토카(Nick Stojka)는 인터넷이 플라스틱 업계의 유통 분야에 아주 중요한 도움을 줄 수 있을 것으로 판단하고, 곧 플라스틱넷의 연구개발에 착수했다. 플라스틱 업계 공급사였던 패스트 히트(Fast Heat) 설립자의 아들인 스토카 형제는 플라스틱 업계 환경에서 자라나 그 분야의 거의 모든 영역에 정통한 상태였다. 그들은 또한 인터넷으로 해결할 수 있는 문제점에는 어떤 것이 있는지도 잘 알고 있었다. 이들은 시카고에 본사를 둔 민영기업 커머엑스(CommerX, www.commerx.com)를 설립한 후 1995년 9월에 플라스틱넷(www.plasticsnet.com)을 출범했다.

플라스틱넷은 원래 커머엑스가 양성 상업 투자자로서 설립한 회사였으며, 2차 출자시에는 인터넷 캐피털 그룹(Internet Capital Group)이 지분참여를 했다. 플라스틱넷은 현재 3차 지분출자를 계획하고 있으며, 이들 형제는 플라스틱넷 사이트가 미국 플라스틱 산업에서 매년 3,900억 달러를 거래하는 최초의 전자상거래 센터라고 단언하고 있다. 1999년 3월 이후 이 사이트는 단순히 플라스틱 업계관련 정보안내원의 위치에서 벗어나 완벽한 전자상거래 능력을 갖춘 전면적인 판매활동의 장으로 탈바꿈했다. 현재 다른 관련업계에 이와 유사한 거래시장을 만들기 위한 커머엑스의 노력이 한창 진행 중에 있다.

◀ 증권시장의 예

증권거래시장과 관련한 이 모델의 예는 다음과 같다.

- 인스티넷 : 미국에서 가장 규모가 크고 오래 된 ECN으로 로이터 PLC(Reuters PLC)가 소유권을 갖고 있으며, 무기명 주문거래 서비스를 제공한다.
- 애리조나증권거래소(www.azx.com) : 개인 투자자 단체에 의해 설립되고 운영되는 전자경매시장.
- 트레이드포인트증권거래소(www.tradepoint.co.uk) : 런던의 개인 투자자 단체가 설립한 온라인 거래 시스템으로 밴쿠버 증권거래소에 상장되어 있다. 현재 모건 스탠리, JP모건, 인스티넷을 포함하는 거대 브로커 딜러들의 컨소시엄과 아키펠라고 ECN이 소유하고 있다. 트레이드포인트는 최근 UK 주주지분을 거래하고 있으나, 일류 유럽회사 주식거래를 통해 전 유럽을 대상으로 한 ECN이 되고자 노력하고 있다.

- 스톡홀름증권거래소는 OM 그루펜이 완전히 소유하고 있으며, OM 그루펜은 SSE에 상장되어 있다.
- 도이치 뵈르제(The Deutsche Börse) : 지난 10년에 걸쳐 프랑크푸르트증권거래소(FWB)는 유럽에서 가장 급속하게 성장한 거래소다. 1993년 도이치 뵈르제 AG(DB)가 설립되었으며, DB는 FWB와 저먼 선물 거래소(German Future Exchange : DTB)를 운영하고 있다. 독일 은행들이 다수의 지분을 차지하고 있으며, 독일 내 일곱 개 타지역 거래소에서 도이치 뵈르제의 일부 지분을 공동으로 소유하고 있다.

정부가 오너십을 갖는 경우

B2B익스체인지가 대중에게 이익을 제공할 수 있다는 사실을 알고 있는 정부는 국민들의 관심을 그 분야에 집중시켜 정부 관할하에서 이 시장의 발전을 꾀하려 할 것이다. 예컨대, 메탈사이트나 e-스틸이 전세계적인 철강제품의 거래가격 결정에 영향력을 행사하는 익스체인지로 발전하게 된다면, 아시아의 주요 철강생산 국가에서는 국가 차원에서 이에 맞먹는 철강거래소를 설립하려 할 것이다.

◀ 증권시장의 예

증권시장이 자국의 자금유통, 해외로부터의 자금유입, 결핍 자원을 가장 생산적인 용도로 배분하는 일 등에서 결정적인 역할을 한다는 것은 이제 전세계적으로 인식되고 있다. 경제 분야에서 이러한 증권시장의 중심 역할로 인해 각국 정부는 증권거래소 경영의 주도권을 잡기 위해 더욱 열을 올리게 되었다. 초기에 거래소의 관리부는 반드시 브로커가 아닌 자 또는 정부 대변인이어야 한다는

조건에 역점을 두었으며, 최근 각국 정부는 국립증권거래소 소유에
따른 이권을 획득하는 일에 더욱 노력을 기울이고 있다. 이 모델의
예는 다음과 같다.

- 타이완증권거래소(정부 39%, 브로커와 상장기업과 일반 투자
  자 61%) : 일반 투자자는 지분을 자유롭게 양도할 수 있으며,
  거래소는 이익을 배당금 형태로 분배한다.
- 케이맨 아일랜드증권거래소(www.csx.com.ky) : 100% 정부
  소유
- 채널 아일랜드증권거래소 (www.cisx.ci) : 100% 정부 소유

　정부가 증권거래소의 소유권을 갖고 있는 곳에서는 주식거래가
합법적인 독점사업이 되는 것이라 볼 수 있다. 이는 그 관할구역에
서의 경쟁 위협을 제거한다는 면에서는 유리할 수 있지만, 다른 한
편으로는 증권시장의 경쟁력 약화라는 우려를 낳는다. 특히 제한된
외국자본을 유치하기 위해 여러 국가들이 치열한 경쟁을 벌이고 있
는 오늘날의 세계경제 상황을 고려해본다면 그야말로 심각한 문제
가 아닐 수 없다.

브로커 딜레마

　브로커 소유체제를 배제하고 개방 맴버십 구조를 채용하는 새로
운 B2B익스체인지의 입장에서 보면 브로커라 불리는 전통적인 중
개인과 대리업자를 그들의 새로운 증권시장에 포함시켜야 할 것인
지, 또는 그들의 존재를 맴버십에서 배제할 것인지에 대한 딜레마
에 직면하게 된다.

판매자, 전매자, 브로커 계층은 전통적인 증권시장의 지배자였다. 그러나 이제는 인터넷이 등장함으로써 중간매개자 없는 거래, 즉 온라인을 통한 구매자와 판매자 간의 직거래가 가능하게 되었다. 결국 종전의 중간개입자 없이 거래를 하고자 하는 사례가 발생할 수 있다. 실제로 1970년대 한 보험회사의 모험적인 경영진 단체는 비싼 브로커 비용을 지불하지 않고 보험업자로부터 직접 보험증권을 구매할 수 있는 완전 전자식의 리스크 익스체인지(Risk Exchange : REX)를 설립하기로 결정했다(Geico Direct의 초기 B2B의 일종). 이들의 주요 목적이 브로커의 중간 개입을 배제하는 것이었기 때문에, 그들은 모든 보험 브로커에게 멤버십을 주지 않았다. 불행히도 이들의 시도가 실패로 끝났기 때문에 REX라는 이름을 들어본 독자는 거의 없을 것으로 판단된다. 보험 브로커들의 시장지배력은 REX 설립자들이 생각했던 것보다 훨씬 강력했다. 그들은 원보험업자들이 그들의 시스템을 이용하지 못하도록 저지할 수 있었으며, 그들의 고객들에게 계속해서 브로커를 통한 거래를 하도록 설득할 수 있었다.

대안적 접근방법은 브로커를 포용하는 동시에 브로커들에게 특혜가 주어지지 않는 중립적인 방식으로 집중화된 온라인 시장영역이 형성되어야 한다는 것이다.

전통적인 중개인들이 현재의 시장을 지배하고 있는 버티컬에서 B2B익스체인지가 브로커들을 시스템 안으로 흡수해 그들의 거래선과 유동자금을 중심시장으로 끌어들이는 것은 불가결한 일이다.

익스체인지가 브로커들을 끌어들일 수 있는 방법 중 하나로 시스템 개발을 들 수 있다. 즉 브로커의 공표 내용이나 주문을 잠재 구

매자나 판매자가 확인할 수 있도록 하되, 다른 경쟁 브로커들은 볼
수 없도록 하는 것이다. 브로커들은 다른 경쟁 브로커들로부터 자
신만의 거래 내역을 지키면서 동시에 집중방식의 온라인 거래시장이
제공하는 편의를 얻을 수 있는 익스체인지를 이용하려 들 것이다.

- 전자상거래 기업들과 달리 B2B익스체인지는 다수의 사용자 단체, 즉 구매자, 판매자, 브로커, 중개자, 상장기업, 일반 거래자 등을 대상으로 한다.
- 거래에서 중립이 지켜져야 하며, 모든 거래 관계자의 이익 경쟁에는 균형이 잡혀야 한다. 모든 거래 당사자에게 장벽 없는 공정하고 투명한 시장을 제공하는 것은 익스체인지의 가치 명제에 매우 중요한 요소인 동시에 거래 활성화를 위한 촉진제 역할을 하기도 한다.
- 익스체인지는 오너십과 함께 멤버십의 개념을 동시에 수용해야 한다.
- 공동사회 모델 : 단독 사용자 단체의 소유는 반경쟁방식이라는 문제를 안고 있다(예 : 뉴욕증권거래소). 현재 뉴욕증권거래소와 같은 브로커 소유의 주식거래소들은 ECN과 같은 전자상거래 시장과의 경쟁으로 인해 주식을 일반인에게 공개하고자 한다.
- 양성 투자 모델 : 이익 추구, 개방적 멤버십 제도(예 : 플라스틱넷)
- 정부 소유의 모델
- 익스체인지들은 반드시 회원들의 활동을 규제해야 한다.
- 거래에서 신용성, 정직성, 그리고 유동성의 중요성
- 신규 익스체인지들은 중개인들 없이 거래하기를 원할 것이다. 그러나 전통적인 중개인들이 현재의 시장을 지배하고 있는 버티컬에서 B2B익스체인지가 브로커들을 시스템 안으로 흡수해 그들의 거래선과 유동자금을 중심시장으로 끌어들이는 것은 불가결한 일이다.

제6장

거래 모델

인터넷의 등장으로 B2B익스체인지를 위한 거래 모델이 다양하게 탄생될 수 있었다. 실제로 온라인, 즉 B2B 전자상거래는 인터넷상의 독특한 특성을 활용한 최초의 사업 모델인지도 모른다. 우리는 B2B익스체인지에 의해 창조된 집중화 시장영역이 기업들의 인터넷 사용 증가를 가능케 하는 킬러 애플리케이션이라고 생각하고 있다.

초기 인터넷 사업 모델은 실제 세계의 활동 모습을 사이버 공간에서 흉내내는 정도였다. 온라인을 통해 비행기 티켓이나 책 등을 구입할 수 있다는 것은 우리에게 매우 매력적인 일이 아닐 수 없다. 편리할 뿐만 아니라, 비슷한 가격의 다양한 제품을 인터넷상에서 빠르게 살펴볼 수 있기 때문이다. 하지만 서점이나 항공사 카운터에서 직접 거래하는 고객과 마찬가지로 온라인상의 고객들은 아마존 닷컴이나 트래블로시티 닷컴(Travelocity.com)에서 제시하는 정가대로 물건을 구입하거나, 가격이 맞지 않으면 그냥 포기해버려야 하는 경우가 많다.

인터넷의 독특한 특성을 개발한 B2B익스체인지의 집중화 거래 공간에
서는 온라인을 통해 구매자와 판매자의 연결이 용이하게 이루어지며,
「동적 가격책정」이 가능하다.

동적 가격책정을 통한 시장가격 형성

특정한 시간대에 모든 구매와 판매주문을 함께 모으고, 거래에 관
심 있는 여러 사람들이 경쟁적으로 홍정을 벌여 가장 높은 가격 또
는 입찰자가 부른 금액 중 가장 비싼 가격으로 판매가격을 결정하
는 방법으로, 익스체인지의 가격은 홍정이 종료되는 특정 시점에
결정된다.

동적 가격책정 : 경쟁 입찰과 경매 시스템을 통해 책정된 가격은 B2B
익스체인지의 가장 흥미로운 특징 중 하나이며, B2B 인터넷 사업이 갖는
혁명적인 특성의 주요 요소로 대표된다고 할 수 있다.

네 가지 신규 거래 모델

3장에서 살펴본 바와 같이 인터넷은 온라인 거래에 맞는 다섯 가
지의 새로운 거래 모델을 출현시켰다. 이 다섯 가지 거래 모델은 다
음의 네 가지 거래방식을 포함하고 있다.

- 정가(예 : 카탈로그 목록)
- 일대일 협상

• 경매시장
  — 판매자 본위 경매
  — 구매자 본위(또는 역) 경매
• 전자동 거래 시스템(투웨이 방식 경매)

비즈니스 모델	거래 메커니즘
• 카탈로그 목록	• 정가제, 경매방식으로 전환 중
• 트레이드 허브	• 정가제와 일부 구매자 본위 (역)경매
• 게시 · 검색방식	• 개별 거래. 일대일 협상 조건과 가격, 증권업계에서 「창구 판매(over-the-counter : OTC)」 시장으로 불림
• 경매시장	• 동적 가격책정. 판매자 본위와 구매자 본위 (역)경매
• 전자동 익스체인지	• 동적 가격책정. 자동주문 연계, 연속적인 경매시장

훌륭한 B2B익스체인지라면 제품의 목록 기재 또는 판매 서비스, 거래정보, 회원들 간의 가격협상 능력과 궁극적으로는 온라인을 통한 거래능력을 갖춘 회원들뿐만 아니라 다른 여러 기능도 용이하게 활용할 수 있도록 도움을 제공한다. 인터넷은 또한 기존의 중개인을 통하지 않고서도 구매자와 판매자 간의 직거래를 가능케 함으로써 두 거래인 모두에게 더 좋은 가격으로 거래할 수 있는 기회를 제공한다.

B2B익스체인지의 거래 공간은 전세계에 걸쳐 있기 때문에 편리

함을 제공함과 동시에 구매자와 판매자의 직접적이고 원활한 커뮤
니케이션을 촉진시켜 공동체의 개념을 발전시킨다.

정가 : 카탈로그 목록

카탈로그 목록 기능은 기업의 물품조달 업무가 단일 장소에서 이
루어질 수 있도록 원스톱 쇼핑 서비스를 제공하는 것을 목적으로
한다. 이는 많은 공급자의 상품 카탈로그를 한 장소(웹사이트)에,
그리고 간편한 단일 포맷으로 구성해 소비자의 구매행위를 간소화
시켜주는 역할을 한다. 사이트상에 전시된 부품이나 제품만도 수
천, 수백 종류에 달한다.

조달 관리자들은 팩스나 전화를 통해 다수의 잠재 공급자들로부
터 정보를 알아보는 대신 모든 것이 한 곳에 집중되어 있는 이 사이
트를 통해, 가격 등을 포함해 제품에 관해 필요한 모든 정보를 입수
할 수 있다.

제삼자가 운영하는 중립적이고 독립적인 사이트만이 다수의 경쟁 판매
자들을 위에 설명된 방식으로 한 곳에 끌어 모을 수가 있다. 카탈로그 목
록 내용이 중립적이고 독립적이어야만 구매자들도 그 사이트의 정보에
대해 신뢰를 갖게 된다.

이 모델은 적은 양으로 구매가 잦은 저가 상품의 판매에 가장 적
합하다. 따라서 거래마다 가격협상을 하는 것은 합리적이지 않다.
카탈로그 목록에 포함되어 있는 제품에는 고정가격이 적용된다. 공
급자의 카탈로그상에 기재된 가격 역시 고정이다.

카탈로그 목록 모델의 경우, 사이트상의 카탈로그에 특정 항목이

포함되어 있지 않은 경우가 발생할 수도 있다. 이 경우 조달 관리자가 다량의 주문 또는 다양한 항목을 필요로 할 때 웹사이트상에서 공급자에게 직접 견적 의뢰를 할 수 있도록 함으로써 판매기능을 더욱 향상시킨다. 예를 들면 e-케미컬은 제품이 구매자에게 배달되는 물류업무를 취급하는 옐로 프라이트(Yellow Freight)사와 합동으로 자체 시스템 기능을 보강했다. e-케미컬은 공급자로부터 제품을 배달받아 구매자에게 발송하고, 옐로 프라이트의 서비스는 구매자로 하여금 자신이 주문한 내용에 대한 진행 사항을 온라인상으로 확인할 수 있게 해준다.

예 : 켐덱스, e-케미컬, 플라스틱넷, 다양한 버티컬넷의 트레이드 허브

일대일 협상 : 게시 · 검색방식

활발한 거래의 가장 기본적인 형태로 게시 · 검색방식을 들 수 있다. 이 기능은 기본적으로 웹상의 게시판을 기반으로 하지만 정식 자격을 부여받은 익스체인지 회원들이 관심 있는 제품이나 서비스의 구매, 판매 또는 교환 등의 내용을 공고할 수 있도록 체계적이고 정교하게 꾸며진 공간이다. 거래마다 일대일 협상을 통해 가격을 결정한다.

이 유형은 본질적으로 인터넷상의 미팅룸과 비슷하지만, 게시판을 이용해 공고를 하거나 공고된 내용에 응답할 수 있는 회원을 익스체인지가 미리 선별해 자격을 부여할 수 있다는 점이 특징이다. 즉 일정한 자격을 갖춘 개인 회원들을 위한 전용실이라고 할 수 있겠다.

개인 회원실의 경우처럼 게시·검색기능을 통해 가상의 공동체가 형성된다. 특정 제품의 판매나 구매를 원하는 이들은 게시판을 통해 서로 연락을 취할 수 있다.

대부분의 게시·검색 시스템은 회원들의 공고 내용을 하나 또는 그 이상의 카테고리로 포함시킬 수 있는 메인 스크린을 제공(예를 들면 제품별 또는 공고 날짜별 카테고리)하고 각 공고 내용에는 번호가 붙는다.

카텍스는 게시·검색방식을 기본으로 한다. 보험업계에서는 보험에 들 재산, 제품 또는 재무상태 등 각각의 독특한 위험 특성에 근거해 계약별로 개별적인 협상이 이루어진다. 그러므로 이 경우 자동적으로 거래가 이루어질 수 있도록 규격화한 계약 내용을 미리 준비해놓기가 매우 어렵다. 대신 각 상대방은 서로에 관해 충분한 정보교환을 해야만 한다(예를 들면 피보험자에 관한 신용정보, 보험자에 관한 보험기록, 보험처리될 상황에 대한 자세한 내용 등). 계약마다 B2B차원의 협상은 필수다. 카텍스의 게시·검색 특징은 사용자가 보험 구매 의사(즉 보험자에게 위험을 양도)나 보험 판매 의사(즉 특정 위험의 인수 제의)를 공고할 수 있게 한다는 것이다. 공고된 내용을 기초로 사용자들은 연락을 취할 수 있고, 가격협상을 진행하여 양자 간에 보험계약을 체결하게 된다. 크레디트트레이드는 신용 불이행 교환거래를 하고자 하는 기업 회원들을 위해 비슷한 종류의 게시·검색을 제공한다. 거래자들은 이를 통해 익명으로 접촉해 자세한 계약 내용에 대한 협상에 들어간다.

페이퍼익스체인지는 판매자가 올려놓은 가격에 대해 구매자가 응답할 수 있도록 해주는 익스체인지다. 구매자는 제시된 가격을 받아들이거나 입찰가를 기입해 올리게 되는데, 판매자는 구매자가 제

시한 입찰가를 수락하거나 구매자가 받아들일 만한 가격 또는 재입
찰 가격을 제시할 수 있도록 개정된 금액을 올리면 된다.

익스체인지는 이러한 기본적인 중개(match-making) 기능 외에도
여러 서비스를 제공하여 신규회원이 흥미를 갖게 함과 동시에, 기존회원
이 시스템 사용에 지속적인 관심을 가질 수 있도록 배려해야 한다.

해당 서비스는 다음과 같다.

- 회원들이 공고된 내용에 응답하거나 거래조건에 대한 협상을
  위해 서로 교신할 수 있는 하나 또는 그 이상의 방식을 제공 :
  모든 사용자의 인명록을 포함해 시스템을 통해 발송된 메시지
  의 확인방법을 제공한다.
- 판매 공고된 제품에 대한 구매자의 이해를 돕기 위해 제품에 대
  한 정보를 제공하고, 구매자가 거래정보를 교환하고 제품에 대
  한 조언을 들을 수 있는 포럼을 제공한다.
- 익스체인지를 통해 성사된 거래내역에 대한 거래정보를 제공함
  으로써 구매자나 판매자가 특정 시기에 거래된 특정 상품이나
  서비스의 시장가격에 대한 정보를 알 수 있도록 한다.
- 문서관리 서비스를 제공함으로써 거래자들이 공고, 발송, 수신
  한 거래내역의 확인 문서를 보유하거나 온라인상에서 계약 서
  류를 준비할 수 있도록 한다. 이 서비스를 통해 사용자들의 팩
  스 사용과 거래 문서의 교환을 위한 대행업체의 활용을 줄일 수
  있다. 거래자 간에 교환되는 문서를 철저히 감사하고 검증하는
  과정을 통해 거래안전 서비스도 함께 제공한다.
- 합법성과 완전 신용을 기본으로 회원들이 거래를 할 수 있도록

법적 체제를 갖춘다.

- 안전과 프라이버시 : 사용자에 따라 각기 안전도와 사생활 보호
  정도를 차별화해 서비스를 제공한다.

게시·검색 사용자들 간의 커뮤니케이션은 매우 중요하다. 가장 확실한 방법은 전자우편 서비스를 제공하는 것인데, 익스체인지는 이를 통해 해당 업계 주요 사용자들의 신상정보(Rolodex)를 구축할 수 있다.

그러나 익스체인지의 수많은 사용자들은 적어도 협상 초기 단계에서는 자신들의 거래 수완을 노출시키지 않기 위해 익명을 유지하고자 한다.

B2B익스체인지는 여러 방법을 동원해 이러한 사용자들의 요구를 충족시켜준다. 첫번째 방법은 무명의 전자우편 서비스를 제공하는 것이다. 예컨대, 카텍스에서는 사용자들에게 「A-메일(A-Mail)」을 제공해 본인들의 신분을 노출시키지 않은 상태로 메일을 주고받을 수 있게 한다고 광고한다. 카텍스 A-메일의 또 다른 두드러진 특징은 일단 사용자가 본인의 신원을 밝히고자 할 때, 사용자 신분 노출에 관한 박스를 제공받아 확인이 가능하다는 점이다. 만일 양 거래자가 가명을 사용하는 경우, 양쪽 모두 신분 노출 박스를 확인한 후 동시에 자신의 신원을 상대방에 밝힐 것을 승인하는 경우에 시스템은 사용자의 이름만을 상대방에게 제공한다. 크레디트트레이드는 또한 사용자가 그들의 신분을 전혀 밝히지 않고 브로커를 통해 또 다른 사용자와 교신할 수 있는 익명의 브로커 채널을 제공하기도 한다(양측 모두 준비가 될 경우에 한해).

페이퍼익스체인지에서는 거래가격과 수량이 익스체인지에서 제

공하는 익명의 경매 시스템을 통해 결정될 때까지 구매자와 판매자의 이름을 서로에게 절대 알리지 않는다.

공동 제작된 소프트웨어 애플리케이션을 통해 또 다른 커뮤니케이션 채널이 제공되는데, 마이크로소프트사의 넷미팅(NetMeeting)이 바로 그것으로, 회원들이 온라인을 통해 실시간 대화를 하면서 업무를 함께 처리하거나 발표 내용 등을 볼 수 있게 한다. 게시·검색 익스체인지를 통해 해결할 수 없는 문제는 계산서 발급과 정산에 관련된 것이다. 각 거래가 회원들 간에 개별적으로 이루어지기 때문에, 대부분 대금 지불과 제품 또는 서비스의 인도 문제는 익스체인지가 중간에 개입하지 않은 채 거래 당사자 간에 서로 협의해 결정된다. 그러나 익스체인지는 송장작성과 회계업무, 정확한 정산보고 등을 돕는 백오피스(back-office) 기능을 도입하여 익스체인지의 가치를 한 단계 더 높일 수 있다. 예컨대, 메탈사이트와 플라스틱넷은 회원들이 익스체인지 시스템에 백오피스 시스템을 연결할 수 있도록 했다. 페이퍼익스체인지는 또한 「지불보증(clearing)」 처리를 제공하는데, 미리 특정 구매인의 신용도를 조사하여 거래 후 지불에 문제가 없도록 보장하는 「부가가치」 서비스를 제공하기도 한다.

게시·검색을 통한 거래는 대체로 참여방법이 간단하기 때문에 많은 경매 참여자로 인해 경쟁이 더욱 치열해질 수 있다. 회원들에게 좀더 가치 있는 거래 서비스를 제공하고자 한다면, 한층 정교한 거래 모델(예: 경매)로 발전되어야 할 것이다.

예 : 카텍스, 크레디트트레이드, 페이퍼익스체인지

동적 가격책정 : 경매시장

구매자와 판매자의 이익 창출을 극대화해주는 경매는 그 효율성이 점차 커지면서 B2B익스체인지에서 주목받는 거래 형식이 되어가고 있다. 게다가 경매시장의 경우 경매가 마감되는 특정 시간대에 유동성(즉 모든 구매와 판매주문)이 집중된다.

복수의 구매자와 판매자가 일괄적으로 다양한 종류의 제품과 서비스의 가격을 결정할 수 있는 특징으로 인해 동적 가격 모델이 등장하게 되었으며, 이는 산업시대에 존재하던 고정가격(정가) 방식에 대한 급진적 발전 모델로 대표된다.

인터넷이 등장하기 전, 중앙집중적 대량생산 체제에서는 일대일 협상이 비효율적이었기 때문에 규격화된 제품에 대한 고정된 가격을 지불하는 식의 비즈니스가 성행했었다. 그러나 이제 인터넷을 기반으로 이루어지는 경매장의 출현과 발전으로 인해 구매자와 판매자 간에 더욱 만족스러운 관계 구축을 기대할 수 있게 되었다. 경매에서 구매자는 자신이 지불할 수 있는 금액 이상으로 입찰할 수 없고(초과 지급분에 대한 변명도 할 수가 없음), 지나치게 높은 가격을 요구하는 판매자는 (높은 하한 경매 금액을 공고하여) 즉시 가격을 낮추거나 판매를 포기해야 한다. 구매자들은 다양한 선택권을 갖고 더욱 편리해진 방법으로 더 싼값에 제품을 구매할 수 있게 되었고, 판매자는 더 큰 시장에서 더 비싼 가격으로 판매할 수 있는 기회를 얻게 된 것이다.

온라인 경매는 원래 개인 대 개인(person-to-person) 거래를 원활히 해주는 매우 효과적인 방법으로 C2C 개념에서 발전된 형태다

(예를 들어, e-베이에서의 개인 간 골동품 매매). 인터넷이 등장하기 전에는 중고 제품이나 독특한 특정 제품을 현실 세계에서 판매하기란 쉬운 일이 아니었다. 희소성이 높은 특정 제품을 판매하고자 하는 사람들은 잠재 고객들이 거주하고 있는 소규모 지방시장을 이용하는 수밖에 없었다(예를 들어, 벼룩시장이나 차고 세일, 또는 지방신문의 광고란 등). 이제 e-베이와 같은 새로운 회사들이 개인적인 물품을 팔고자 하는 고객들에게 온라인 경매를 통해 전세계의 구매자들을 상대로 제품을 팔 수 있는 기회를 제공한다.

판매자 본위 경매

이 거래에서는 판매자가 경매를 주도한다. 판매자가 판매할 물품을 공고하고 다수의 구매자가 원하는 물품이나 서비스를 구매하기 위해 좀더 높은 가격을 제시한다. 이 형식은 e-베이에서 이용되고 있는데 시간이 지날수록, 즉 경매 마감 시간이 임박할수록 경매가는 더 올라가게 된다(그림 참조). 이 방식은 판매자가 인터넷을 통해 좀더 많은 잠재 고객을 대상으로 그들의 목적을 극대화하기 위해 사용하는 것으로, 상품에 대해 가장 높은 가격을 받을 수 있어 판매자에게 매우 유리한 모델이다. 이는 능률적인 시장가격 형성을 원활하게 해준다. 독특하고 특징 있는 제품, 즉 제품의 특성을 이해시킬 수 있는 품목을 판매하는 데 유리하다.

이 시스템은 구매자와 판매자 간의 협상 과정이 생략되고 단지 구매자들 사이에 경쟁을 벌여야 하므로 구매자에게는 덜 유리한 방식이다.

B2B 공간에서 이러한 형식의 경매는 특히 잉여제품의 현금화에

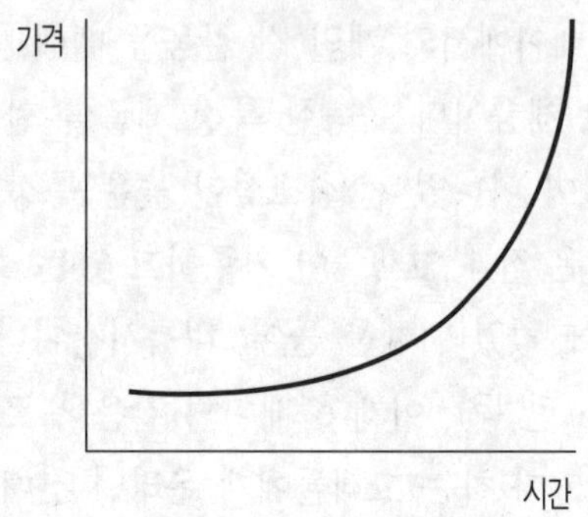

유리하다. 이러한 경우 제품의 시가는 누구나 잘 알고 있으나, 거기에서 상당한 금액이 할인된 가격에 판매된다. 경매구조는 「방매(fire sale, 특매)」 가격으로 제품을 제공하던 전통적인 청산 브로커들의 자리를 대신한다. 포레스터 리서치에서는 기업들이 잉여제품을 현금화하는 일반적인 수단으로 판매자 본위 경매방식을 좀더 자주 이용한다는 사실을 발견했다. 경매를 통해 잉여 재고물품을 좀더 빨리 처분해서 기업의 총재고보유 비용을 줄이려는 것이다. 철강업계에서 잉여자재를 처분할 수 있는 경매를 제공하는 메탈사이트는 B2B익스체인지의 좋은 예라 할 수 있다.

구매자 본위 경매, 즉 역경매

판매자 본위와는 반대로 구매자가 구입하고자 하는 물품을 자세히 명시하면, 다수의 판매자가 구매자와의 거래 성사를 위해 좀더 낮은 가격으로 경매에 응하는 경매방식이다.

이 방식은 구매자에게 매우 유리한 경매 방식으로서, 특히 다수의 판매자가 구매자가 제시한 요구 사항에 맞는 제품을 판매하고자 경매에 참여한다.

이 경매의 경우에는 시간이 흘러 경매 마감이 가까워 올수록 가격
은 점점 낮아지는 경향을 보인다(그림 참조).

구매자 본위 경매 모델은 업체의 공급품 조달을 원활하게 도와주
는 프리마켓(FreeMarkets)과 버티컬넷 같은 수평적 트레이드 허브
에서 주로 사용된다. 프리마켓 온라인은 주문형 산업 전자 부품이
나 석탄, 철강과 같은 재화를 구입하고자 하는 업체를 위한 실시간
의 기업 대 기업 온라인 경매를 운영하고 있다. 즉 비드웨어
(BidWare) 소프트웨어가 사용되어 공급자가 구매자의 주문에 맞는
입찰가를 제시하는 역경매로서 구매자들과 판매자들을 적시에 연결
시켜준다. 프리마켓 온라인은 캐터필러(Caterpillar), 퍼스트 에너지
(First Energy)와 펜실베이니아의 커먼웰스(Commonwealth)사 등
을 고객으로 두고 있다. 경매 수행에 대한 수수료를 징수하기도 하
고, 때때로 구매자가 경매를 통해 절감한 금액의 1%를 받기도 한
다. 실시간 상호경쟁 경매 이벤트를 조직, 수행하여 대량 구매 기업
들이 산업소재나 구성부품을 실제 시장가격으로 구매할 수 있도록
한다. 1998년 한 해 동안 프리마켓에서 온라인 시장을 통해 거래된

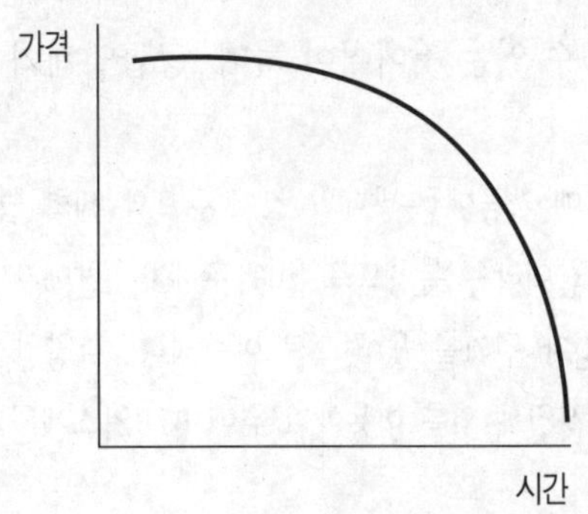

산업소재와 구성부품만도 100억 달러가 넘는다.

경매에 올라온 품목은 「로트(lots, 묶음)」 단위로 분류된다. 그리고 경쟁적인 경매가 이루어지고 있음을 보여주는 다수의 공급자가 등장한다. 프리마켓은 구매자가 만족할 만한 공급자를 제공하기 위해 미리 심사를 거쳐 공급자를 선정하고, 공급가능한 업체에게 현재 구매자가 찾고 있는 물품에 대한 정보를 자세히 제공한다(예 : 구매자의 품질 요구사항). 구매자가 반드시 가장 낮은 입찰가격에 낙찰을 해야만 하는 것은 아니며, 현재의 공급자를 강제로 바꿔야 하는 것도 아니다. 온라인 경매가 진행되는 동안 공급자는 익명으로 존재하게 되지만, 실시간으로 상대방의 경쟁가격을 볼 수는 있다. 구매자에게는 양 공급자의 신원과 양측이 제시하는 입찰금액이 공개된다. 경매는 대부분 1~3시간 정도 소요된다.

이 모델의 또 다른 좋은 예로 숍투게더를 들 수 있다. 숍투게더는 소기업 구매자들이 주문한 사무실 비품이나 사무용품 등 평범한 품목을 종합해서 경매에 올린다. 미리 정한 시간에 주문을 마감하고 비슷한 품목의 주문을 종합해 경매에 부치면, 다수의 공급자가 종합된 한 건의 주문에 대해 경합을 벌이게 된다.

B2B 거래에서 이 형식의 매력은 기업의 물품 조달비용을 상당히 절감할 수 있다는 점이다. 그러나 거래 품목이 반드시 판매자에게 명확히 설명될 수 있는 것이어야 하며, 공급업체가 많아야 한다.

인터넷에 의해 가능해진 방대한 경매 규모와 세력 범위, 긴밀해진 상호작용과 실시간이라는 특성으로 인해 구매자, 판매자 본위의 경매형식 모두 앞으로 점차 인기를 끌 것으로 예측되며, 다양한 업계에서 이들이 제공하는 기본적인 편의를 이용하기 위해 B2B익스체인지를 이용하게 될 것이다.

앞으로 더욱 발전할 필요성이 있다고 여겨지는 새로운 역경매 응모 내용에는 재해로 인한 재산적 피해에 대비한 프로그램을 마련하기 위한 재보험업자들 간의 온라인 경매를 들 수 있다. 앞에서 간략히 설명한 대로, 대규모 재보험산업에서는 각 계약 내용이 개별적으로 협상되어 결정되기 때문에 아직까지는 상품화된 제품이 나오지 않은 상태다. 재해로 인한 재산적 피해 대비 프로그램의 경우, 재해의 위험이 항상 도사리고 있는 지역(예 : 미국의 플로리다)의 최초 보험업자들은 자신들이 안고 있는 부담을 다른 재보험업자(예 : 버뮤다 지역의 XL MidOecan RE)에게 떠맡기고자 할 것이다. 재해로 인한 재산적 피해 대비 재보험 계약 건은 1년에 한 번만 협상하고 계약은 다음 연도까지 유효하다. 현재까지 재보험과 관련해 원보험업자들이 브로커를 고용하여 (비싼 수수료를 지불하고) 재보험 대상 자산의 자세한 피해내역 조사를 준비하는 업무를 맡기고 있는 실정이다. 업무를 의뢰받은 브로커들은 조사를 마친 후 자세한 조사 내역을 미리 선별된 일단의 보험업자들에게 제출하고 (팩스나 직원을 통해) 봉인된 입찰가나 견적가를 정해진 날까지 그들에게 제출하게끔 요구한다. 선별된 보험업자들은 다른 재보험업자들의 입찰가를 전혀 알 수 없으며, 일단 시간이 지난 후에는 금액 조정이 불가능하다.

가까운 장래에 카텍스와 같은 온라인 B2B익스체인지 또는 프리마켓과 같은 수평적 트레이드 허브는 이러한 경매 과정을 역경매방식으로 운영하게 될 것이다. 보험업자들은 경쟁업체가 제시한 입찰가를 웹사이트상에서 확인할 수 있게 될 것이며(물론 익명으로), 경매 마감 시간이 가까워지면 입찰가를 하향 조정함으로써 거래를 성사시키고자 할 것이다.

이러한 경쟁적인 온라인 경매를 통해 프로그램을 구입하는 최초의 보험업자는 보험료를 낮출 수 있게 되며, 브로커에게 지급하는 수수료를 상당 금액 줄이게 될 것이다.

경매시장 서비스를 제공하는 B2B익스체인지는 또한 청산 및 결제 서비스도 제공한다. 일부 사이트는 백오피스를 익스체인지에 연결해 판매자의 실시간 재고 조사와 통합 회계업무를 도와주기도 한다. B2B익스체인지에 과학적 연구 자료를 제공하는 켐덱스는 유사한 방식으로 공급자들이 자신들의 시스템에 연결되도록 한다. 또한 B2B 경매 익스체인지는 많은 기업들이 참여할 수 있도록 송장 업무와 지불에 대한 편의를 제공해야 한다.

예 : 프리마켓, 숍투게더, 트레이드아웃

동적 가격책정 : 전자동 거래 시스템

요구 사항이 비슷한 구매자와 판매자를 계속해서 자동적으로 검색함으로써 실시간으로 동적 가격을 책정하는 자동거래 시스템이 등장하고 있다. 이러한 시스템은 판매자가 판매 제안을 하고 구매자는 구매 의사를 밝히는 일종의 지속적 쌍방 경매라 할 수 있다. 구매 입찰과 판매 제안에는 고정가격(즉 가격제한)이나 「시가」(즉 특정 시점에 다른 시장에서 제안된 최적의 가격)가 포함되어야 한다. 주문이 들어오면 시스템은 즉시 반대편의 입찰 내용 중 주문에 가장 부합되는 사항이 있는지 검토하고, 부합되는 내용이 없을 경우에는 이 신규 주문 내용을 시스템에 저장시켜놓고 이에 부합되는 제안이 들어올 때까지 대기한다.

이 시스템의 경우, 가장 좋은 가격의 주문에 우선권을 부여하고

(판매 요구시에는 최저 가격, 구매 입찰 주문시에는 최고 가격), 주문이 들어오자마자 거래 엔진을 통해 비슷한 순위에 따라 엄격하게 순서를 매긴다. 이를 「시간 대 가격 우위(price-over-time priority)」라 부른다. 그러므로 이 경우 「중앙지정가 주문시스템」이 작동해 회원들이 대등하고 평등한 조건에서 익명으로 거래(먼저 접수된 주문을 우선 처리)를 수행할 수 있도록 한다. 자동연계 시스템은 실시간 가격경쟁의 바탕이 되며, 거래를 신속하게 진행시킬 수 있다.

중앙지정가 주문시스템은 다음과 같은 조건에서 효율적으로 사용될 수 있다.

- 규격화 또는 「상품화」된 동일한 상품(예 : 유가증권 또는 안전 보장 계약) 또는
- 높은 유동성(예 : 다수의 경쟁 입찰과 주문 요구가 쇄도하는 경우)

유동성이 전혀 없는 상품일 경우, 회원의 지정가 주문시스템은 일치되는 주문 사항을 찾아내는 데 실패하고, 적당한 해당 주문 사항이 나올 때까지 대기해야 한다. 이렇게 대기하는 동안 구매자 또는 판매자는 거의 매초마다 해당 상품의 시세변동 사항을 참혹하게 지켜봐야 할 것이다(왜냐하면 주문자가 취소하기 전까지는 언제든지 주문이 자동으로 실행될 수 있으므로). 이는 거래자로 하여금 「만족 아니면 취소(fill or kill : FOK)」 방식을 사용하게 함으로써 한도액 가격으로 주문을 등록시킨 후 주문 목록에서 적절한 짝을 찾지 못하면 주문을 곧바로 삭제하도록 하는 방식이다(대다수의 전자상거래 시스템에서는 주문 내용에 부합되는 적절한 상대방을 찾지 못했을 경우 즉시 목록에서 제외시키는 「FOK」라는 특수 주문방식을 마

련해놓고 있는 경우가 많다).

FOK 주문방식의 경우, 중앙지정가 주문시스템의 주문 항목 수가 줄어들어 다른 주문 항목들이 즉각 짝을 찾을 확률이 낮아지게 된다(저유동성 상태를 더욱 악화시키는 악순환). 한편 구매자와 판매자의 주문은 각자가 제안한 가격 조건에 맞는 상대방 주문과 즉시 연결되어 대체로 낮은 가격에 거래가 이루어지므로, 이러한 중앙지정가 주문시스템은 유동시장(예 : 나스닥이나 뉴욕증권거래소의 증권시장)을 상당히 활성화시킬 수 있을 것으로 보인다. 유동성이 높고 급변하는 시장 환경에서는 구매자와 판매자의 신원이 가격형성에 상당한 영향을 미치기 때문에(일명 시장효과) 익명 유지는 상당히 중요하다. 2장에서 살펴본 바와 같이 전자상거래 시스템은 익명으로 거래하기에 매우 이상적인 공간이라 할 수 있다.

◀ 증권시장의 예

집중화된 영역에서 수요와 공급의 법칙에 따라 거래행위를 하는 구매자와 판매자는 증권거래의 경매장 시스템에서 매우 핵심적인 요소라 할 수 있다.

실제로 중앙지정가 주문시스템은 지난 15년 간 미국 이외의 증권시장에서 널리 사용되어왔다. 지난 2년 동안 미국 내 ECN이 급성장할 수 있었던 유일한 이유는, 유동성이 높은 미국 시장에서 그 효력을 십분 발휘한 중앙지정가 주문시스템에서 찾을 수 있다. 나스닥 회원들이 중앙지정가 주문시스템의 도입을 계속해서 거부해왔다는 것은 매우 흥미로운 사실이다. 아마도 이 제도가 마켓메이커의 이익을 실질적으로 잠식할 수 있을 것이라는 우려에서 비롯된 것으로 보인다.

버뮤다증권거래소는 1998년 전자동 거래 시스템을 도입했다. 버뮤다증권거래소 시스템은 BEST(The Bermuda Electronic Securities Trading) 시스템이라고도 불리는 일종의 최첨단 거래 시스템이다. 모든 것이 자동으로 실행되는 이 시스템은 거래 시스템이 제공할 수 있는 거의 모든 것을 보여줄 수 있는 좋은 예라 할 수 있다. BEST는 다음과 같이 운영된다.

• 전거래(pre-trading) : 이 과정에서 주문이 접수되지만 즉시 처리되지는 않는다. 전거래 과정의 목적은 프로그램에 현재 등록된 모든 주문 항목의 가격을 파악하는 데 있다.

• 본거래(main-trading) : 본거래 과정이 시작되면서 즉시 시장이 「개장」된다. 이 과정에서 시장에서 대량으로 거래될 각 증권가격을 선별해 개장가격을 결정한다. 만일 요구가격은 다르지만 요구 거래량은 같을 경우, 거래 상대를 찾지 못한 주문에서 수량이 적은 쪽의 가격을 개장 거래가격으로 선택한다. 개장가격으로 거래할 경우 주문 불균형이 발생하면, 시스템은 주문 접수시간에 근거해 자동으로 실행작업을 할당한다.

개장 과정은 전자동으로 실시되며, 시간도 몇 초밖에 소요되지 않는다. 개장 이후 그 날의 폐장시간까지 지속적으로 장이 열리게 된다. 본거래 과정 중 회원들은 언제든지 주문을 접수할 수 있으며, 신규주문이 들어오면 시스템은 이미 접수되어 있는 주문 내역 중 먼저 입력된 주문부터 차례로 검색을 실시해 요구사항이 서로 일치하는 건이 있는지 찾는다. 입찰·요구 주문에 대한 짝을 즉시 찾지 못하는 경우 트레이딩 엔진을 통해 가격 조건이 가장 좋은 순서대로, 그리고 가격 조건이 같은 경우에는 경매 입찰 입력시간이 빠른 순서대로 목록에 배열된다.

가격·시간 우선순위에 따라 정렬작업을 수행할 경우 상한가로 제시된 입찰 주문은 그보다 낮은 가격으로 제시된 주문에 우선한다. 반대로 낮은 가격의 요구 주문은 높은 가격으로 주문한 입찰 주문에 우선한다. 두 건이 동일하게 연결되면 먼저 입력된 주문부터 낙찰된다.

•**후거래**(post-trading) : 장이 마감되면 주문 접수, 처리 또는 연결 작업은 더 이상 진행되지 않는다. 제한 공고기간이 지난 주문 항목들은 시스템에서 제거되고, 「취소되기 전까지는 유효한」 주문 항목들은 자동적으로 다음 거래장으로 넘어가게 된다. 주 거래시장에서의 최종 거래에 따라 증권 폐장가격이 결정된다(같은 날 또는 그 전에 거래되었던 가격과는 상관없이).

BEST는 동일한 시스템 내에서 복수 시장을 형성하는 역할을 하며, 고정 수입 및 증권거래를 지원한다. 시스템은 계속적인 거래, 정기 경매와 콜오버 마켓(call-over markets)을 취급할 수 있으며, 다양한 종류의 주문방식을 지원한다. 경매방식, 주문 우선순위, 거래시간 등과 같이 시스템의 다양한 특징은 단순한 변수 구동 관리 프로그램을 통해 사용자 정의가 가능하다.

전자동 거래 시스템을 갖춘 B2B익스체인지는 시장의 완벽을 보증하기 위해 청산 및 결제 서비스를 제공해야 한다. 거래가 익명으로 자동 실행되기 때문에 거래 진행을 확실히 하지 않은 채 일정한 규칙 없이 정산을 진행할 경우, 거래가 무효로 되는 경우도 발생할 수 있다. 즉 익스체인지는 안전한 결산 및 정산 과정을 확실히 보장할 수 있어야 한다. 증권시장에서의 이런 문제는 결국 결제 처리 작업을 취급하고 거래 회원들의 거래 보증을 담당하는 중앙 신용보증 수탁회사의 발전을 가져왔다.

성공적인 B2B익스체인지가 되려면 청산 및 결제관련 업무도 처리할

수 있어야 하며, 어떤 경우에는 판매 또는 거래된 주문품을 구매자에게
배달하는 물류 업무도 처리해야 한다.

더욱 발전된 「신경(neural)」 네트워크

분명한 사실은, 앞으로는 더욱 진보된 거래 시스템이 개발될 것이
라는 점이다. 증권 분야와 관련해 옵티마크 테크놀로지(OptiMark
Technologies)는 딜러들이 가격과 수량 전 범위에 대한 그들의 거
래 사항에 관한 정보 전체를 보안장치가 철저한 컴퓨터를 통해 표
시할 수 있도록 하는 연계 시스템을 개발했다. 중앙 컴퓨터는 그들
의 독특한 알고리듬을 이용해 거래 당사자 쌍방이 동시에 만족할
수 있도록 다른 가격 조건을 제시하는 구매자와 판매자 간 거래에
있어 순차적인 배분 서비스를 제공한다. 이 시스템의 가장 두드러진
점은, 딜러가 자신의 모든 거래기법을 타인에게 공개하지 않고도 성
과를 높일 수 있다는 점이다. 따라서 시장충격으로 인해 발생할 수도
있는 숨은 비용(hidden costs)을 줄일 수도 있을 것이다.

B2B익스체인지 세계에서 거래 시스템은 단순히 가격과 수량 조
건 외에 거래에 만족을 줄 수 있는 추가 변경 품목의 주요 요인들을
제공하는 방향으로 발전해나갈 것이다. 예를 들면 물품조달업체에
서는 단순히 제품의 단가뿐만 아니라 제품의 품질, 배달 횟수, 배달
비용 등에 대해서도 관심을 기울여야 한다. 아마도 이러한 시스템
은 중추적 네트워크 테크놀로지에 기초한 「퍼지(fuzzy)」 이론을 채
택할지도 모른다. 옵티마크, 트레이드엑스와 트레이디엄은 최근 이
러한 시스템을 이용해 활동하고 있다.

인간 상호작용의 결여

　전자상거래 시스템에 관한 한 가지 공통적인 비판, 특히 증권시장의 기존 거래업자들이 주장하는 것은 인간의 모든 상호작용이 컴퓨터로 인해 사라져 가고 있다는 것이다.

　실제 거래시장에서 가끔씩 루머가 촉발될 수 있다는 것은 분명한 사실이다. 특히 특정 상품이나 주식의 경우 고발성 뉴스는 트레이딩 포스트 관계자들 사이에 엄청난 동요를 불러일으키기도 한다. 그러나 그로 인한 손실을 최소화하는 여러 가지 방법이 있다. 그 첫 번째 방법은 시스템에 실제 경험과 비슷한 특성을 입력시키는 것이다. 예를 들면, 거래 시스템으로 하여금 딜러에게 얼마나 많은 다른 딜러들이 해당 제품이나 주식을 현재 모니터링하고 있는지를 알려 주어, 마치 특정 트레이딩 포스트 주변의 대중의 분위기를 실제로 느끼는 것과 같은 효과를 주게 한다. 두번째로 온라인 익스체인지는 거래 시스템 주위에 다양한 공동체 서비스를 추가할 수 있다. 13장에는 시장에서 거래자들 간의 상호 접촉 정도를 심화시켜 실제 시장에서 거래자들이 서로 발전을 도모하는 공동체 의식을 발생시키는 데 도움이 될 만한 내용이 소개되어 있다.

　또한 B2B익스체인지는 소비자들의 높은 지지도를 과소평가해서는 안 된다. 소비자들의 지지는 현재 기업의 사업방침을 그들이 원하는 방향으로 전환시키고자 하는 초기 단계에서 나타나는 현상일 수 있다.

> 회사가 B2B익스체인지와 관계를 맺은 후일지라도 익스체인지는 계속해서 거래 전담 창구를 열어놓아 익스체인지의 중앙시장 시스템 이용을 장려하는 형태로 인간 상호작용 효과를 제공할 수 있어야 한다.

패닉 버튼

　　모든 익스체인지는, 거래자들이 자신의 입찰과 주문 내용을 취소하고자 할 때 익스체인지 시스템에서 한번에 빠져나갈 수 있도록 하는 메커니즘을 제공해야 한다. BEST는 아직 거래가 성사되지 않은 주문에 대해 한 번의 클릭으로 취소를 가능케 하는 「일괄주문취소(Cancel Orders Globally)」라는 기능 형식을 도입했다. 이 패닉 버튼(panic button)을 이용하면 사용자들은 오프라인 시장에서 전화기를 내려놓는 시간만큼이나 신속하게, 아무런 문제 없이 편안하게 자동화된 집중 시장으로부터 주문을 취소할 수 있다.

- 우리는 B2B익스체인지를 통해 창조된 집중화 시장영역이 기업들의 인터 넷 사용 증가를 가능케 하는 킬러 애플리케이션이라고 생각하고 있다.
- B2B익스체인지의 거래 모델로는 카탈로그 목록 방식, 게시·검색, 경매 시장, 그리고 전자동 거래 시스템 등을 들 수 있다.
- 카탈로그 목록은 복수의 판매자와 함께 경쟁하고, 사이트상에서 제공하 는 모든 정보를 구매자가 신용할 수 있도록 제삼자에 의해 운영되는 중립 적이고 독립적인 사이트여야 한다.
- 개인 회원 전용실의 경우와 유사하게 게시·검색기능은 특정 상품의 구 매와 판매에 관심을 갖고 있으며, 웹상의 게시판에 접속할 수 있는 사람 들로 구성된 가상의 공동체를 탄생시킨다
- 경매 사이트는 판매자 본위 경매(예 : e-베이에서 운영하는 경매) 또는 공급자가 조달 계약을 따내기 위해 경쟁적으로 입찰에 응하는 구매자 본 위 경매 서비스를 제공한다.
- 복수의 구매자와 판매자가 일괄적으로 다양한 종류의 제품과 서비스 가 격을 결정할 수 있게 된 것은 산업시대에 존재하던 고정가격(정가) 방식 에 대한 급진적인 발전의 성과로 대표된다.
- 인터넷으로 가능해진 방대한 경매 규모와 세력 범위, 긴밀해진 상호작용 과 실시간이라는 특성으로 인해 구매자, 판매자 본위의 경매 형식 모두 앞 으로 점차 인기를 끌 것으로 예측되며, 다양한 업계에서 이들이 제공하는 기본적인 편의를 이용하기 위해 B2B익스체인지를 이용하게 될 것이다.
- 중앙지정가 주문시스템은 규격화나 「상품화」된 동일 제품(예 : 유가증권 또는 안전보장 계약) 또는 유동성이 높은 제품의 주문(예 : 다수의 경쟁 입찰과 주문 요구가 쇄도하는 경우)의 경우에만 효율적이다.
- 기능이 더욱 세분화된 자동거래 시스템(예 : 버뮤다 BEST)은 복수 시장, 복수의 증권 종류와 복수 경매 모델을 지원할 수 있어야 하며, 변수 구동

관리방식을 통해 상황에 따른 맞춤식 서비스를 제공할 수 있어야 한다.

- 미래의 거래 시스템은 거래자들이 가격과 수량 조건 외에 다양한 변수까지도 처리할 수 있는「퍼지」이론을 이용하게 될 것이다.
- 모든 익스체인지는 거래자들에게 패닉 버튼과 같은 일괄주문취소 기능을 제공해야 한다.

제 7 장

전략적 파트너십 모델

켈리가 《신경제를 위한 새로운 규칙》에서 지적한 대로, 신경제는 「아이디어, 정보, 이해관계와 같은 무형적 요소」를 선호한다. 새로운 B2B익스체인지 사업을 착수할 때 올바른 관계를 형성하는 것은 익스체인지의 발전 방향과 속도를 결정하는 중요한 요소라 할 수 있다.

이 책에서 밝힌 대로, 사업 초기에는 각 분야별 전문지식을 갖춘 인력을 보유하는 것이 중요하다. 그 다음 단계에서는 판매, 마케팅, 그리고 고객 서비스에 역점을 두는 것이 가장 중요하다. B2B익스체인지는 바로 이 부분에 초점을 맞추어 능력을 키워야 한다. 그 밖에 중요한 전략적 파트너들과의 관계를 통해 B2B익스체인지라는 먹음직스러운 파이의 재료들을 얻을 수 있게 될 것이다.

또한 단기간에 B2B익스체인지의 규모를 확장시키기 위해서는 주요 공급자, 사업 단체, 그리고 정보 제공자들과의 제휴가 필수적이다.

거물 파트너

모든 업계의 버티컬 영역에는 시장의 리더 역할을 맡고 있는 소수의 기업들이 존재하게 마련이다. 업계에서 「거물」로 통하는 이러한 기업들은 버티컬 영역에서 타기업들을 존중해야 한다고 명령한다.

B2B익스체인지가 이러한 버티컬 영역에서 주도권을 잡아나가고 타기업들의 추종 모델로서 신뢰를 얻기 위해서는 이 「거물」들로부터 「주식 매입」이라는 성과를 얻어내야 한다.

메탈사이트의 경우를 살펴보면, 익스체인지는 세 개의 철강 제조업체가 소유하고 있다[즉 LTV 스틸사(LTV Steel Inc.)가 45억 달러, 위어턴 스틸사(Wierton Steel Corp.)가 15억 달러, 스틸 다이내믹사(Steel Dynamics Inc.)가 4억 5,000만 달러]. 비슷한 예로, 켐덱스는 생명공학 제품의 유력한 오프라인 공급사인 VWR와 켐덱스 익스체인지와의 관계를 확고히 하기 위해 VWR의 켐덱스 지분에 대해 10%의 투자 제의를 받아들이기로 결정했다.

중립성 문제

「거물의 포옹」이 너무 강할 경우, 주요 기업의 업계 진출로 기존의 중립 상태가 영향을 받을 수 있다. 편중되는 분위기를 쇄신하고자 한다면, 익스체인지는 발전을 도모하면서 업계 파트너들의 순수한 상업적 이익을 추구하기 위해 평행추 역할을 수행할 수 있는 강하고 독립적인 고문위원회를 출범시켜 계속 유지해나가야 한다.

메탈사이트는 현재 1999년 9월 초 설립된 e-스틸과 경쟁을 벌이고 있다. 메탈사이트와의 차별화를 위해 e-스틸은 자사의 중립성과 대형 철강 제조업자로부터의 독립성을 강조하고 있다. e-스틸 웹사이트에는 다음과 같은 내용이 나와 있다.

『e-스틸은 철강 거래를 위한 진정한 인터넷 시장이다. 다른 실제 시장에서와 같이 중립적인 e-스틸은 시스템상에서 거래되는 상품을 제조하는 어떤 기업도 소유하고 있지 않으며, 어떤 산업 파트너와도 제휴하지 않는다.』

업체 파트너들로부터 완전 독립하는 것만이 업계에서 성공을 거둘 수 있는 필수 조건은 아니다. 파트너에게 주식 매입은 허가하되(파트너에 쉽게 조정되지 않으면서) 강력하고도 독립적인 고문위원단을 둔다면, 오히려 파트너의 주식 매입이 익스체인지의 성공으로 연결될 수도 있을 것이다(11장 참조).

기술적 파트너

결국 성공적인 B2B익스체인지가 사업 솔루션이므로, 기술이란 전략적 제휴를 통해 아웃소싱되거나 얻어질 수 있는 그 무엇일 것이다.

기술적 파트너 제휴의 좋은 예로 기술전문업체인 컴퓨터서비스사(Computer Services Corporation : CSC)와 전략적 관계를 맺은 e-스틸을 들 수 있다. CSC는 관리, 정보기술 컨설팅, 정보 서비스 외 주업계 부문에서 전세계적으로 700개의 사무소와 4,000명의 직원을 보유한 대기업으로서 1년 수입이 74억 달러에 달한다.

CSC는 e-스틸에 기술부문을 지원하여 e-스틸이 단기간에 철강 생산 업계에서 높은 신뢰도를 쌓을 수 있도록 도움을 제공했다. CSC의 온라인 철강 익스체인지 매입은 익스체인지의 성공에 결정적인 요인으로 작용했다.

정보 제공자

익스체인지는 회원들의 가치 상승을 위해 중앙 시장영역에 가능한 한 추가 서비스를 많이 제공해야만 한다. 새로운 서비스를 많이 만들어내기보다는 주요 파트너의 핵심능력을 이용한 효과적인 서비스를 시스템 안에 포함시키는 것이 더욱 합리적이다. 특히 정보 서비스 분야에서는 이러한 방식이 실질적으로 효과를 발휘한다.

정보제공 사업에서 거둔 전설적인 성공담으로는 블룸버그(Bloomberg)의 경우를 들 수 있다. 처음부터 블룸버그는 주식 거래 사업에 초점을 맞추었으며, 오늘날까지도 경쟁 상대를 찾을 수 없을 만큼 미국 채권의 역사적인 시가정보 데이터베이스를 구축해놓은 상태다. 데이터베이스를 기반으로 강력한 분석기능을 추가해 거래자들이 신속하게 접속할 수 있도록 환경을 구축해놓았다. 그 밖에도 실시간 뉴스 갱신 기능을 채택했다. 결국 블룸버그 박스는 미국의 채권 딜러들이 시장정보를 갱신하고 파악하는 데 반드시 필요한 유일의 정보 제공자로 부상했다.

성공적인 B2B익스체인지를 위해서는 시스템에 간편하고 정확한 정보 제공 장치를 설치하여 특정 부류의 거래자들이 다른 정보제공 장치의 필요성을 전혀 느끼지 않도록 하는 것이 중요하다.

이러한 목표를 단기간에 달성하기 위해서는 수백여 개에 이르는 뉴스망 또는 뉴스 연합 서비스와의 경쟁에 신경을 쓰기보다는 정보를 자신의 사이트로 끌어들이는 것이 중요하다. 카텍스 리스크 익스체인지는 웹사이트를 통해 자세한 기상정보를 제공하기 위해 휴스 데이터 서비스(Hughes Data Services)를 자신의 사이트로 불러들였으며, 메탈사이트는 익스체인지와 관련해 주문에 적합한「금속업계」뉴스 서비스를 제공하기 위해 로이터와 손을 잡았다.

공동체 서비스

13장에서도 소개하겠지만 성공적인 B2B익스체인지로 발전시키기 위해서는 반드시 계층적 공동체를 이루어야 하며, 이를 위해 익스체인지는 부가가치가 높은 다양한 공동체 서비스를 더욱더 많이 제공할 수 있어야 한다.

이 목표를 달성하기 위한 가장 빠른 방법은 이러한 서비스를 전문적으로 제공하는 여러 회사들과 전략적인 파트너십을 형성하는 것이다.

요구되는 서비스와 잠재 파트너의 종류는 다음과 같다.

- 맞춤식 뉴스 공급(Reuters)
- 문서「익스트라넷」센터(IntraLinks)
- 공급망 관리(Skyway)
- 조건부 날인 증서 서비스(i-escrow)
- 신용 분석(ecredit.com)

- 단기간에 B2B익스체인지를 발전시키기 위해서는 주요 공급자, 사업 단체, 그리고 정보 제공자들과의 제휴가 필수적이다.
- B2B익스체인지가 버티컬 영역에서의 주도권을 잡아나가고 타기업들의 추종 모델로서 신뢰성을 얻기 위해서는 업계의 「거물」들로부터 「주식 매입」이라는 성과를 얻어내야 한다.
- 타업체와 관계를 맺을 경우에는 강력하면서도 독립적인 고문위원회를 두어 균형이 유지될 수 있도록 한다.
- 잠재적 파트너에는 기술 전문 업체가 포함된다(예 : e-스틸과 CSC).
- 잠재적 파트너에는 실시간 뉴스와 데이터 서비스를 제공하는 정보제공 사업자가 포함된다.
- 이 밖에도 파트너의 범위에는 익스체인지의 공동체 구축에 도움이 되는 부가가치 서비스 제공자가 포함된다.

제8장

수익 모델

오프라인 익스체인지는 특히 증권거래소의 구조를 기반으로 한 여러 가지 수익 모델을 등장시킨 반면, B2B 온라인 공간은 새로운 형태의 수익창출 기회를 탄생시키고 있다. 현재까지 B2B익스체인지에 의해 생성된 수익의 종류는 다음 표와 같다.

거래수수료

중앙 시장영역을 제공하는 익스체인지가 성공적으로 운영될 경우, 익스체인지의 시설을 통해 이루어진 각 거래마다 수수료를 청구할 수가 있다. 보통은 거래 금액에 근거해 수수료를 청구하기도 하지만, 때로 거래당 최소 수수료 또는 대규모 거래의 경우 거래당 최대 수수료를 책정해두기도 한다. 반면에 거래 초기에는 비싼 거래수수료 때문에 거래자들이 거래를 단념하기도 한다.

수익출처	증권거래 모델	인터넷 B2B익스체인지
거래수수료	∨	∨
비용절감액×%	×	∨
게재 수수료	×	∨
회비(또는 멤버십 수수료)	∨	∨
리스팅(또는 호스팅) 수수료	∨	∨
정보제공료	∨	∨
정보사용료	∨	∨
광고 및 퍼미션 마케팅 수수료	×	∨
수익 할당 수수료	×	∨
소프트웨어 사용료	∨	∨

언제나 증권거래소는 거래시의 거래 금액에 따라 거래수수료를 청구해왔다. 카텍스는 「게시·검색」을 통해 주식 거래가 이루어졌다고 판단될 경우 거래당 현찰가 1%의 10분의 1을 보험계약 수수료로 청구한다. 수수료 금액은 거래관련 기업들이 서로 동의한 비율로 결정된다. e-스틸에는 멤버십에 대한 수수료나 신청수수료가 없는 반면, 판매자에게 1%의 8분의 7에 해당하는 거래수수료를 청구한다(구매자에게는 수수료를 청구하지 않는다). 비슷한 예로, 페이퍼익스체인지는 문서관련 및 장비 목록에 대한 거래에 대해서는 거래 금액의 3%의 수수료를 판매자에게 청구한다. 내셔널 트랜스포테이션 익스체인지는 적재량의 크기를 기준으로 거래수수료를 청구한다.

금융 서비스의 경우 주식 또는 스왑의 가치는 수천만 달러에 이를 수 있으나, 주최 관계자들은 거래수수료에서 아주 적은 액수나 고정 금액만을 지불받게 된다. 이러한 현상은 이 업계의 치열한 경쟁이 원인이기도 하고 거래비용을 반드시 최소화해야 한다는 명령에 대한 의무감에서 기인한 것이기도 하다.

초기에는 거래자들이 게시·검색을 이용해 접촉했다가 나중에는 직접 만나 거래를 체결하는 경우를 생각해볼 수 있다. 이 경우 거래 수수료 지불을 보장받을 수 있는 방안이 문제로 대두된다. 한 가지 해결책은 익스체인지가 각 거래 회원들과 계약을 체결해 시스템을 통해 계약으로 성사된 경우 해당 내용의 보고를 의무화화는 것이다. 이 경우, 회원들의 성실성에 의존해 거래 내용을 확인하게 된다. 이 방법을 사용하면 각 계약자들에게 익스체인지를 통해서만 서로 접촉하도록 요구하여 익스체인지의 관리 담당자가 그들의 거래활동을 모니터할 수 있다.

사용자들이 거래 초기 단계에 시스템을 통해 교신하도록 하는 한 가지 방법은 게시와 답변을 익명으로 하도록 하는 것이다. 이는 곧 구매자와 판매자가 B2B익스체인지 시스템 내에서 서로 메시지를 교환하기 전까지는 서로에 대해 알 수가 없다는 의미이며, 따라서 거래 내용을 익스체인지가 추적할 수 있게 된다.

페이퍼익스체인지의 경우 익스체인지가 제공하는 익명의 입찰 시스템을 통해 거래를 완결지을 때까지 구매자나 판매자는 서로에게 실명을 밝히지 않는다. 비슷한 방식으로 크레디트트레이드 역시 거래 상대방들은 거래 조건에 대한 동의가 이루어진 다음에야 시스템에서 거래를 「마감(lock)」할 수 있다. 계약상 동의한 내용을 오프라인상에서 만나 완결지었더라도, 거래자들은 다시 시스템으로 복귀해 거래 성사 여부를 익스체인지에 보고해야 한다.

상대적으로 규모가 작은 사용자 공동체에서는 익스체인지가 거래 결과 내용을 업계 정보원으로부터 입수할 수 있기 때문에 이러한 방법은 상당히 효과가 있다. 경매 시스템이나 온라인 거래 시스템이 사용되는 익스체인지의 경우 회원들에 대한 거래비용 송장을 기초로 각 거래에 대해 전자식 감사가 실시된다.

새로운 B2B익스체인지와 관련한 전략적 문제점 중 하나는 익스체인지를 통한 거래 행위를 장려하는 초기 단계에서 거래수수료의 수준 또는 존폐 여부를 결정한다는 것이다. 기업가들로 하여금 기존의 사업방식을 바꾸어 익스체인지에 참가하도록 설득하는 데 유동성은 가장 중요한 요인이 될 수 있기 때문에 상당한 수준의 거래량을 유지하여 그 내용을 기업가들에게 알려주는 것은 매우 중요하다. 도입 기간을 위해 초기에 수수료를 적용하지 않거나 인하하는 행위는 거래자들을 익스체인지로 끌어와 중앙 시장영역을 사용하도록 하는 데 상당한 도움을 준다. 사실상 설립 초기에 거래수수료를 청구하는 경우 주요 거래자들과의 관계를 저해하는 요인으로 작용할 수 있다.

또한 B2B익스체인지의 경우, 구매자가 익스체인지를 통해 비용절감 효과를 얻었을 경우 그 백분율을 근거로 구매자에게 수수료를 청구할 수 있는 독특한 기회를 부여받기도 한다. 단, 수수료는 실질적으로 비용절감이 발생한 연도에만 청구가 가능하며, 비용절감 효과의 감소 정도에 따라 청구 금액 역시 유동적일 수 있다.

게재수수료

거래수수료 대신에 또는 거래수수료 외에 익스체인지는 각각의

「게재(posting)」 또는 시스템에 접수된 주문에 대해 수수료를 청구할 수 있다. 예를 들어, 나스닥은 마켓메이커들이 나스닥 시스템에 시가를 공고해 성사된 거래에 대한 수수료 외에 공고수수료를 청구하는 경우가 그것이다.

여기에서도 역시 거래량을 늘리기 위해 초기 게재비용의 유료화 문제를 놓고 딜레마에 빠지게 된다. 이 문제에 대한 한 가지 해결책으로 게재수수료를 청구하되, 거래량에 따라 할인을 해주는 방법을 들 수 있다. 즉 거래자가 게재를 자주 이용하면 수수료 청구가 면제될 수도 있다는 뜻이다(이로써 익스체인지의 가치는 더욱 상승하게 된다). 또 다른 예로서 페이퍼익스체인지에서는 입찰 게재와 거래 제안에 대해 수수료를 청구하지 않는다.

회비(또는 멤버십 수수료)

신규회원이 익스체인지에 등록할 경우 1회에 걸쳐 참가비를 청구하며, 회원자격을 유지하고자 할 경우 매년 멤버십 유지비를 청구할 수 있다. 이 비용은 매년 일시불 지불 또는 매달 회비 지불 방식으로 청구될 수 있다. 여기에서도 역시 초기에 많은 회원을 확보하기 위해 B2B익스체인지는 일정 기간 동안 회비를 받지 않기도 한다.

인터넷상의 익스체인지는 회원에게 웹사이트의 거래장(trade screen) 참여 권한 또는 「회원전용」 서비스 이용을 위해 사용자 이름과 비밀번호를 부여함으로써 회원관리 업무를 좀더 수월하게 수행할 수 있다. 무료 회원가입 기간에 회원등록을 할 수 있게 하거나 사이트에서 제공하는 정보를 인하된 수수료로, 또는 무료로 관람할 수 있다면 일반 거래자에게도 매력적인 제안이 아닐 수 없을 것이다(입찰 내용 게재 또는 입찰에는 응할 수 없다). 크레디트트레이드 웹사이트는 무료로 「방문객」으로 등록하여 「왕관의 보석(Crown-Jewels)」과 같은 주요 기능, 즉 거래 참여를 위한 게재 외에 사이트에서 제공하는 다양한 정보를 볼 수 있도록 하고 있다. 한편, 페이퍼익스체인지는 모든 방문객들이 게재되어 있는 내용을 볼 수 있게 하되, 실제로 입찰에 응하거나 이에 대한 응답을 하고자 할 경우에는 반드시 사용자 이름과 비밀번호가 있어야 가능하도록 만들어 놓았다.

리스팅(또는 호스팅) 수수료

사용자가 익스체인지를 통한 거래를 위해 시스템상에 제품 목록을 올릴 경우 익스체인지는 해당 수수료를 청구할 수 있다.

증권거래소의 경우에는 리스팅 수수료의 형식으로 처리되는데, 이는 발행자가 거래소에 주식을 상장하고 거래를 행할 때마다 수수료를 청구하는 경우다. 이 때 거래소는 거래소에 상장된 주식에 대해 관리자의 역할을 맡아 주식 발행자와 직접 계약관계를 맺게 된다. 예컨대, 익스체인지는 주식 발행자에게 거래량 또는 발행자의 주식매매 대금의 완전 지불 능력 등 주식 시가에 영향을 미칠 수 있는 모든 관련 정보를 시장에 발표하도록 요구할 수 있다. 일부 증권거래소의 경우에는 주식을 상장하지 않고도 거래소에서 거래되도록 허용하기도 한다. 이 경우 익스체인지는 주식의 발행자와 직접적인 관련이 없고 발행자를 규제할 수도 없다. 예를 들어, 버뮤다증권거래소의 경우 자신의 거래소에는 상장되어 있지 않더라도 뉴욕증권거래소나 나스닥에 상장된 주식을 거래 회원들이 자신의 거래소에서 거래하도록 허용하고 있다.

실물 거래가 이루어지는 B2B익스체인지에서는, 이 수수료가 익스체인
지 웹사이트에 가상의 사무소를 형성한 것에 대해 공급자에게 청구되는
호스팅 수수료의 형태로 나타난다.

예컨대, 버티컬넷 익스체인지는 상업적 거래가 가능한 웹사이트
상에 공급자의 점두 호스트와 상품 리스트에 대한 수수료를 청구하
고 있다. 이러한 유형의 호스팅 또는 리스팅 수수료는 최근 버티컬
넷의 주요 수입원이 되고 있다.

정보 제공료

일단 익스체인지가 중앙시장에서 입지를 확보하게 되면, 사용자
들에게 이 익스체인지만이 보유하고 있는 유용한 정보(예 : 당일의
거래 상황 및 과거의 거래관련 정보) 사용에 대해 대금 지불을 청구
할 수 있는 경제력을 갖게 된다.

증권시장에서는 관련 정보를 광범위하게 유포시키기 위해 정보
판매 업체를 활용하고 그 정보판매 업체에게 익스체인지로부터 받
은 데이터에 대한 대금을 청구한다. 로이터, 블룸버그, 그리고 브리
지/텔레레이트(Bridge/Telerate)는 가장 큰 정보판매 업체로서, 이
들은 익스체인지로부터 실시간 거래관련 자료와 시세 데이터 등을
제공받기 위해 더 큰 증권거래소에게 대금을 지불한다. 소규모 익
스체인지에서 제공하는 정보의 경우 정보 판매자들에게는 별 가치
가 없기 때문에 그에 대해서는 일반적으로 대금을 지불하지 않는
다. 그러나 정보판매 업체는 자신들의 뉴스가 가장 포괄적인 정보
의 원천이라는 점을 내세우기 위해 소규모 익스체인지에서 제공하
는 데이터도 기꺼이 받아들이기도 한다(물론 대금은 지불하지 않고

말이다).

일부 B2B익스체인지에서는 거래 데이터가 매우 유익하다고 판단될 경우 이 정보에 대한 접근권한을 유료 가입자에게만 주도록 하자는 의견도 나오고 있다. 어떤 시장에서는 B2B익스체인지를 통해 이루어진 거래 데이터가 전례 없는 유일한 정보일 수도 있다. 이 경우 익스체인지는 정보 접근권한 범위를 제한함으로써 그 정보의 가치를 보존하려고 할 수도 있다. 예컨대, 만하임 온라인은 자동차 딜러들에게 매일 발생하는 온라인 경매로부터 이루어진 판매가 리스트를 대금을 받고 판매하고 있는데, 웹사이트를 통해 판매된 중고 자동차의 최근 유망시장 가격은 딜러들에게 매우 가치 있는 정보임에 틀림없다.

그러나 이런 방식이 통용된다면 익스체인지가 초기에 제공하는 정보제공의 범위가 축소되어, 결국 업계의 전체적인 성장 속도에 영향을 미칠 수도 있을 것이다. 따라서 인터넷을 활용할 경우에는 사업 초기에 정보를 무료로 제공하는 것이 시장점유율 증대 효과와 함께 사용자와의 관계 발전에 도움이 될 것으로 여겨진다.

신규 B2B익스체인지는 익스체인지의 인지도를 높이기 위해 초기에 무료로 정보를 제공하고 거래정보를 가장 광범위하게 유포시킬 수 있는 방안을 모색해야 한다. 그 후 그들의 정보가 진정으로 독특하고 가치 있는 것으로 평가받게 되면 정보제공 유료화도 고려해볼 필요가 있다.

정보 사용료

활발한 거래를 통해 형성된 가격정보는 새로운 상품, 즉 현금가에서 「파생」된 선물 또는 옵션 계약과 같이 새로운 상품을 탄생시키는 데 이용될 수도 있다. 이렇게 파생된 계약들은 그 자체로 거래가 가능하며, 이 경우 익스체인지는 파생 계약을 정식화하는 데 사용한 가격 데이터에 대해 사용 대금을 청구할 수 있다.

증권업계에서 이에 해당되는 가장 분명한 예로 미국의 다우존스와 스탠더드 & 푸어스(Standard & Poor's Indices : S&P)를 들 수 있다. 각 인덱스는 뉴욕증권거래소와 나스닥에서 거래되는 주식가격을 기초로 작성된다. S&P와 다우존스는 시카고상품거래소와 시카고증권거래소에 각각 파생상품 계약 거래를 위한 인덱스 정보 사용에 대해 비싼 라이선스 대금을 청구한다. 만일 뉴욕증권거래소와 나스닥이 익스체인지의 인덱스를 공식화하게 되면 해당 익스체인지가 자신들의 데이터 사용에 대한 라이선스 대금을 청구할 수 있을 것이다. 영국에서는 런던증권거래소(London Stock Exchange : LSE)가 〈파이낸셜 타임스(Financial Times, FTSE International)〉와 50 대 50 비율로 합작하여 영국과 유럽의 주요 사채와 보통주 인덱스를 발행하는 기업을 설립했다. FTSE100인덱스는 LSE에서 발행되는 가격 데이터에 근거하여 형성된다.

광고 및 퍼미션 마케팅 수수료

인터넷 시대를 맞이해 특정 산업 버티컬의 관문(포털)으로 입지를 굳히는 B2B익스체인지는 웹사이트상의 배너 광고와 기타 확장 리스팅 서비스에 대한 수수료를 청구할 수 있게 될 것이다.

버티컬넷은 웹사이트상에서의 광고나 후원을 통해 수익을 창출하는 B2B익스체인지 형태의 좋은 예라 할 수 있다.

　확장 리스팅은 일종의 온라인 옐로페이지(전화번호부)와 유사하다고 생각하면 된다. B2B익스체인지는 주요 업체 또는 광범위한 공급업체 주소록을 제공하며 기업으로부터 수수료를 받는다. 이 수수료는 그들의 웹사이트에 그래픽과 하이퍼텍스트 링크를 설치해 리스팅 기능을 강화하는 데 사용된다.

　웹상에서의 광고사업이 급속도로 발전하고 있다. 사람들은 이미 웹에서의 배너 광고가 그다지 효과적이지 않다는 사실을 알게 되었으며, 실제로 배너 광고가 푸대접을 받아왔던 것도 사실이다. 희소식은 인터넷 광고가 본격하하면서 이제 배너 광고가 유일한 광고 수단은 아니라는 점이다. 옵트-인(Opt-In) 전자우편 마케팅—전자우편을 통해 상업용 광고 메시지를 받아보고자 하는 인터넷 사용자들의 목록을 작성해 이들에게 해당 광고를 전송하는 방식—은 조회 수를 무려 20%나 증가시켰다. 또한 이 방식은 출판사, 카탈로그 기획사, 그리고 전자상거래 기업들이 저비용으로 더 빠르게 그들의 목표시장에 접근할 수 있도록 함으로써 신뢰성을 높이는 데 도움이 되고 있다.

　B2B익스체인지가 경쟁력 측면에서 차별화를 꾀하기 위해 고려해야만 하는 두 가지 사항은 고객 유지와 성실성이라 할 수 있다. 익스체인지에 등록된 모든 사용자들은 자신이 관심 있는 특정 분야를 선택·등록하여 관련 정보를 받아볼 수 있다. 따라서 익스체인지 회원으로 가입할 때 특정 전자우편 광고를 받아볼 것인지의 여부를 선택하는 메시지가 표시되고, 가입자는 어떤 형태로든 이 물음에 답을 해야 할 것이다. 이런 방식으로 B2B익스체인지는 급성장 중에 있는 옵트-인 전자우편 마케팅 시장에 본격적으로 참여할 수 있다. 이렇게 회원 목록을 통해 조심스럽게 잠재 고객에게 접근을 시도하는 마케팅 방식을 「퍼미션 마케팅(permission marketing)」이라 한다.

수익 할당 수수료

B2B익스체인지는 분석, 평가 및 뉴스 서비스를 제공하는 사업 파트너와 전략적 파트너십을 구축하여 수익을 창출할 수도 있으며, 익스체인지 자체적으로 데이터를 분석해 그 정보를 유료로 제공하는 경우도 있다.

증권거래소는 전통적으로 중앙시장 거래시설 환경에서 정보와 분석 서비스를 제공할 기회를 갖지 못했다. 이는 전통적으로 정보와 분석적 조사를 투자고객들에게 제공함으로써 많은 수익을 올린 브로커 기업이 증권거래소를 소유해왔기 때문이다. 따라서 그 소유주들과의 경쟁을 피하기 위해 증권거래소들은 자체에서 보유하고 있는 정보를 사용하지 않았고, 대신 브로커 회원들이 그 데이터를 사용하도록 했다.

이윤 창출을 목적으로 하는 새로운 B2B익스체인지(회원가입이 자유로운)는 진보된 분석적 조사와 데이터 보고 등의 서비스 제공으로 수익을 창출할 수 있는 기회를 충분히 활용해야만 한다. 비록 익스체인지는 익스체인지상에서 거래가능한 제품에 대해 직접적인 추천 자격은 없다고는 하지만, 판매자와 구매자가 현명한 거래 결정을 내리는 데 필요한 데이터와 분석 서비스를 직접 제공할 수는 있는 것이다.

소프트웨어 사용료

익스체인지가 통합물류 및 백오피스 기능을 갖춘 정교한 거래용 플랫폼을 개발할 경우, 직접 경쟁 상태에 있지 않은 다른 버티컬 익스체인지에 이 소프트웨어의 사용을 허락할 수도 있다.

그러나 이제는 트레이드엑스, 마오이 테크놀로지(Maoi Technologies)와 트레이디엄 등 복합 B2B익스체인지를 위한 거래 시스템 소프트웨어의 생산을 전문으로 하는 소프트웨어 기업들이 많이 생겨나고 있다. 따라서 수많은 시간과 비용을 들여 직접 소프트웨어를 개발하는 것보다는 특정 소프트웨어 전문 개발업체와 파트너 관계를 구축하는 것이 더 합리적이다. 실제로 여태까지 증권거래소는 막대한 비용을 들여 내부 시스템을 개발해오곤 했지만, 곧 외부 소프트웨어 전문업체들이 더욱 뛰어난 시스템을 개발해 경쟁 익스체인지에게 사용권을 주는 경우가 많았다.

- 거래수수료 모델 : 신규 익스체인지의 경우 초기 단계에서 거래량이 많으면 수수료를 할인해줄 필요가 있다.
- 게재수수료 모델 : 이 수수료를 적용시킬 경우 초기 웹사이트의 인기가 낮아질 수 있다.
- 유동성 제고를 감안해 게재 건수 및 거래 횟수가 많을 경우 할인 혜택을 제공할 필요가 있다.
- 리스팅 및 제품 소개 수수료에는 익스체인지에서 공급업체의 가상점포 호스트 비용이 포함된다.
- 회비(초기/매년) : 초기 회원 관리와 수입 증가 관계에 상충의 소지가 있다.
- 데이터 판매 및 기타 서비스 모델(예 : 증권거래소의 매각가, 거래량 및 거래관련 데이터) : 정보 개방과 수입 증가의 관계에 상충의 소지가 있다.
- 신규 B2B익스체인지의 경우 초기에는 시장에서 자신의 인지도 획득을 감안해 거래관련 정보를 무료로 공개해야 한다. 익스체인지가 자체적으로 구축한 정보가 매우 유용하거나 유일할 경우에는 유료로 데이터를 제공하는 방법도 고려해볼 수 있다.
- 인터넷상에서 광고(후원) 및 퍼미션 마케팅 사업을 전개하고 수수료를 받아 이윤을 창출할 수 있다. 이 방법은 B2B익스체인지에서 부분적 수입원이 될 수 있다.
- 소프트웨어 사용료 : 직접 소프트웨어를 개발해 사용료를 받아낼 수 있다면 좋겠지만 이 방법은 비효율적이다. 대신, 소프트웨어 개발 전문업체와 손을 잡고 시스템을 개발하여 사용권을 허용하는 것이 더 합리적이다.

B2B익스체인지의 성공을 위한 7가지 비결

제 9 장

첫째 : 버티컬 특화에 주력하라

B2B익스체인지 개발 초기 단계에서 가장 중요한 성공 비결은, 여러분이 지닌 전문기술을 최대한 활용할 수 있는 특정 산업을 목표로 정한 후, 그 산업 내에서의 버티컬 특화에 주력하는 것이다.

이러한 버티컬 특화를 통해 여러분은 자신이 선택한 분야를 빠르게 석권하며 인지도와 유동성을 창출함으로써 궁극적으로 사업의 고속 성장을 도모할 수 있을 뿐만 아니라, 목표시장의 특성에 맞는 사업 모델을 설계할 수 있다. 사업 초기에는 바로 이러한 요소들이 성공의 열쇠가 되는 것이다.

일단 여러분이 선택한 버티컬 분야에서 우위를 선점하면 거래영역을 목표로 정한 산업의 다른 버티컬 분야로 확장이 가능해진다. 그러나 이러한 성공을 누리기 위해서는 유동성 여부와 사업 능력을 먼저 입증해야 한다.

익스체인지의 가장 중요한 역할(즉 가치명제)은 판매자와 구매자를 결집해 서로 연결시켜주는 것이다. 따라서 익스체인지의 성공적인 운영을 위해서는 동일 또는 유사한 상품을 구입하거나 판매하려는 구매자와 판매자들을 끌어들일 수 있어야 한다. 현재까지 가축 경매에 이어 자동차 경매가 이루어지는 경우는 거의 없다. 왜냐하면 시장마다 참여자가 다르고 각 제품의 보관이나 배송 메커니즘 역시 상이하기 때문이다. 가상(사이버) 세계의 경우, 뚜렷하지는 않지만 온라인 시장 간의 상이점이 그래도 존재하며, 각 시장에서의 참여자도 매우 다르다. 그러므로 사업 초기부터 특화에 주력해야 한다.

메탈사이트(www.metalsite.net)의 경우는 사업 초기부터 특정 분야에 초점을 맞추어 성공을 거둔 좋은 예라 할 수 있다. 철강업계의 중심적 익스체인지로 자리잡은 이 회사는, 처음에는 거래 잉여분이나 2등급의 금속만을 취급했다. 그리고 이와 같이 독특한 특화를 통해 그 버티컬 분야에서 우위를 점할 수 있었다. 그들이 이러한 제품을 선택한 이유는 기존의 업체들에게 그들의 주력사업을 위협하지 않을 것이라고 안심시키면서 이러한 제품을 위한 신시장으로의 참여를 유도할 수 있다고 판단했기 때문이다. 일단 명성과 평판을 쌓고 하위등급 금속에 대한 거래 능력을 입증한 뒤 메탈사이트는 제품 범위를 확장하고 일등급 금속을 제품 범위에 포함시켰다.

모든 익스체인지가 자신들이 선택한 버티컬 영역에서 승자가 되는 것은 아니다. 입증된 유동성을 갖춘 사이트만이 성공할 수 있다.

익스체인지에서 사업의 유동성은 가장 중요한 요소다. 판매자들은 구매자가 가장 많은 시장을, 구매자들은 최상의 공급선을 갖춘 시장을 선호할 것이다.

일단 특정 시장을 지배하기 시작하면 빠른 속도로 시장점유율을 높일 수 있다. 왜냐하면 여러분이 입증한 유동성을 보고 점차 더 많은 공급자가 참여하게 되고, 따라서 더 많은 구매자들이 공급자들을 따라 참여하기 때문이다. 이러한 구매자와 공급자의 참여는 선순환식으로 계속 이어질 것이다.

버티컬 포털

산업부문은 「버티컬」 시장으로 나눌 수 있다. 그리고 지리, 규제 또는 제품 특성에 따라 세분화할 수도 있다. 이러한 구분은 온라인 세계에서는 일종의 틈과 같은 역할을 하며, 서로 다른 B2B익스체인지 시장이 별개의 버티컬 분야에 맞게 운영될 수 있도록 한다.

규제를 통한 구분은 미국 증권거래위원회(US SEC)에 등록되어, 미국 내에서 거래가능한 증권과 미국 증시에 등록되지 않은 증권으로 구분되는 증권시장에서 찾아볼 수 있다. 버뮤다증권거래소(www.bsx.com)는 비록 지리적으로는 뉴욕증권거래소에서 불과 780마일 떨어진 곳에 위치하고 있지만, SEC의 규제 대상이 아니기 때문에 미국 증시에 등록되지 않은 증권을 전문으로 취급하는 독특한 증권거래소가 될 수 있다.

제품 차별화의 예로는 사업 초기에 일등급(primary-grade) 철강이 아닌 처분용 금속에 주력했던 메탈사이트를 들 수 있다. 같은 철강산업 내에서도 제품을 차별화함으로써 메탈사이트는 철강시장에서 우위를 차지할 수 있었다.

다시 말해, 한 산업 분야에서 특정 제품이나 버티컬 분야에 주력함으로써 독특한 B2B익스체인지를 위한 수익성 있는 영역이 형성된다.

지리적 구분의 좋은 예는 전력시장이다. 전력은 생산된 즉시 소비되어야 한다는 점에서(메가와트의 전력을 창고 선반에 보관할 수는 없지 않은가!), 그리고 발전소로부터 너무 먼 지역으로의 운송이 불가능하다는 점에서 취급하기 힘든 제품이다. 즉 미국 내에서 생산된 전력을 유럽 같은 해외시장으로 수출할 수는 없다는 뜻이다.

그 결과, 전력시장에서는 B2B익스체인지를 할 수 있는 버티컬 영역이 지리적 위치에 따라 구분된다.

이러한 구분으로 인해 성공적인 B2B익스체인지가 스칸디나비아(www.skm.se)에서 이루어지는 동시에, 미국에서도 엘리넥스가 개별적이지만 연관성 있는 B2B 전력 익스체인지를 발전시킬 수 있는 것이다. 전세계적으로 출하가 가능한 제품의 경우에는 진정한 세계 시장으로의 성장을 막는 제도적인 규제가 존재하지 않는 한 전세계가 이러한 제품들의 버티컬 시장이며, B2B익스체인지 역시 전세계를 대상으로 할 것이다.

또 다른 특별한 종류의 시장을 들자면, 특정 종류의 구매자와 판매자가 서로 다른 업계 또는 산업에 속하지만 그들의 이해관계가 충분히 동질적이어서 하나의 독특한 「버티컬 영역」을 형성하는 경우다. 예를 들어, 소규모 사업체의 구매자들은 다양하고 수많은 종류의 제품을 구매할 경우 한데 묶어 일괄적으로 주문을 냄으로써 좀더 합리적인 가격으로 구매하고자 할 것이다. 이것이 바로 숍투게더와 같은 업체가 추구하는 시장영역이다. 마찬가지로, 여러 업계에 걸쳐 존재하는 판매자들은 과다한 재고나 잉여생산품을 처분하고자 하는 욕구가 일치하므로 역시 특정 버티컬 영역을 형성할 수 있을 것이다. 이는 바로 트레이드아웃이 목표로 하는 영역이다.

특정 시장영역이 여러 개의 수평적 시장에 걸쳐 존재하는 경우 이를 「사선적 시장(diagonal market)」이라 할 수 있다.

거대시장을 잡아라

몇몇 B2B시장은 어마어마한 가치를 지니고 있다. 예컨대, 미국의 제지시장은 그 규모가 최소 6,500억 달러에 달하고(페이퍼익스체인지) 미국 내에서 거래되는 철강의 규모는 6,000억 달러에 이르며(메탈사이트, e-스틸), 플라스틱의 미국 내 시장 규모는 연간 3,900억 달러에 이른다. 한편 도매 재보험업(wholesale re-insurance)의 세계시장 규모(생명보험상품 제외)는 최소한 1,000억 달러에 이르고 있다(카텍스).

둘째로 다른 시장보다 활발한 시장이 있다. 예를 들어, 핵발전소 관련 시장은 수십억 달러의 가치를 지니고 있다고는 하지만 거래는 드물게 이루어진다. 반면에 제지업계에서는 매일 상당한 양의 거래가 이루어진다.

거래가 자주 이루어지고 최대한의 수익을 올릴 수 있는 거대시장에 초점을 맞추는 전략은 당연한 것이다.

버티컬 지식

업계 내의 버티컬 영역에 경험을 갖고 있는 전문가들이 B2B익스체인지를 개발해야 하며, 이 해당 업계에 종사하는 사람들 중에서 기존의 전통적인 기업을 떠나 모든 업계에서 도입되고 있는 인터넷 기술을 이용해 B2B익스체인지를 운영하고자 하는 혜안을 가진 자가 설립자가 되는 것이 바람직하다. 이러한 부류의 사람들은 특정 업계에 대한 전문지식을 갖고 있으며, 그 버티컬 영역 안에서 주요 구매자 및 판매자들과의 관계를 구축해놓은 경우가 대부분이다.

이러한 버티컬 지식은, 익스체인지가 그 버티컬 영역 안에서 단기간에 신임을 얻고 그 특정 시장의 요구에 맞출 수 있다는 확신을 주는 데 결정적인 역할을 한다.

익스체인지 설립자가 지니고 있는 버티컬 지식은 다른 경쟁업체들의 진출을 막는 중요한 장벽 역할을 하기도 한다. 따라서 B2B익스체인지를 설립하고자 한다면, 설립자가 경험을 축적하고 있거나 업계의 전문적 기술을 쉽게 손에 넣을 수 있는 버티컬 영역을 선택하는 것이 바람직하다.

사례 분석 : 세계화가 증권시장에 미치는 영향

최근의 ECN이 전통적인 증권거래소로부터 시장점유율을 끌어오는 데 성공한 사례는 전통적인 시장에 대한 인터넷 위력의 경고라 할 수 있다. 이는 지리적으로 제한을 받았던 기존의 시장이 인터넷에 의해 어떻게 세계화될 수 있는지를 보여주는 예다.

20세기 전반기에는 자유시장이 발달한 모든 곳에서 주식시장이 활성화되었다. 국지적인(지역) 증권거래소가 우후죽순으로 생겨났는데, 영국의 경우 13개 증권거래소가 있었으며 인도에는 아직까지도 이러한 증권거래소가 21개나 존재한다. 국지적인 거래소가 계속 생겨날 수 있었던 이유는, 첫째 증권들이 실질적인 주식증권으로 확인을 받아야 했기 때문이다(즉 주식증권이 물리적으로 구매자에게 인도되어야 거래가 이루어지게 된다). 둘째, 이러한 거래소에서 거래되던 회사들은 주로 그 지역 내에 기반을 둔 소규모 회사였기 때문이다. 이들 회사의 사업상 거래 범위가 더 확대되어 국내 수준에서 세계적 수준으로 성장하게 되자 이들 회사의 주식 역시 국내시장에서 국제시장으로 거래영역이 확대되었다. 이러한 현상은 각 지역거래소의 유동성을 공동화하기 위해 거래소들을 하나의 국가 수준의 거래소로 통합되도록 압력을 넣게 되었다. 예를 들어, 1976년 런던증권거래소는 13개의 지역적 거래소들을 흡수·합병해 하나의 국가적 수준의 거래소로 재탄생했다. 이제는 국제적인 투자흐름이 점차 활발해지면서 「범세계적」 수준의 거래소에 대한 요구를 증폭시키고 있다.

다음의 주요 개혁은 중앙증권예탁제도(central securities depositories : CSDs)의 발달이다. CSD는 주식과 채권에 대한 물리적인 증서를 사용하는 대신 장부 기입식 소유권 기록 방법을 사용한다. 그 결과, 물리적인 증서를 인도하지 않고도 주식거래가 전자적으로 이루어질 수 있게 되었다. 이제 주식은 지속적인 경매방식 시장을 통해 전자적으로 거래되며 주식의 결제도 전자적으로 처리할 수 있게 되었다(5장 참조). 따라서 대규모 거래가 가능하게 되었고, 거래 주문 역시 전세계 투자자들로부터 받을 수 있게 되었다. 예컨대, 지난 1999년 뉴욕의 하루 거래액이 10억 달러를 넘는 경우도 있었다.

오늘날 세계 최대 규모의 거래소들은 혼란에 빠져 있다. 인터넷을 국제통신의 표준으로 인정한 이후 ECN이라고 불리는 미국의 전자상거래 시스템이 불과 3년도 채 안 되는 기간에 세계적인 거래소로 자리잡게 된 것이다. 사실 뉴욕증권거래소의 경우에는 세계적인 거래소로 성장하고 인지도를 쌓는 데 무려 200년이나 걸렸다. 이렇듯

갑자기 중개인에 의해 운영되고 통제되던 기존 주식시장의 비경쟁적인 제한요소와 비효율적 비용구조가 적나라하게 노출된 것이다.

ECN은 수익성에 초점을 맞추고 완전한 전자상거래를 실현한다. 따라서 거래비용을 대폭 절감할 뿐 아니라, 중앙지정가 주문시스템(central limit order book : CLOB)을 사용하여 구매자와 판매자를 직접 연결시킴으로써 합리적인 가격결정을 이룰 수 있게 한다.

이제 구증권거래소들이 나아갈 수 있는 방향은 「주식회사로의 전환」을 통해 경쟁력을 갖추는 길뿐이다. 이는 뉴욕증권거래소, 나스닥, 런던 및 토론토증권거래소가 수익성을 위주로 하는 주식회사로 탈바꿈하며 자신의 거래소도 상장하겠다고 서둘러 발표하는 모습을 보면 분명하게 알 수 있다. 그러나 이러한 증권거래소를 소유한 모든 중개인들이 현재 상태를 뒤엎고 새로운 사업방법을 모색하려는 것은 아니다. 예를 들어, 런던에 있는 파생상품거래소인 국제석유거래소(International Petroleum Exchange)의 회원들은 주식회사로 전환하자는 경영진의 제안을 거부했다.

세계 최대 규모의 파생상품 거래시장인 CBOT와 시카고상업거래소(Chicago Mercantile Exchange : CME)를 소유 · 관리하고 있는 소규모 거래자와 지역 회원들 역시 같은 「대혼란」에 직면해 있다. 그들은 수천 명의 투자자들을 유치하기 위한 대규모 거래소에 드는 비용이 막대한데도 불구하고 오랫동안 이러한 칸막이 경매 형식의 거래방식을 고수하고 있으며, 시장 지원자금을 제공하는 대규모 기관투자자들의 투표권을 제한해왔다. CBOT와 CME 규모의 파생상품시장이 한 도시 내에 공존한다는 것은 어음교환 장소와 10억 달러의 거래소를 소유하고 있는 산업시대 비효율성의 대표적인 상징

물이라 할 수 있다. 신경제에서는 승자가 대부분을 차지하며 성공적인 B2B익스체인지가 자신들이 선택한 버티컬 영역을 효율적으로 지배하기 때문에 CBOT와 CME(애칭 「Merc」)의 경우처럼 유사한 성격의 거래소들이 공존하지는 못할 것이다.

전자상거래에서는 주식, 채권, 파생상품과 같은 온갖 종류의 금융증권을 거래할 수 있다. 따라서 종래의 증권거래소(뉴욕증권거래소나 나스닥)와 상품거래소(CBOT나 CME) 간의 물리적 경계가 허물어지고 있다. 그 결과, 미국 외의 국가에서는 주식 거래와 파생상품 거래를 하나의 거래소로 통합하려는 움직임이 가속되고 있다. 독일에서는 프랑크푸르트증권거래소가 두 시장을 모두 운영하고 있으며, 암스테르담에서는 세계에서 가장 오래 된 증권거래소와 EOE 파생상품시장이 통합되어 암스테르담 거래소로 재탄생했다. 또한 스웨덴의 경우에는 스톡홀름 옵션거래소(OM Gruppen)가 증권거래소와 파생상품시장을 함께 운영하고 있다. 홍콩과 싱가포르의 경우에는 정부가 직접 나서서 증권거래소와 파생상품거래소의 합병을 추진하고 있다.

이제 주식, 채권, 파생상품 등을 비롯해 모든 종류의 금융증권을 거래하는 하나의 세계시장을 탄생시키기 위한 경쟁이 시작되었고, 궁극적으로는 하나의 거대한 승자만이 생존하게 될 것이다.

최근 나스닥은 이미 옵션 계약을 거래하며 미국 내 선물거래 면허를 획득한 바 있는 미국증권거래소(American Stock Exchange : AMEX)와 합병했으며, 일본·호주·홍콩의 거래소들과 연계할 계획을 밝혔다. 그리고 유럽의 프랑크푸르트증권거래소와 연계할 가능성도 내비쳤다. 한편 유럽에서는 프랑크푸르트증권거래소와 런던증권거래소, 그리고 다른 여섯 개 거래소들이 유럽의 상위 300개 증권을 「범유럽적으로」 거래할 수 있게 하는 단일 온라인 증권거래소 설립을 추진하고 있다.

그러나 이와 같은 글로벌 마켓은 소수의 증권, 즉 전세계적으로 유동성을 증명하며 이목을 끌 수 있는 증권만을 위해 존재하게 될 것이다. 이는 범유럽 거래소가 상위 300개 주에 초점을 맞추며 설립을 추진하는 이유와도 일맥상통한다. 물론 전세계적인 이목을 끌지 못하는 회사들의 주식을 거래하고, 언젠가 세계 100위 안에 진입하겠다는 야심을 품고 빠르게 성장하는 소규모 회사들을 육성하는 역할을 하는 국내 증권거래소의 존재는 여전히 필요하다. 그러나 미래에는 이러한 순수 국가 차원의 증권거래소는 자신들이 보유하고 있는 최대 규모의 최고 주식들이 범세계적인 시장으로 빠져나가는 모습을 지켜보며 굴욕을 느끼게 될 것이다.

우리는 다른 유형의 시장에서도 이와 마찬가지로 세계 시장영역, 이보다 작은 시장영역, 순수한 내수 시장영역, 그리고 더 작은 지역 시장영역으로 구분될 것이라 믿는다.

세계화가 순전히 지역적인 배경만을 지닌 사업을 제외한 모든 사업 분야에 영향을 줄 것이기 때문에 우리는 이러한 세계화 영향에 대한 분석작업을 매우 세밀하게 진행해왔다. 특히 증권시장에 대한 세계화의 영향이 빠르게 확산되고 있는데, 그 이유는 증권시장이 다른 시장에 비해 효율적으로 운영되며 완전하게 디지털화되고 대체가능할 뿐만 아니라 「상품화(commoditized)」된 제품을 거래하기 때문이다.

향후 10년 동안 모든 물리적인 시장은 이와 같은 영향 아래 국제

적인 경쟁 압력에 시달리며 오랫동안 쌓아온 성벽이 흔들리고 무너
지는 장면을 목격하게 될 것이다.

그리고 그 성벽 앞에서 나팔을 가장 크게 불어대는 군대는 지금
부상하고 있는 B2B익스체인지가 될 것이다.

열대우림 효과

열대우림의 생태계에서는 햇빛을 받기 위한 경쟁이 치열하게 벌
어지고 있다. 늘어진 나무들로 겹겹이 쌓인 장막 속에서는 많은 종
류의 식물들이 지면을 덮고 그늘 속에서 사는 방법을 터득하게 마
련이다. 그러나 영광을 찾아 가늘고 높고 빠르게 자라 장막을 뚫고
그 위의 햇빛을 받는 식물들도 있다. 이런 야심찬 식물들은 일단 햇
빛을 받게 되면 가지와 잎을 내고 옆으로 퍼져나가면서 또 다른 장
막을 형성한다. 이와 같은 이치로 B2B익스체인지도 버티컬 구조에
초점을 맞추어 고속 성장을 꾀한 후 규모를 확장시켜야 한다. 즉 일
단 장막을 뚫고 선택한 버티컬 영역을 지배하고 인지도와 신뢰도를
쌓게 되면, 규모 확장과 새로운 상품(다른 버티컬 영역의 상품) 도
입, 그리고 부가 서비스 제공이 가능하게 된다.

페이퍼익스체인지의 경우를 예로 들면, 창업 당시에는 용기용 판
지나 고급 용지(fine paper) 분야의 사업에 주력하다가 이 제품시장
을 석권하자 마분지, 신문용지, 재활용 용지를 포함한 모든 종류의
종이를 제품군에 합류시켰다. 그리고 현재, 이 회사의 웹사이트에서
는 장비와 기계까지도 판매하고 있다.

페이퍼익스체인지의 잠재적인 경쟁자들은 두터운 장막 아래에서
신음하고 있다.

- 특정 산업 분야를 목표로 하라. 그리고 선택한 산업 내에서 버티컬 특화에 주력하라.
- 특화를 통해 고속 성장과 시장지배를 도모한다.
- 익스체인지의 성공은 사업 모델을 목표시장의 특징에 맞게 설정하는 데 있다.
- 시장은 지리적 상황, 규제, 제품의 차별화를 통해 세분될 수 있다. 한 업계 내에서 버티컬 영역을 선택하라.
- 주식거래 시장에 미친 세계화 영향은 향후 10년 뒤의 모든 시장 변화에 대해 시사하는 바가 크다. 그러나 세계적인 거래소(global trading)에서는 극소수의 증권들만이 거래되므로 소규모 내수용 거래소를 위한 기회는 존재한다.
- 일단 한 버티컬 영역을 선점하면 신뢰도와 전문성을 기반으로 제품 범위를 확장해나갈 수 있다(열대우림 효과).

제 10 장

둘째 : 게임의 승리, 시장지배에 있다

9장에서 설명한 특화의 이점이란 버티컬 영역에서 단 하나의 승자만이 존재하며, 그 승자가 대부분을 차지하게 된다는 뜻이다. 따라서 성공적인 익스체인지의 요건은 선택한 버티컬 영역의 시장에 최초로 진입하는 업체 중 하나가 되어야 한다는 것이다.

이처럼 강력한 신 패러다임은 『성공은 네트워크상에서 자체적으로 강화되며, 이것은 또한 수익증대의 역학에 의해 가능해진다』는 사실에서 기인한다. 수익증가는 각 상품의 B2B익스체인지 시장영역으로 구매자와 판매자를 집결시킬 것이다. 하나의 B2B익스체인지가 다수의 시장영역을 운영할 수는 있다. 그러나 집중화된 단 하나의 시장영역만이 각각의 상품시장을 점유하게 될 것이다.

새로운 B2B익스체인지의 설립자는 진정한 인터넷 개척자 정신으로 무장하여 「깃발을 꽂고 승리를 외치고 미친 듯이 달려야 한다.」

바이러스식 성장을 꾀하라

B2B익스체인지에서 수익증가의 법칙이란 가장 많은 또는 가장 우수한 구매자들을 확보한 사이트가 가장 많은 또는 가장 우수한 공급자를 유치하게 되며, 그 결과 거래의 유동성을 일으키면서 더 많은 구매자를 불러들인다는 것이다.

익스체인지 비즈니스에서는 유동성이 유동성을 낳는다.

선순환 구조

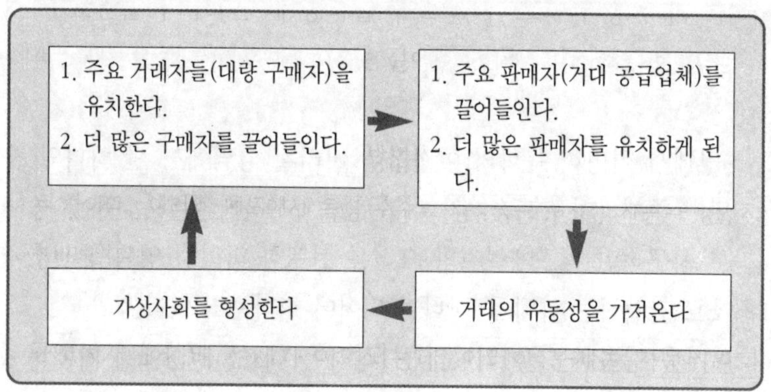

일단 이러한 선순환 구조가 돌기 시작하면 마치 소용돌이처럼 더 많은 거래자들을 익스체인지로 끌어들이고 이러한 순환이 꼬리에 꼬리를 물며 지속된다.

게다가 이 선순환 구조는 일종의 양극성(陽極性)을 띠며 잠재적인 경쟁자들을 몰아낸다. 성공적인 익스체인지는 최대의 유동성을 창출하고 그 버티컬 시장영역의 주요 거래자들을 확보하기 때문에 경쟁자들이 이러한 선순환 구조를 형성할 수 있을 정도의 거래를 확보하기가 어렵다. 왜냐하면 어떤 성공적인 익스체인지에 참여한 거래자들은 다른 익스체인지로의 이동을 매우 꺼리기 때문이다. 다음은 주요 거래자들이 신설된 익스체인지로 이동하지 않는 이유다.

- 기존 익스체인지의 가입절차를 완료했기 때문에
- 기존 익스체인지를 통한 거래에 익숙해졌기 때문에
- (익스체인지가 이 책에 나오는 일곱번째 성공의 비결을 따랐을 경우) 기존 익스체인지와 백오피스 시스템 및 다큐먼트 프로세싱을 통합했기 때문에

이는 하나의 버티컬 시장영역을 점유하는 데 성공하는 익스체인지는 다른 익스체인지의 진입 시도를 막을 수 있는 매우 높은 장벽을 쌓을 수 있다는 의미다.

특정 시장에 첫번째로 진출해 신뢰를 쌓은 익스체인지는 명성을 얻으며 다른 익스체인지들보다 먼저 주요 거래자들에게 다가갈 수 있다는 점에서 상당한 이득을 본다. 그러나 좀더 전통적인 업계에서는 첫번째 익스체인지가 된다고 해서 자동적으로 승자가 되지는 않는다. 왜냐하면 새로운 사업 모델이 업계에 받아들여지기까지는 많은 시간이 걸리기 때문이다. 이러한 상황에서는 두번째 또는 세번째로 참여하는 업체는 첫번째 참여자의 실수로부터 배우고, 또한 첫번째 참여자가 일구어놓은 기반, 즉 익스체인지 메커니즘을 활용할 수 있을 것이다. 게다가 두번째 참여자가 초기 참여자의 실수로부터 개선점을 찾아내고, 특정 업계에 대해 풍부한 경험(버티컬 지식)과 더욱 확고한 신용을 쌓게 된다면, 두번째 참여자는 시장점유율을 높여가면서 시장의 지배자가 될 수 있을 것이다.

유동성이 승패를 좌우한다

우위를 차지한다는 것은 가장 많은 유동성을 갖는다는 의미다. 다시 말해 가장 많은 거래가 여러분의 익스체인지에서 이루어진다는 것이다. 익스체인지의 주요 서비스는 집중화된 시장영역을 제공하는 데 있으며, 그 익스체인지에 대한 판매자나 구매자의 만족도가 높아질수록 그들이 익스체인지에 가입하고 이용하는 확률이 경쟁 익스체인지를 훨씬 능가할 것이다.

유동성은 익스체인지의 생명이다. 따라서 거래량 증대에 총력을 기울여야 한다.

익스체인지 초기에는 거래량을 증대시키는 것이 회원 수를 늘리는 것보다 훨씬 중요하다. 이는 사업 초창기부터 회원 확보보다는 대량거래 가능성이 높은 고객의 유치 및 가입을 목표로 삼아야 한다는 의미다. 또한 마켓메이커가 될 수 있는 중개자가 있다면, 이들은 사업을 막 시작한 익스체인지에게는 금싸라기와 같은 존재가 될 것이다. 왜냐하면 구매자와 판매자의 수에 급격한 변동이 있을 때, 이 주요 거래자들이 유동성을 창출하며 이러한 현상을 완화시켜주기 때문이다.

증권업에서도 유동성은 항상 중요한 요소였다. 나스닥은 각 주식에 대해 두 명의 마켓메이커를 제공함으로써 비유동적인 소기업의 주식을 거래하는 시장으로 성공을 거둘 수 있었다. 이들 마켓메이커는 지정된 주식의 입찰가와 제시가를 끊임없이 부르고, 결과적으로 투자자들은 언제든지 그러한 주식들을 거래할 수 있다(마켓메이커에게 「스프레드」를 지불하는 추가 비용이 발생하지만 말이다. 6

장 참조). 지난 1980년대에 런던증권거래소가 거둔 성공은 각국의 거래소보다 높은 유동성의 시장을 제공해 유럽의 많은 주식들이 매매될 수 있었기 때문에 가능한 것이었다. 예컨대, 스웨덴 기업들의 주식이 스톡홀름증권거래소보다 런던증권거래소에서 더 많이 거래되었고, 독일의 경우 총 주식 가운데 약 5분의 1가량이 독일 내의 수많은 지역거래소가 아닌 런던증권거래소에서 거래되었다. 이렇듯 유럽 전역의 주식이 런던거래소에서 거래되자 거래소의 명칭도「런던증권거래소」에서「국제증권거래소」로 바뀌었다. 이렇게 런던증권거래소가 우위를 점할 수 있었던 이유는, 런던에는 증권거래의 활성화를 이룰 정도로 대형 증권회사들이 즐비했고, 그 가운데 상당수가 런던 지사(dealing desk)에서 유럽 주식들을 취급하려 했기 때문이다.

　스톡홀름증권거래소와 프랑크푸르트증권거래소가 자체 구조개혁을 통해 각각 스웨덴과 독일 증권계를 재탈환했던 방법 또한 상당히 흥미로운데, 그 방법을 소개하면 다음과 같다.

- 「주식회사로의 전환」을 통해 중개인의 소유권 형식 및 폐쇄형 회원제도를 폐지(5장 참조)
- 영리에 초점을 맞춘 상업적 기관으로 거듭나기
- 런던의 마켓메이커 제도보다 높은 효율성을 자랑하는 전자상거래 시스템 도입
- 영향력 있는 단일 거래소가 되기 위한 경쟁업체 및 지역거래소와의 합병

　한편 런던의 국제증권거래소는 1990년대 초 현대화에 실패했으며, 지금은 주도권을 잃고 거래소의 명칭도 다시 런던증권거래소로

되돌아갔다. 그리고 오늘날 유럽의 전통 거래소들은 모두 ECN이라는 새로운 B2B익스체인지들의 거센 도전을 받고 있다. 이러한 B2B익스체인지에는 포짓(POSIT), 트레이드포인트(Tradepoint), 저가 주식용 범유럽 거래소로 변신한 에스닥(Easdaq), 그리고 기관들 간의 네트워크로 자리매김하고 있는 크로스넷(CrossNet) 등이 있다.

회원 확보에 주력하라

유동성을 강화하려면 가능한 빠른 시일 내에 사용자를 충분히 확보하는 것이 급선무다. 다시 말해 여러분이 선택한 버티컬 영역에서 구매자든 판매자든 관계없이 주요 거래자가 될 대상을 목표로 그들의 익스체인지 가입을 적극 유도해야 한다는 뜻이다. 회원을 확보하기 위해 많은 익스체인지들은 사업 초기에 회원들에게 회비를 면제해주는 경우가 많다. 회비를 받지 않는 전략은 사업 초기에 있는 익스체인지의 재정을 상당히 압박할 것이다.

그러나 초기 B2B익스체인지 운영에는 수익보다 시장점유율이 더욱더 가치 있는 요소다.

우리는 이미 B2C 세계에서 신경제의 역동성에 편승하기 위해 기업의 가치평가 기준을 현재의 수익보다는 미래의 잠재적인 수익가능성에 두는 새로운 방식이 개발·적용되는 것을 목격한 바 있다. 이러한 수익증가의 역학은 B2B익스체인지에도 동일하게 적용된다. 즉 사업 초반에 우위를 확보해야 버티컬 영역에서의 미래 수익을 보장받을 수 있는 것이다.

또한 주요 거래자의 가입은 인지도를 넓히는 데 상당한 효과를 발휘한다. 왜냐하면 이들이 익스체인지에 가입함으로써 익스체인지가 성장하고 있다는 사실이 보도자료와 각 버티컬 영역의 표준 정글 텔레그래프(jungle telegraph)를 통해 알려지기 때문이다. 이와 반대로 사업 초기의 성장률이 낮으면, 신뢰도를 떨어뜨리는 치명적인 결과를 가져온다. 따라서 상당한 주목을 받으며 사업에 착수한 익스체인지라도 일정 기간 동안 신뢰를 얻을 정도로 거래가 이루어지지 않을 경우, 더 이상의 회원을 확보하기가 어려워질 것이다.

따라서 성공적인 익스체인지가 되려면 대규모 마케팅 및 고객관리 프로그램을 마련해 단기간에 거래자의 마음을 사로잡아야 한다. 먼저, 신규 사용자들에게 접근해 빨리 회원으로 등록할 수 있도록 유도한 후 그들이 익스체인지를 이용할 수 있도록 양질의 고객지원을 제공해야 한다. 즉 각 회원사 직원들에게 무료교육을 제공하고, 회원과 꾸준하게 접촉하면서 아직은 걸음마 수준인 여러분의 익스체인지에 관심을 갖고 찾아올 수 있도록 신경을 써야 한다. 예를 들어, e-케미컬의 경우 고객 확보에 초점을 맞춰 화학관련 출판물에 광고를 실었다. 이 회사는 회원들을 유치하기 위해 사이트에 등록한 신규고객들에게 전자우편으로 감사의 인사를 보내고 때로는 직접 우편물과 경매 초대장을 보내면서 고객들과 빈번하게 접촉했다. e-케미컬은 대형 고객을 전담하는 영업팀을 따로 두고 있으며, 소규모 고객들에게는 텔레마케팅이나 직접판매 방식으로 접근하고 있다.

또한 사업 초기에는 목표 대상을 판매자로 할지 구매자로 할지 선택해야 한다. 물론 익스체인지는 판매자와 구매자 양쪽 모두를 유치해야 한다. 그러나 사업 초기에는 전통적인 거래 메커니즘에 대립되는 익스체인지에서 상당한 이득을 얻게 되는 어느 한쪽을 공략함으로써 다수의 회원을 확보하는 것이 무엇보다 중요하다. 신경제에서는 대개 인터넷을 기반으로 한 자동화 거래 시스템의 도입으로 막강해진 구매자가 선택된다. 그러나 항상 그런 것은 아니다. 예컨대, 페이퍼익스체인지와 메탈사이트는 모두 판매자를 대상으로 사업을 시작해 성공한 경우다.

메탈사이트의 경우 사업을 시작할 때 주요 철강업체로부터 일일 단위의 재고품과 대량의 월별 판매 제품에 대한 목록을 제공하겠다는 약속을 받아냈다. 그 결과, 이러한 국내 및 세계시장의 선도자이자 혁신자였던 철강업체들을 거래업체로 유치한 메탈사이트의 시장은 제품과 신용도를 한꺼번에 얻을 수 있었다. 그리고 시장을 운영하기 위해 마켓메이커의 역할을 필요로 하는 경우도 있다. 예를 들어, 전력과 같이 보관이 불가능한 상품의 경우에는 판매자와 구매자가 동시에 거래에 참여하는 것이 중요하다. 따라서 엘리넥스는 시장의 유동성 확보와 확실한 거래 성사를 위해 사업 초반에는 거래 대상을 마켓메이커로 삼고, 특별한 거래는 판매가 및 구매가를 지속적으로 제시할 용의가 있는 마켓메이커들과 협상을 벌였다.

일단 거래자를 충분히 확보하면 잠재적인 경쟁자의 진입을 막을 수 있는 높은 장벽을 쌓게 되는 것이다. 왜냐하면 회원들은 하나의 익스체인지에 안주하려는 경향이 있기 때문이다.

공격 대 방어

B2B익스체인지를 설립할 때 선택한 버티컬 분야의 시장을 지배하기 위해서는 경쟁업체와 합병을 꾀하며 단기간에 유리한 위치를 확보하는 방법도 있다. e-스틸은 메탈사이트보다 약 6개월 정도 늦게 철강 버티컬 시장에 뛰어들었고 거대한 화학제품 시장에는 지금

켐덱스, 스퀘퀘스트(SqiQuest), 켐커넥트(Chemconnect)를 비롯한 몇몇 경쟁업체들이 공존하고 있다. 이러한 상황에서는 하나의 익스체인지가 우위를 차지한 후 다른 경쟁사들의 숨통을 막을 가능성이 높다. 따라서 우위를 차지하지 못한 2등 또는 3등 익스체인지들의 경우, 타사와 경쟁을 벌이며 시장점유율을 유지하려고 애쓰기보다는 그들과의 합병을 통해 시장을 지배할 수 있는 길을 모색하는 것이 더 효과적이다.

B2B익스체인지가 성공하는 길은 해당 버티컬 분야를 지배하는 것이다. 현재의 시장점유율을 지키는 데 급급한 2등, 3등의 익스체인지에게 돌아갈 영광은 없다.

예를 들어보자. 지난 1999년 9월 펄프와 제지업계의 세계적인 전자상거래 업체인 페이퍼익스체인지는 인터넷을 통해 다양한 등급의 백지를 매매하는 제3의 거래소 엠피익스체인지(Mpexchange)의 개발업체인 MPX를 흡수합병한다고 발표했다. 이 흡수합병을 통해 페이퍼익스체인지 닷컴은 기존의 견고한 사용자 기반을 더욱더 확장하고 인쇄 및 기록용지 분야에서 확고한 우위를 다질 수 있게 되었다. 엠피익스체인지의 설립자로서도 페이퍼익스체인지와의 합병을 통해 시장을 지배할 수 있는 기회를 잡는 것이 그들과 경쟁하는 것보다 훨씬 구미가 당기는 일이었다.

MPX의 최고경영자인 캐시 캐펠(Cash Cappel)은 자사의 1999년 9월 보도자료를 통해 다음과 같이 밝혔다. 『우리는 이 달 말 예정이었던 엠피익스체인지 출범을 향해 매진해왔습니다만, 제지업 전자상거래 분야의 개척자이자 주도 업체인 페이퍼익스체인지 닷컴과의 합병은 우리에게 다시 없는 좋은 기회라 사료되었습니다. 따라서 우

리는 재능과 능력을 겸비한 페이퍼익스체인지 팀에 합류하여 시장지
배력 강화에 기여할 수 있게 된 점을 매우 기쁘게 생각합니다.』

한편 산업 분야를 지리, 규제 또는 제품부문 등으로 세분할 수 있
다는 사실을 기억하라. 이는 몇몇 익스체인지의 경우에는 동일 업
계에서 공존할 수 있음을 시사한다.

사실, 이제 막 사업을 시작한 익스체인지에게 이미 동일한 업계에
상호 보완적인 익스체인지들이 존재하고 있다는 점은 자신의 존재
를 인식시키고 인정받는 데 많은 도움이 되며, 그 후 다른 익스체인
지와의 합병은 전체 업계에서의 확실한 우위를 보장받게 해준다.

브랜드를 개발하라

인상적인 브랜드명을 갖는 것 또한 시장지배를 꾀하는 데 많은 도
움을 준다. 예를 들어, 나스닥의 경우 뉴욕증권거래소의 브랜드「빅
보드(Big Board)」는 미국뿐만 아니라 전세계 증권업계에서 막강한
영향력을 발휘하기 때문에 이 브랜드를 상대로 싸우느라 무척 애를
먹었다. 페이퍼익스체인지 역시 이미 영향력 있는 브랜드를 정착시
켰고, 미국의 운송 분야에서는 내셔널 트랜스포테이션 익스체인지
가 확실한 브랜드를 보유하고 있다.

브랜드화에서 이름 선택은 중요하다. 많은 경우, 브랜드명을 인터
넷 도메인명에서 따오는데, 간결하고 기억하기 쉬운 URL이 큰 도움
이 되기 때문이다. 그러나 처음부터 제품 위주의 이름을 선택하는
것은 위험하다. 물론 사업 초기에는 선택한 버티컬 시장에 브랜드
명을 인지시키는 데 도움이 된다. 그러나 그러한 사업이 궤도에 오
르면서 다른 보완적인 버티컬 시장으로 사업영역을 확장할 때 문제
가 될 수 있다. 예컨대, 페이퍼익스체인지나 e-스틸은 모두 제품 위

주로 선정된 이름이다. 따라서 메탈사이트(철강에서 다른 금속 분야로 확장할 여지를 준다)처럼 일반적인 이름을 선택하거나, 숍투게더처럼 외우기 쉽고 제품과는 관계 없는 이름을 선택하는 것이 좋다.

카타스트로피 리스크 익스체인지(Catastrophe Risk Exchange)의 경우 보험업계에서 「카텍스」라는 강력한 브랜드를 구축했다. 사실, 이들은 사업 초기에 고가 자산의 비상재해 위험약정(업계에서 「캣(cat)」 약정으로 알려진)에 주력했다. 그러나 이제는 이 명칭이 걸림돌로 여겨지는데, 왜냐하면 고객들에게 카텍스는 비상재해 위험 상품만을 판매하는 것이 아니라는 점을 일일이 설명해주어야 하기 때문이다. 최고경영자인 포투나토는 〈인슈어런스 네트워킹〉지를 통해 다음과 같이 밝혔다. 『카텍스의 상품이 단지 비상재해 위험보장에만 국한되어 있다고 흔히들 생각하는데, 카텍스가 취급하는 분야는 환경, 해상, 항공, 자동차 등 다양합니다. 비상재해 위험상품이 차지하는 비중은 50% 미만입니다.』 그러나 현재 카텍스라는 이름이 업계에 널리 알려져 있기 때문에 이러한 상황을 바꾸기 위해서는 새로운 브랜드화를 도모해야 한다.

이와 같은 문제는 B2C 세계에서도 발생한다. e-토이즈나 소프트웨어 닷넷(Software.net)과 같은 회사들은 사업을 확장할 경우 회사명이 자신들의 사업 내용에 비추어볼 때 적합하지 않다는 것을 깨달았다. 그 결과 소프트웨어 닷넷의 경우, 소프트웨어에서 게임 카트리지나 하드웨어 쪽으로 사업영역을 확장하면서 회사명을 「비욘드 닷컴(Beyond.com)」으로 변경했다. 그러나 「아마존 닷컴(Amazon.com)」과 같은 이름은 회사가 서적 판매에서 온라인 경매, 음반 판매, 그리고 그 밖의 분야로 진출해도 여전히 효력을 발휘할 수 있다. 따라서 사업 초기부터 적절한 이름을 선택하는 것이 중요하다.

　그러나 명칭 자체가 사업의 성패를 좌우하는 요소는 아니라는 점을 명심해야 한다. 최상의 고객관리와 지원이야말로 브랜드 인지도를 높이고 사용자들의 신뢰를 얻는 데 더욱 중요한 요소다.

고객관리 및 지원 서비스를 제공하라

　성공적인 B2B익스체인지 운영을 위해서는 사업 초기에 자원의 대부분을 확실한 고객관리 및 지원 프로그램을 구축하는 데 투자해야 할 것이다. 심지어 신규회원을 유치하고 기존회원을 만족시키기 위해 자원의 약 80%까지 투입해야 하는 경우도 있다.

　우선, B2B익스체인지는 직접 우편물을 발송하고 일대일 설명회 및 시연회(demo)를 개최하는 타깃 마케팅 캠페인을 펼치며 잠재고객에게 초점을 맞추어야 한다. 이들 잠재 거래 회원들은 사업 초기 익스체인지의 유동성을 구축하는 데 특히 중요하기 때문이다.

　다음으로, B2B익스체인지는 신규회원 확보를 위한 마케팅 노력 외에도 가입 회원들을 위해 철저한 고객관리 및 사용자 지원 프로그램을 마련해야 한다. 이러한 프로그램에는 적어도 다음과 같은 사항이 포함되어야 한다.

- 회원사 직원들을 대상으로 한 정기적인 무상교육
- 24시간 연중 무휴의 헬프 데스크 운영 : 이 경우, 일부 또는 전체를 아웃소싱할 수 있다.
- 「새로운 상품 기입과 거래 촉진을 위한 거래 데스크 지원기능 및 장치 마련」: 담당 직원은 회원들과의 정기적인 전화 연락을

통해 그들이 시스템을 유용하게 사용하고 있는지 확인하고 시스템을 더 많이 사용할 수 있도록 고무시킨다.
- 거래 회원들로부터의 피드백 접수 시스템 구성
- 분쟁 해결장치 마련

장기간에 걸쳐 사업을 준비하라

시장지배는 하루아침에 이루어지지 않는다. 사실, 해당 업계의 패러다임을 바꾸려면 새로운 방식이 수용되고 널리 사용될 수 있도록 장기간에 걸쳐 준비를 해야만 한다. 카텍스의 경우 전통적으로 보수적인 보험업계에서, 위험보험이 컴퓨터 스크린에서 거래될 수 있다는 것을 확신시키기 위해 2년에 걸친 영업활동을 지속적으로 펼쳤다.

우리의 경험에 비추어볼 때 2년 전에 신설 B2B익스체인지들이 직면했던 변화에 대한 강한 거부감이, 지금은 인터넷과 그에 따른 변화를 수용해야 한다고 느끼는 대부분의 기업들 사이에서 조심스러운 수용의 자세로 바뀐 것 같다.

많은 업계 관계자들은, 사업이란 개인적인 접촉과 얼굴을 맞대면서 하는 것이라고 주장할 것이다. 이러한 방식은 상당한 커미션을 받고 잠재적인 사업 파트너를 끌어올 수 있는 중개자 활성화를 조장한다. 사실, 온라인 B2B익스체인지를 통한 자동거래 시스템을 적용할 수 없는 분야는 없다. 물론 이러한 방식에 유독 저항감을 나타내는 업계도 있을 것이다. 그러나 어떤 경우든 성장 초기 단계에 있는 업체에게 있어 인간적인 상호관계는 회원을 유치하고 그들에게 새로운 익스체인지 시스템을 사용하도록 고무시킬 수 있는 매우 중요한 요소다.

- 특화라는 것은 각 수익부문에 오로지 하나의 승자만이 존재한다는 의미다.
- 승자가 각 버티컬 부문의 대부분을 차지할 것이다.
- 선택한 버티컬 부문의 시장에 첫번째로 진입하는 주자가 되어 「깃발을 꽂고, 승리를 외치고 미친 듯이 달려가라!」
- 시장점유에 실패할 경우, 경쟁자와의 합병을 모색하라. B2B익스체인지의 성공은 시장점유에 달려 있다. 기존의 시장점유율을 지키기에 급급한 두번째나 세번째 업체가 되는 것은 아무런 의미가 없다.
- 익스체인지에서 유동성은 가장 중요한 요소다. 따라서 가능한 한 빨리 거래량을 늘려라(예컨대, 유동성 있는 증권거래소가 항상 경쟁자의 사업을 끌어올 수 있다).
- 가능한 한 빨리 충분한 수의 회원을 확보하라. 성장 둔화는 시장에서 신뢰도를 떨어뜨리는 결과를 초래한다.
- 회원을 재빨리 확보하려면 강력한 마케팅과 회원관리가 필요하다.
- 사업 초기에는 수익성보다 시장점유율 확보에 주력해야 한다(예를 들어, B2C 영역에서는 현재의 순이익이 아니라 미래의 잠재적인 수익성을 기준으로 가치평가가 이루어진다).
- 일단 충분한 수의 거래자를 확보하면 다른 경쟁 익스체인지의 진입을 막을 수 있는 높은 장벽을 쌓게 된 것이다.
- 확실한 브랜드명을 인지시키는 것이 사업에 큰 도움이 된다(예를 들어, 나스닥은 뉴욕증권거래소의 브랜드 명성과 맞서 힘겹게 경쟁해야 했다). 그러나 지나치게 제한적인 이름을 선택하는 것은 위험하다.
- 지리적 또는 취급하는 상품의 특성상 직접 경쟁하는 상황이 아닐 경우 동일 업계의 다른 경쟁사에 대해 두려워할 필요는 없다.
- 해당 업계의 패러다임을 바꾸려면 새로운 방식이 수용되고 널리 사용될 수 있도록 장기간에 걸쳐 준비해야 한다.

제11장

셋째 : 상업적 중립성을 지켜라

익스체인지는 경쟁관계에 있는 다수의 업체, 그리고 판매자와 구매자 모두에게 집중화된 시장영역을 제공하므로 중립적인 입장을 고수하여 신뢰와 신용을 쌓아야 한다.

중립성은 사업계획, 운영, 그리고 사용자의 비밀정보 보장에 이르기까지 익스체인지 사업 전반에 걸쳐 필요한 태도다. 또한 참가자 어느 한쪽에 편중된 거래규정을 마련해서도 안 된다.

이는 익스체인지가 전체 참여자에게 중립성을 지키는 제3자로 받아들여져야 하며, 실제로 중립적으로 행동하고 중립적인 성격의 기구를 마련해야 한다는 것을 의미한다. 또한 익스체인지는 참가회원 모두에게 이익을 줄 수 있도록 설계되어야 한다.

B2B익스체인지의 개발이 주로 특정 업계에서 종사하다 B2B익스

체인지 설립을 위해 근무하던 전통적인 기업을 퇴직한 개인들에 의해 주도되는 이유는, 이전 기업 경영주의 경우 중립성 문제로 인해 B2B익스체인지 개발이 거의 불가능하기 때문이다. 즉 특정 사업자나 특정 사용자층이 소유하거나 지배하는 익스체인지는 독립성을 인정받을 수 없을 것이다.

독립성을 지켜라

판매자나 구매자 또는 중개인 중 어느 한쪽 사용자 집단이 소유하거나 지배하는 익스체인지는 선택한 산업 분야에서 성공을 거두기 어렵다. 따라서 B2B익스체인지의 성공을 위해서는 특정 사용자 그룹이나 기업의 소유로 되거나 지배되는 것을 반드시 피해야 한다. 물론 쉬운 일은 아닐 것이다. 왜냐하면 익스체인지가 성공 궤도에 오르고 사업이 성장함에 따라 주요 전략적 파트너라든가 특정 사용자 그룹이 여러분의 익스체인지를 통제하려 들기 때문이다.

예를 들어, 몇몇 주요 철강업체들은 사업 초기에 있던 메탈사이트의 지분을 획득해 이 회사의 개발에 자신들의 이익이 반영되도록 했다. 1999년 3월 켐덱스는 실험실 장비, 화학약품, 기타 과학용품의 주요 판매업체인 VWR가 켐덱스의 지분 중 10%를 소유하게 되었다고 발표했다.

익스체인지가 산업체로부터 투자를 유치할 경우 반드시 그들이 지배적인 위치를 차지하지 못하도록 하고, 그들의 투자자금도 독립적인 절차에 따라 유입되어 모든 사용자들의 의사가 반영될 수 있도록 보장해야 한다. 또한 독립적인 사외 이사단을 구성해 투자 그룹이 순전히 상업적인 이익만 추구하는 것을 견제토록 해야 한다.

예를 들어, 보험 중개업의 선도회사인 E W 블랜치(E W Blanche)

가 카텍스에 투자했을 때, 카텍스는 독립성 유지를 보장받기 위해 비상한 노력을 기울였는데, 투자에 대한 기자회견에서 독립적인 감독위원회를 구성해「중립성과 공정한 거래를 위해 익스체인지의 모든 기능」을 감독할 것을 천명한 것이다.

특히, B2B익스체인지는 회원들이 지배권을 갖는 것을 견제해야 한다. 왜냐하면 그들이 자신들의 기존 사업체를 보호하기 위해 혁신을 제지할 수 있기 때문이다. 이미 5장에서 살펴보았듯이 세계 최대 증권거래소들은 전통적으로 브로커 멤버 — 예컨대, 뉴욕증권거래소, 나스닥, 런던증권거래소 등 — 에 의해 소유되고 통제되어 왔다. 그리고 익스체인지의 능력을 한정시킴으로써 좀더 효율적인 거래 메커니즘 도입을 제지하는 경우가 다반사였다. 그 결과, 이러한 거래소들은 전통적인 증권거래소로부터 유동성을 흡수하는 ECN이나 다른 거래 시스템의 맹렬한 추격을 받고 있다. 이에 대해 세계 3대 증권거래소의 경영진들은「주식회사로의 전환」을 요구하며 사업 모델을 혁신하고 탈바꿈하기 위해 폭넓은 소유자 구조와 유연성을 지닌, 중립적이고 수익 위주의 거래소로 변신할 것을 주장한다.

> B2B익스체인지는 사업을 시작한 첫날부터 독립적이고 중립적인 기관으로 확실하게 자리매김해야 한다.

비례대표제?

성공적인 B2B익스체인지가 사업 성장을 이루면서 특정 업계의 지배를 시작함에 따라 해당 시장영역의 모든 사용자들을 대표하는 일이 점점 더 중요하게 부각되는데, 이를 해결할 수 있는 한 가지 방법은 상이한 사용자 집단 간에 소유권을 분할하는 것이다. 예를 들어, 익스체인지는 일정 비율의 지분을 구매자, 판매자, 중개자, 그리고 일반 대중의 몫으로 각각 지정할 수 있다. 이렇게 함으로써 모든 주요 사용자 그룹이 정당한 방식으로 회사의 소유권과 이사회를 대표할 수 있게 된다.

다만, 이러한 접근방법에는 위험 요소가 하나 있다. 그것은 일부 사용자 집단에게 더 많은 투표권을 부여하는 비례대표제 실시 유혹에 빠지기 쉽다는 것이다. 이러한 문제는 최대 사용자 그룹이 익스체인지 운영방식에 절대적인 발언권을 가져야 한다고 주장하는 데서 제기된다. 이에 따라 B2B익스체인지의 설립자는 그러한 사용자 그룹이 익스체인지에서 탈퇴하는 것을 막기 위해 그들에게 가장 많은 투표권을 부여하는 데 동의할 수도 있다. 그러나 장기적인 안목에서 보면, 이는 재앙으로 이르는 길이나 다름없다.

> 공정한 기업경영을 위한 유일한 방법은 「한 주당 한 표」 제도를 실시하는 것이다. 이러한 제도에서 특정 주주의 영향력은 투자한 자본의 양에 정비례한다.

규정에서도 지배 문제가 야기되는데, 이러한 문제는 자문위원회에서 해결해야 한다(아래 참조).

CBOT의 경우에는 시장이 성장하면서 비례대표제가 어떻게 익스체인지를 구속하게 되는지를 여실히 보여주는 좋은 예다. CBOT의 창립 초기에는 단지 밀, 옥수수, 대두와 같은 곡물의 선물계약만을 취급했다. 원래 CBOT의 소규모 상품시장 유동성은 지역거래자들(즉 실제 상품을 투기 매매하려는 개인 거래자들)로부터 창출되었다. 그러다가 1975년 CBOT는 미국 재무부 장기채권 선물을 포함한 금융상품들로 거래를 확장했다. 그리고 파생상품 시장이 성장함에 따라 금융상품은 가장 인기 있는 종목이 되어 세계 최대 규모의 은행, 증권회사, 무역회사들이 이들 금융 파생상품을 연계 매매해 회사의 리스크를 막거나 투기를 통한 고수익을 올리는 데 이용하게 되었다. 그런데 CBOT를 지배하던 지역거래자들이 자신들의 의결 방식을 존속시키는 조건으로 대형 투자은행들의 파생상품 거래를 승인하는 데 동의했다. 그래서 지역거래자는 정회원으로 완전한 한 표를 행사할 수 있고 금융상품 거래 회사들은 준회원으로 6분의 1의 투표권만을 행사할 수 있는 비례대표제를 창설했다. 그 결과, CBOT에는 1,400명 이상의 정회원과 900명의 준회원이 가입되어 지역거래자들이 기업 회원들을 득표 수에서 압도할 수 있게 되었다.

오늘날 세계경제에서 금융 시스템의 중요한 부분을 차지하는 것이 파생금융상품이며, 미국 재무부 발행 장기채권선물(US treasury bond future) 계약이 가장 활발하게 거래되고 있다. 그러나 CBOT의 경우, 지역거래자의 지배권 행사라는 기존의 전통 방식으로 인해 대부분의 자본을 투자하고 있는 기업들은 동등한 투표권을 행사할 수 없는 형편이다. 사실, 대형 기업 거래자들은 CBOT가 전자상거래 개혁 실패 및 청산회사를 시카고상업거래소(CME)에 합병하지 못한 것에 유감을 표명하며, 미국 내 파생상품 거래를 위해 새로운 전자상거래소를 설립하는 방안을 고려하고 있다고 발표했다. 이는 한때 합당하다고 여겨진 비례투표 시스템이 익스체인지의 성장과 상품 종류의 다양화를 막는 방해물이 되고 있음을 보여주는 극명한 예라고 할 수 있다.

유연성 있는 사업계획을 수립하라

현재 B2B 시장영역과 B2B익스체인지의 역할에 커다란 변화의 물결이 일고 있다. 비록 우리가 이 책을 통해 이러한 역동적인 시장의 구조를 설명하려는 시도를 하고 있지만, 비즈니스 세계가 인터넷 속도로 변화하고 있기 때문에 인터넷이 산업혁명에 버금가는, 또는 그 이상의 혁명을 일으키고 있다는 상투적인 표현밖에 할 수 없다. 따라서 B2B익스체인지는 이 혁명에 동참할 수 있도록 발 빠르게 행보해야 한다.

　　또 다른 상투어로 「신경제」라고 불리는 이 경제체제를 주도하려는 기업은 몇 달에 한 번씩 사업계획을 재수립해야 한다. 이는 전통적인 기업구조에 얽매이지 않는 유연성을 지닌, 진취적이고 도전적인 기업만이 가능한 일이다.

나스닥의 경영진들이 직면한 딜레마에 대해 알아보자. 앞에서 살펴본 대로 나스닥은 마켓메이킹 시스템을 제공하여 소기업 주식의 유동성을 창출하는 데 성공을 거두었다. 그 결과 나스닥은 매력적인 주식거래시장으로 인식되면서 마이크로소프트나 델처럼 수익성 높은 거대 기업으로 성장한 많은 신생 기업의 주식 또는 고성장 기술주의 활발한 거래시장이 되었다. 그리고 이러한 신생 기업들이 고성장을 이루며 성공하면서 이들의 주식에 대한 유동성이 매우 풍부해졌다. 그 결과 나스닥은 유동성과 거래량 면에서 뉴욕증권거래소를 위협할 정도로 성장하게 되었고, 성공한 기업들 역시 그들의 궁극적인 성공의 상징으로 여겨졌던 뉴욕증권거래소의 상장 대신 나스닥 상장을 그대로 고수하게 되었다.

그러나 나스닥은 그러한 주식들의 거래방법을 개선하는 데는 실패했다. 경영진의 효율적인 거래 메커니즘 도입 시도를 회원들이 반대하며 마켓메이커를 이용하는 기존의 방법을 고집했던 것이다.

나스닥은 마켓메이커 회원들이 소유하고 통제하는 거래소다. 따라서 이들 회원은 혁신적인 개혁이나 사업계획의 재수립에 대한 거부권을 행사할 수 있었다. 마켓메이킹 시스템은 유동주식의 수익성을 높일 수 있는 시스템이다. 왜냐하면 마켓메이커가 「스프레드」, 즉 마켓메이커의 매입가와 매도가 간의 차액을 차지할 수 있기 때문이다. 유동성이 자연적으로 발생하는, 다시 말해 언제나 매도자와 매수자가 풍부해서 시장 위험이 없는 경우에도 이러한 마켓메이커의 스프레드를 지불해야 했고, 심지어 일부 마켓메이커 간에 「스프레드」를 가능한 많이 받으려고 공모하는 사태까지도 벌어져, 결국 증권거래위원회가 나서 규제를 단행하게 되었다.

이와 같은 사태가 벌어진 지난 2년 사이에 인스티넷을 시작으로 9개의 ECN 등록업체라는, 좀더 효율성 있는 경쟁자들이 출현하여 나스닥 일일 거래량의 25%를 차지했고, 계속해서 거래시간 연장이나 미국 이외 지역 투자자들을 위한 국제계정 등을 도입하는 등 거래자 유치에 박차를 가하고 있다. 이러한 경쟁 압력에 떠밀려 나스닥도 중앙지정가 주문시스템을 도입해 거래시간 연장, 세계 각국 거래소와의 연계 등을 추진하면서 범세계적인 증권시장 창출을 모색하고 있다.

사용자 데이터에 대해 철저한 보안을 유지하라

성공적인 B2B익스체인지는 자신들이 선택한 버티컬 영역에서 유용한 정보 데이터베이스를 구축하게 될 것이다. 이러한 정보 데이터베이스에는 현재의 시가, 거래량, 거래유형뿐만 아니라 과거의 가격과 거래량(예컨대, 상품의 지난 해 거래가 등), 그리고 상품에 대한 상세한 정보까지도 포함될 것이다. 그리고 이러한 정보들은

시간이 흐를수록 익스체인지의 가치를 결정하는 중요한 요소가 될
것이다.

그러나 각 익스체인지로서는, 데이터 이용자를 결정하는 문제가 매우
중요한 사항이다.

익스체인지가 축적하게 될 중요한 비밀정보 가운데에는 상품에
관한 판매자의 데이터와 가격, 구매자의 구매 경력과 가격 허용 범
위, 그리고 회원사의 재정상태에 대한 기록 등이 포함될 수 있다.
따라서 B2B익스체인지는 확실한 보안 시스템을 구축해서 이러한 정
보가 경쟁 회사로 유출되지 않도록 철저하게 관리해야 한다.
또한 잠재 고객들에게 자신들의 정보가 안전하게 관리되고 있다
는 확신을 심어주기 위해 시스템과 익스체인지의 운영방식을 정기
적으로 점검하는 독립된 감사기관이 필요할 수도 있다. 예를 들어,
메탈사이트는 아서 앤더슨(Arthur Anderson LLP)에 자사의 핵심 경
영원칙의 적용에 관한 보고서를 독자적으로 제출하는데, 여기에는
「정보보호 및 기밀 : 메탈사이트는 개별 구매자와 판매자의 정보에
대해 철저한 기밀과 보안을 보장하기 위해 효과적인 관리체제를 운
영한다」라는 원칙도 포함되어 있다.

자문위원회와 사용자위원회

B2B익스체인지는 특정 버티컬 시장의 요구를 충족시킬 수 있도
록 설계된 집중화 시장을 제공하는 업체다. 따라서 모든 사용자 그
룹의 의견을 의사결정에 확실하게 반영해야 한다.

복잡한 소유구조나 비례투표제 없이, 이를 실현할 수 있는 가장 손쉬운 방법은 자문위원회 및 다양한 사용자 그룹으로 구성된 위원회를 설립하는 것이다.

자문위원회는 업계 최고의 대표자들과 신뢰할 수 있는 사고를 지닌 리더들로 구성해야 한다. 자문위원회는 순전히 상업적 이익만을 추구하는 주주들을 견제하는 역할을 할 뿐만 아니라 익스체인지가 중립적이고 신뢰할 수 있는 공정한 시장이 되는 데(또한 그렇게 인식되는 데) 많은 도움을 제공한다. 따라서 자문위원회에 직접 보고하는 별도의 협력기구가 익스체인지 내부에 마련되어야 한다.

자문위원회는 업계의 주요 거래자를 위한 포럼을 마련함으로써 그들의 의견이 정책에 반영될 수 있도록 도모함으로써 그들이 소유권을 장악하거나 익스체인지의 이사회에 직접적인 영향력을 행사하는 일이 없도록 한다.

또한 사용자 그룹을 구성하는 것은 상이한 사용자들의 의사를 수렴할 수 있는 가장 완벽한 방법이다.

집행운영위원회는 모든 B2B익스체인지가 구성해야 할 사용자 그룹이다. 이 위원회는 합법적으로 설립된 이사회의 하위 위원회로서, 이사회로부터 공식적인 권한을 위임받아 정기회의를 통해 전반적인 익스체인지의 일일 운영상황을 감독한다. 이 위원회에는 익스체인지의 모든 사용자 그룹의 주요 거래처에서 파견된 대표들이 포함될 수 있다. 그러나 이들을 파견하는 회사가 익스체인지의 소유권을 갖거나 공식적인 이사회 대표일 필요는 없다.

B2B익스체인지가 운영해야 하는 또 다른 위원회는 시스템 사용

자 그룹으로, 이 위원회의 역할은 항상 웹사이트상의 피드백과 시스템 실제 사용자로부터 익스체인지의 다른 IT 시스템을 받을 수 있도록 관리하는 것이다. 또한 거래 및 조정위원회가 있는데, 이 위원회는 익스체인지의 구매자, 판매자, 중개자들의 대표로 구성되어 거래 및 조정에 관한 규칙과 규정을 승인하는 역할을 맡는다.

우리가 버뮤다증권거래소를 개발하면서 얻은 경험에 따르면 B2B 익스체인지의 이상적인 구조는 다음과 같다.

위원회 구조

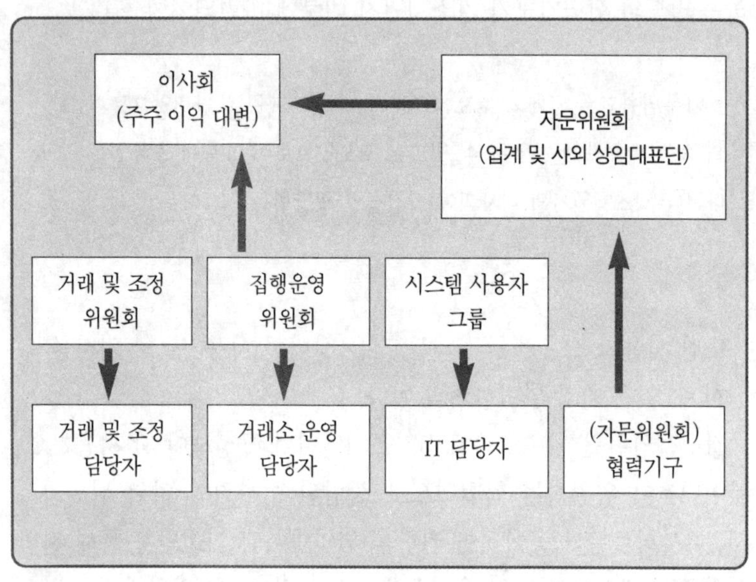

- 익스체인지는 사용자들의 신뢰를 얻기 위해 중립적인 입장을 고수해야 한다.
- 익스체인지가 편파적이지 않다는 점을 보여주어야 한다.
- 특정 사용자 그룹이나 기업에 의해 소유 또는 지배되는 것을 피해야 한다. 익스체인지가 성장함에 따라 전략적 파트너나 특정 사용자 그룹이 익스체인지를 지배하고자 할 것이다.
- 회원이 지배력을 갖는 것을 막아야 한다. 그렇지 않으면 회원들이 자신의 기존 사업을 보호하기 위해 혁신을 저지하기 때문이다(예 : 뉴욕 증권거래소와 기타 증권거래소).
- 혁신적이고 변화에 신속하게 대처할 수 있어야 한다. 유동성 있는 사업계획을 수립하라.
- 사용자들의 비밀정보는 철저한 보안 아래 경쟁자들이 볼 수 없도록 관리되어야 한다.
- 의사결정에는 모든 사용자 집단의 의사가 골고루 반영되어야 한다. 자문위원회와 사용자위원회를 이용하라.
- 자문위원회는 업계의 주요 거래자를 위한 포럼을 마련해 그들의 의견이 정책에 반영될 수 있도록 도모함으로써 그들이 소유권을 장악하거나 익스체인지의 이사회에 직접적인 영향력을 행사하는 일이 없도록 한다. 자문위원회에 직접 보고하는 별도의 협력기구가 익스체인지 내부에 마련되어야 한다.

제 12 장

넷째 : 투명성과 정직성을 유지하라

익스체인지는 경쟁하는 여러 업체들에게 중심시장을 제공하는 역할을 수행하므로 사용자들의 신뢰를 얻기 위해서는 개방적이고 공정하게 운영되어야 한다. 공정한 시장이란 한 마디로 투명하고 정직하게 운영되는 시장을 의미한다.

시장의 비효율성(예를 들어, 가격 투명성의 부족)이라는 허점을 통해 이익을 얻을 수 있다고 생각하는 회원들은 이 같은 내용에 은근히 반감을 가질 수도 있을 것이다. 그러나 성공적인 익스체인지는 특정 회원이나 특정 사용자 집단에게 이익이 돌아가지 않도록 시장규칙을 정해야 한다.

메탈사이트의 웹사이트(www.metalsite.net)에 명시된 내용이 좋은 예라 할 수 있겠다.

『메탈사이트는 최고 권위의 금속 전자상거래 시장으로서 관심이 있는 일반인이나 법인이 안전한 사적 또는 공적 채널을 통해 정보를 교환하고 상품을 거래할 수 있는 장소다. 메탈사이트의 조직과 정책, 그리고 관행은 모든 종류의 구매자와 판매자들이 어느 한쪽에 편중되지 않고 공정하게 거래를 할 수 있도록 되어 있다.』

『메탈사이트는 금속업계 관련자들이 정보와 상품을 교환할 수 있는 중립적 시장으로서「판매 및 경매규칙」과「프라이버시 비밀보호정책」을 마련해 참여자들이 거래하는 데 준수해야 할 기본 사항을 명시하고 있다.』

자기규제 조직의 필요성

익스체인지는 익스체인지가 제공하는 중심시장에 참여하는 회원들을 통제할 수 있어야만 공정하고 공개적인 운영을 보장받을 수 있다. 인터넷에 기반을 둔 익스체인지의 적합한 규제형태는 자기규제 시스템으로서, B2B익스체인지는 자기규제 조직화(self-regulatory organization : SRO)를 이루어야 한다. 이 경우 SRO는 회원들에게 스스로 정한 규칙을 부과하고 이를 시행하게 된다.

자기규제는 궁극적으로 익스체인지의 이익을 도모하는 정책이라 할 수 있다. 왜냐하면 시장을 공정하고 공개적으로 운영하는 것이 익스체인지에게는 가장 큰 이익이 되기 때문이다.

자기규제는 다른 종류의 규제, 즉 업계관련 협회 등에서 부과하는 규제나 정부기구의 규제와는 구분되어야 한다. 거래협회(trade association)라든가 정부기구의 규제는 급변하는 B2B 시장의 발전에 대응하기에는 역부족이다. 따라서 B2B익스체인지는 외부 규제의 손을 빌리지 않고 스스로 규제하는 방법을 마련해야 한다.

투명성

투명성은 공정한 거래에 필수적인 요소로서, 익스체인지는 투명성을 유지할 수 있도록 노력해야 한다. 최소한 익스체인지에서 이루어지는 모든 거래에 대한 상세한 가격이나 거래량 정보가 신속하게 익스체인지로 보고되어야 한다. 완전 자동화된 거래에서는 해당 정보가 즉시 익스체인지의 시스템에 포착된다. 상품 게시·검색을 통해 구매할 상품을 고르는 방식의 거래, 그리고 경매를 기반으로 한 거래에서는 거래 당사자들이 직접 익스체인지에 관련 정보를 보고해야 한다.

익스체인지는 투명성을 보장할 수 있는 관련 규칙과 규정을 마련해야 한다.

각각의 B2B익스체인지는 투명성과 유동성 사이에서 자신이 지향하는 균형에 따라 각기 다른 정도의 투명성을 제공하게 될 것이다. 예를 들어, 런던증권거래소는 마켓메이커들이 대규모 거래 결과를 시장에 공개하는 것을 연기할 수 있도록 허락한 바 있다. 이는 그들이 시장에 유동성을 제공할 수 있도록 하며, 대형 거래 포지션을 즉시 공개할 경우 가격이 크게 반등하는 현상을 막기 위한 것이었다. 반면 대부분의 ECN 타입의 거래 시스템은 모든 거래를(무기명으로) 즉각 공개하도록 하고 있다.

가격 투명성의 취지는 효율적인 시장 분위기를 조성하여 최저 가격으로 거래가 이루어지도록 하는 것이다. 예컨대, 재보험업계의 대형 보험사들의 경우, 보험 중개인이 사업을 중개하는 것이 일반적인데, 이는 중개인들이 재보험 구입자 및 구입가격에 관한 정보를 꿰뚫고 있다는 것을 의미한다. 이 업계는 대략 네 개의 대형 중개회사가 장악하고 있으므로 가격정보의 흐름은 이들에 의해 지배되며, 따라서 특정 중개인의 고객은 동일한 상품에 대해 다른 중개인의 고객들이 얼마의 가격을 지불하는지 모를 수 있다. 카텍스의 등장은 컴퓨터 스크린을 통한 위험보장보험 거래를 가능케 했으며, 보험 구매자와 판매자가 중립적인 B2B익스체인지에서 직접 접촉할 수 있게 했다. 모든 거래에서 지불된 보험료 가격은 카텍스의 웹사이트(www.catex.com)에 공시된다. 보험업계에서는 최초로 어느 정도 가격의 투명성이 확보된 예다.

공정하고 공개적인 익스체인지 분위기 조성을 위해서는 완전한 공개 관행이 필수적이다.

투명성은 익스체인지 시스템을 통해 거래되는 상품에도 적용된다. 판매자는 그들이 판매하는 상품에 대한 정보를 완전히 공개해 구매자들이 상품의 가치를 올바르게 평가할 수 있도록 해야 한다. 익스체인지는 판매자들로 하여금 상품의 규격 및 자세한 정보를 웹사이트에 올리도록 해야 한다. 이로써 구매자들은 기대 이하의 상품을 샀던 시장을 다시는 찾지 않게 될 것이다.

정직성

집중식 가격결정 시스템은 익스체인지의 가장 중요한 기능 중 하

나이며, 익스체인지는 그러한 가격제도의 정직성을 보장할 수 있어
야 한다. 공정한 시스템이 갖추어야 할 중요한 요소는 다음과 같다.

- 동등한 접근권한
- 가장 합리적인 가격에 우선권을 주는 제도
- 선입선출(first in first out : FIFO) 제도
- 상품에 대한 판매자들의 정보가 올바르게 공시되고, 구매자들
  의 입찰가격이 정확히 전달되도록 하기 위한 효과적 절차
- 익스체인지의 공개적 규칙에 따라 일정하게 수행되는 거래

동등한 접근권한의 기회는 모든 거래 회원들이 규모나 회원가입
기간 등과는 관계 없이 익스체인지의 시스템에 접근할 수 있는 동
등한 권리를 갖는 것을 말한다. 가격의 우선권은, 새로운 주문이 더
나은 가격을 제시할 경우 기존의 주문에 우선해 권리가 주어지는
경우다[최저 제시가격(ask) 또는 최고 입찰가격(bid)이 다른 주문
에 우선한다는 뜻임]. 선입선출제도는 가격이 같을 경우 주문이 들
어온 순서에 따라 우선권이 주어지는 제도다. 전자동 거래 시스템
의 경우 이러한 규칙은 복잡한 알고리듬(연산규칙)을 이용해 시스
템상에 입력될 수 있다.

익스체인지의 거래규칙이 시스템상에 입력되지 못하는 경우에는 익스
체인지가 회원들에게 그 규칙을 알리고 집행해야 한다.

회원들이 익스체인지의 정직한 가격결정 메커니즘에 신뢰감을 가
질 때 비로소 B2B익스체인지는 성공적으로 운영될 수 있다. 다시
말해 공정하게 이루어지는 시장의 기능을 회원들이 방해하거나 어

지럽히지 말아야 한다는 뜻이다. 거래자들이 단독으로 또는 공모하여 시장을 조작하려는 시도(예를 들어, 거짓 루머를 퍼뜨리거나, 다른 사람들에게 장세를 오도하거나, 시장이 활기 있는 것처럼 보이기 위해 허위거래를 시도하는 행위 등)는 금지해야 한다. 이러한 행위는 증권거래 시장에서 상당히 오랜 역사를 갖고 있다. 따라서 이를 제한하기 위해 세계 각국의 증권거래소들은 거래협회를 구성해 적절한 관행의 기준을 마련하고 주요 원칙을 제정했다.

마지막으로 회원들은 익스체인지에서 상품이나 서비스를 홍보하거나 거래를 체결하는 경우 고객을 기만해서는 안 된다.

익스체인지의 문지기 역할

신뢰도를 유지하기 위해 익스체인지는 이 중심적 시장으로의 접근을 통제할 수 있어야 한다. 이를 실행에 옮기기 위해 익스체인지는 먼저 참여 및 회원 유지 기준과 자격을 결정해야 한다. 어떤 경우든지 회원이 되는 회사와 그 회사 내의 담당 직원은 부정직한 거래나 사기 거래에 연루되는 일이 없어야 한다.

상품 항목 게시 · 검색을 통해 구매대상 상품을 고르는 방식(post and browse model)의 경우 익스체인지는 판매자와 구매자들의 접촉 장소, 즉 회원 전용방을 마련하게 된다. 그러한 메커니즘을 효율적으로 운영하려면 익스체인지는 회원 전용실에 들어갈 수 있는 자격을 미리 심사해야 하며, 익스체인지는 최소한 법적으로 그 시장에서 상품을 판매하고 구매하는 데 하자가 없는, 상품거래를 원하는 사람만을 그 전용실에 입장할 수 있도록 해야 한다. 경매를 기반으로 하는 익스체인지에서 역경매의 경우에는, 판매자가 구매자의 인정을 받을 만한지(예를 들어, 상품의 품질과 신뢰도 면에서)의 여부를, 그리고 보통 경매의 경우에는 구매자가 판매자의 인정을 받을 자격이 있는지를 익스체인지가 보증해야 한다.

자동거래 환경의 경우, 익스체인지는 익명의 상태로 연결된 판매자와 구매자가 거래를 완료할 수 있도록 보장해주어야 한다. 그렇지 않을 경우 많은 거래가 성사되지 못한 채 보류되어 익스체인지의 신뢰도와 완전무결성은 무너지게 될 것이다. 이를 위해 익스체인지가 회원들에게 재정적 신뢰도에 관한 규칙을 부과할 수도 있다〔예를 들어, 회원가입시 최소한의 불입필 자본(paid-up capital)이나 유동성 자산 또는 독립적 기관으로부터 인증된 신용등급 따위를 요구할 수 있음〕. 그런 다음 회원들은 그들의 재정적 상태가 익스체인지가 계속해서 요구하는 최소한의 재정적 신뢰도에 부합하는지를 주기적으로 감시하고 계산해야 한다.

익스체인지가 유가증권이나 상품계약 등을 거래할 경우 더욱 광범위한 규제 항목이 추가될 수 있다. 예를 들어, 크레디트트레이드는 사이트 접근 자격을 까다롭게 심사하고 있다. 영국의 금융 서비스공사(Financial Services Authority)는 크레디트트레이드의 활동을 규제하는데, 거래자들에게 최소 참가 기준을 부과할 뿐만 아니라 주기적인 보고를 요구한다.

시장에서의 매점행위

익스체인지는 어느 한 사용자 집단에 의해 시장이 장악되거나 매점되는 것을 막아야 한다.

가장 잘 알려진 시장매점 사례는 1979년과 1980년에 걸쳐 텍사스의 헌트(Hunt) 형제가 저지른 사건을 들 수 있다. 이들 텍사스의 석유 사업가들은 시장매점을 목적으로 은을 사 모으기 시작했다. 그들은 대부분 빌린 돈으로 은을 사 모아서는 한동안 시장을 매점하여 1979년 온스당 10달러였던 은의 가격을 1980년 1월 52달러까지 끌어올렸다. 그러자 사람들은 은을 들고 시장에 몰려들었고, 은 가격이 떨어지기 시작하자 헌트 형제에게 돈을 빌려주었던 사람들이 자금을 회수하기 시작했다. 이 형제는 은을 팔지 않을 수 없었으며, 1980년 3월 27일 훗날 은의 목요일이라고 명명된 그 날, 은시장 매점을 노렸던 헌트 형제의 시도는 막을 내리게 된다. 전날 온스당 21.62달러였던 은 가격이 하루 만에 10.80달러로 50%나 폭락했다. 이 사건 하나만으로도 미국에서는 상품거래 시장에 강한 규제가 필요하다는 의견이 정당화되었고, 현재 상품거래법령(Commodities Exchange Act)이 시행되고 있다.

이는 B2B익스체인지가 가격을 좌지우지할 수 있는 소수의 공급자나 거대한 구매자에게 점유되지 않도록 해야 함을 보여주는 한 예라 할 수 있다. 예컨대, 반도체 시장은 인텔(Intel)사를 비롯해 소수 공급자들의 지배를 받고 있는데, 이러한 시장은 B2B익스체인지에는 적합하지 않다.

표준화

규제를 받지 않는 전화시장과는 반대로 익스체인지가 우위를 차지할 수 있는 점은 상품, 법률적 환경, 거래 및 결제조건, 그리고 문서화에 이르기까지 표준화가 가능하다는 점이다.

성공적인 B2B익스체인지의 경우, 익스체인지에서 판매되는 상품의 질, 제공되는 거래 단위의 규모, 가격책정 방식, 가격 상승 단위, 그리고 거래 및 조정에 관한 표준화된 조건 등에 있어서 규칙이 마련되거나 회원들로 하여금 기존의 업계에서 통용되는 표준을 따르도록 해야 한다. 이러한 사항은 양자 간의 합의에 따라 변동이 있을 수는 있으나, 특별한 합의 조건이 없을 경우 익스체인지에서 정한 표준에 의거해 운영된다는 것을 모든 회원들은 숙지해야 한다.

익스체인지에서 거래되는 상품의 질을 통제할 수 있을 때 익스체인지의 중심시장 기능에 신뢰감을 더할 수 있는데, 마찬가지로 문서를 표준화하고 공동의 법적 환경을 제공하는 것은 분쟁을 피하고 익스체인지의 완전 무결성에 대한 신뢰감을 더하는 데 도움이 된다.

불만 사항 및 분쟁의 해결

익스체인지 회원들은 한 사회의 일원으로서, 익스체인지의 규칙에 명시되어 있고 시장의 구성원들이 지켜온 정당하고도 공정한 행위의 원칙을 준수해야 한다. 여기에는 익스체인지에서 거래하는 당사자 간의 의무사항 준수도 포함된다.

성공적인 B2B익스체인지는 공식적으로든 비공식적으로든 불만사항이나 회원 간의 분쟁 등을 신속하고 질서정연하게 해결할 수 있는 방안을 제시할 수 있어야 한다.

B2B익스체인지가 인터넷 사업인 만큼 분쟁해결 절차가 온라인상으로 접근가능해야 하며(다시 말해 온라인상으로 문서를 접수시키고 논쟁 상황이 온라인상에서 전개될 수 있어야 함), 국제중재기준에 맞는 중재회의를 통해 이루어져야 한다.

시스템의 완전무결성

익스체인지는 사용 중에 있는 모든 시스템의 완전무결성을 보장하고 미연에 고장을 예방해야 한다. 가격 결정, 거래, 정보 등과 같은 영역에서 익스체인지에 대한 사용자들의 의존도가 높아갈수록 복구가 용이하고 안전한 시스템을 제공할 필요가 있다. B2C의 세계에서 e-베이는 몇 차례 발생한 시스템 중단 현상 때문에 명성에 큰 손실을 입은 적이 있었다. 이는 B2B익스체인지에서 시스템 고장의 위험성을 잘 보여주는 예라고 할 수 있다.

회원들의 신뢰감을 확보하려면 익스체인지 시스템 데이터에 대한 안전성도 매우 높아야 한다(예를 들어, 고도의 데이터 암호화 등). 회원들은 자신들의 기밀 데이터가 익스체인지에 의해 안전하게 관리되고 있으며, 허락 없이 정보가 오용되는 일이 없다는 사실을 확인해야만 안심할 수 있을 것이다.

익스체인지에 대한 정부 규제의 가능성

B2B익스체인지가 시장을 장악함에 따라 이 시장을 규제해야 한다는 대중의 압력이 커질 수도 있다. 예를 들어, 페이퍼익스체인지가 세계적인 제지시장의 가격결정구조를 지배함에 따라 페이퍼익스체인지에서 결정되는 가격이 종이를 이용하는 모든 사업과 가정용품(예 : 신문)의 가격에 영향을 주게 되었다. 따라서 이와 같이 중요한 B2B익스체인지라면 이윤에만 초점을 맞추는 민간부문에 의해 운영되기보다는 공공의 이익을 위해 운영되어야 한다는 믿음을 이끌어낼 수 있다.

이와 같이 국가 공익에 결부된 견해로 인해 일부 B2B익스체인지는 이윤창출에 초점을 맞춘 민간부문의 손에 운영되기보다는 「유사공공기관」의 형태로 운영되어야 한다는 분위기가 조성될 수 있다.

증권시장은 그러한 규제를 도입한 전형적인 예라 할 수 있다. 미국에서 증권시장에 대한 규제가 도입된 것은 1929년 증시 붕괴 직후였다. 붕괴 현상이 발생하기 전 증권시장에서는 제1차 세계대전 후의 호황과 항공, 라디오, 영화와 같은 신산업의 성장에 힘입어 주식가격이 급등하고 있었다. 처음으로 일반 대중이 증권거래에 강한 관심을 나타내게 되었으며, 많은 소형 투자자들이 거래에 참여하기 위해 돈을 빌려야만 했다. 1929년 주식가격이 폭락하자 그들은 파산했고 많은 회사들 역시 자금부족으로 문을 닫게 되었다.

미국 의회는 증권시장을 안정시키고 규제하기 위해 1933년 증권법(Securities Act of 1933)과 1934년 증권법(Securities Act of 1934)을 제정했다. 이 증권법에 따르면 주간(州間) 통상위원회(interstate commerce)나 우편 시스템을 통해 발행된 주식은 상장되기 전 연방정부에 등록되어야 한다고 명시하고 있다. 이는 또한 잠재 투자자들이 사업내용 설명서(prospectus)라 불리는 문서를 통해 발행회사의 필요한 재정정보를 열람할 수 있도록 했다. 1934년 증권법은 증권거래위원회를 설립하고 부가적인 보호조치들을 마련하게 되는데, 여기에는 부실(不實) 표시(misrepresentation), 조작 등의 행위를 금하는 내용이 포함되었다. 지금까지도 증권거래위원회의 가장 중요한 임무는 1933년과 1934년에 제정된 증권법을 실행하는 것이다. 또한 1934년 법에는 미국 내에서 국가 수준의 주식시장을 운영하는 회사들은 반드시 증권거래위원회에 등록할 것을 명시하고 있다.

B2B익스체인지가 해당 업계에서 상당한 입지를 확보하게 될 경우 반드시 충분한 자기규제 관행을 스스로 마련해 국가 수준의 시장활동에 대한 허가와 규제를 입법화해야 한다는 요구를 불러일으키지 않도록 해야한다.

- B2B익스체인지가 신뢰를 확보하기 위해서는 공개적이고 공정한 시장을 유지할 수 있어야 한다.
- 가격결정과 거래상품의 투명성은 매우 중요한 요소다. 이는 효율성을 제고하고 최저가에 거래가 이루어지도록 하는 데 도움이 되기도 하지만, 어떤 사용자 집단은 이에 반감을 가질 수도 있다.
- B2B익스체인지는 완전무결한 가격책정 메커니즘을 유지해야 한다.
- B2B익스체인지는 회원들의 활동을 규제하고 자격을 갖춘 회원만이 회원 전용실에 들어갈 수 있도록 해야 한다.
- B2B익스체인지는 시장이 어느 단일의 사용자 집단에 의해 독점되거나 매점되는 현상을 예방할 수 있어야 한다.
- B2B익스체인지는 시장에서의 신뢰도 구축을 위해 거래상품의 표준을 규제해야 한다.
- B2B익스체인지는 표준화된 계약조건을 새로 마련하거나 기존의 조건을 준수하도록 권장하여 분쟁을 방지해야 한다.
- B2B익스체인지는 사용 중인 시스템의 완전무결성을 보장할 수 있다는 확신을 주어야 한다. 고도의 암호화 기술을 이용해 보안 유지에 세심한 주의를 기울여야 한다.
- B2B익스체인지가 성공할 경우, 유사공공기관으로 인식되어 정부 규제의 필요성이 대두될 수도 있다(예 : 1929년 증시 대폭락 이후의 증권시장).

제 13 장

다섯째 : 가상 커뮤니티 구축을 통해 부가가치를 높여라

익스체인지의 가장 중요한 기능 중 하나는 집중식 가격책정 메커니즘과 거래가 이루어지는 시장을 제공하는 것이지만, 진정으로 성공적인 B2B익스체인지라면 이에 만족하지 않고 완전히 자립적인 익스체인지 커뮤니티 형태로 발전해나가야 할 것이다. 이는 특정 산업 관련 구성원들이 효과적으로 네트워크를 구성해 그들이 필요로 하는 사업상의 정보를 한자리에서 얻을 수 있는 서비스를 성공적인 익스체인지들이 제공하게 될 것이라는 의미다.

존 하겔(John Hagel III)과 아서 G. 암스트롱(Arthur G. Armstrong)은 혁신적인 저서 《순이익 : 가상의 공동체를 통한 시장 확장(Net Gain : Expanding markets through virtual community)》에서 다음과 같은 의견을 개진했다.

『온라인 네트워크상의 가상공동체 대두는 상품과 용역의 제공자로

부터 구매자 쪽으로 전례 없는 권력의 이동을 가져왔다. 이러한 권력
의 이동을 이해하고 가상사회를 만들어 이 추세를 이용하고자 하는
공급자들은 전례 없는 고객의 충성과 상당한 경제적 이익으로 보답받
게 될 것이다. 그러나 이러한 가상사회의 구축 경쟁은 매우 빠른 속도
로 불이 붙고 있고, 이 상황에서 빠르고 적극적으로 움직이는 자가 가
장 큰 이익을 보게 될 것이다.』

1997년 이 책이 출판되었을 당시, 인터넷과 가상사회의 충격은
B2C나 C2C 세계에 국한되었다. 당시 대부분의 기업들은 인터넷을
환영하지 않았으며, 최초의 B2B익스체인지가 설립될 무렵이었다.
따라서 그들의 통찰력은 대부분 소비자 중심의 온라인 커뮤니티에
초점을 맞춘 것이었지만, 가상의 사회를 건설해야 한다는 그들의
통찰력은 B2B세계에도 그대로 적용된다.

성공적인 B2B익스체인지가 강력한 가상사회로 탈바꿈하게 된다.

온라인 서비스의 6C 원칙

아메리카 온라인의 최고경영자, 스티브 케이스(Steve Case)는 완
벽한 온라인 서비스를 위해 갖추어야 할 6C 원칙을 제기한 것으로
유명하다. 6C 원칙은 다음과 같다.

- 콘텐트(content)
- 배경(context)
- 공동체(community)
- 의사소통 또는 통신(communication)

- 연결성(connectivity)
- 상업(commerce)

B2B익스체인지가 가치 있는 트레이딩 커뮤니티를 창출하기 위해서는 이 여섯 가지 요소를 모두 갖추어야 한다.

- 상업 : 중심 시장영역
- 콘텐트 : 거래 데이터, 가격정보, 제품정보, 업계 뉴스 등
- 배경 : 산업 내의 버티컬 구조
- 공동체 : 신규 사용자들을 끌어들여 관리하는 부가가치 서비스
- 의사소통 : 온라인상에서 회원들이 만나 의사소통을 가능케 해 주는 시스템
- 연결성 : 회원들이 인터넷을 통해 연결될 수 있도록 한 웹 기반의 공개적 시스템

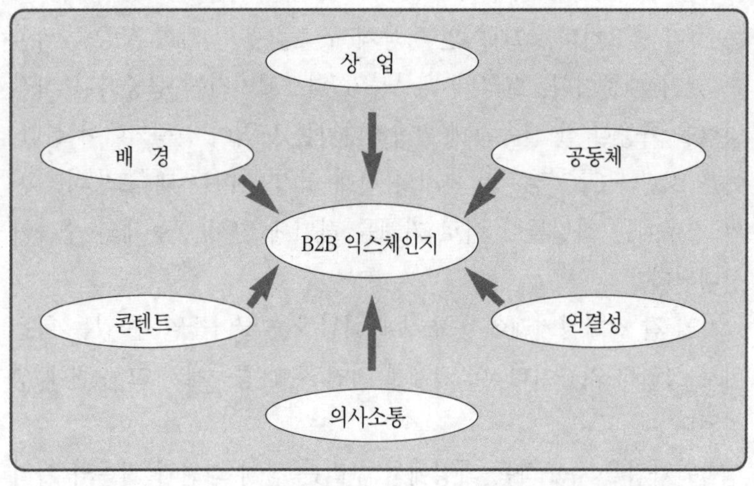

B2B익스체인지가 독자적인 네트워크 구성 대신에 인터넷 기반의 시스템을 구축하고 거래 메커니즘이 월드 와이드 웹(World Wide Web : WWW)상에서 이루어지도록 하는 것은 매우 중요한 사항이다. 즉 그래야만 누구나 접근이 가능한 개방적 시스템을 구축할 수 있기 때문이다.

트레이딩 커뮤니티 구축

익스체인지가 우선적으로 신경을 써야 할 부분은 적절한 거래 메커니즘의 구축이다(5장 참조). 여기에는 카탈로그 목록 및 게시·검색 모델, 경매방식, 그리고 자동 전자연결 거래방식 등이 있을 수 있다.

익스체인지의 핵심 경쟁력은 바로 집중화된 시장영역이다.

다음 단계로 익스체인지는 최대한 많은 회원을 단기간에 확보하는 것이 중요하다. 그래야만 공동체 구축을 통한 가치 상승을 꾀할 수 있기 때문이다. 그러나 대부분의 익스체인지는 집중화된 시장영역을 가능한 한 신속하게 확장해나가는 노력이 선행되어야 한다. 이는 B2C나 C2C 경우의 순서와 반대 성격을 띠는 데, B2C나 C2C의 경우에는 회원들이 서로 거래를 하기에 앞서 공동체의 구축이 선행된다.

기업 간 전자상거래에서 초기에 회원들을 끌어들일 수 있는 힘은 바로 상업적 기능이다. 이 단계를 거친 후에 공동체가 그 주변에 생성된다.

회원가입을 유도하는 과정에서 우리는 잠재 회원과 기존의 가입회원들에 대한 고객관리와 지원에 힘을 기울여야 한다는 사실을 발견한 바 있다(10장 참조). 익스체인지의 브랜드를 제고하고 고객의 충성도를 이끌어내야 하고, 뛰어난 고객관리를 통해 공동체 의식을 형성해나가는 것이 필수적이다.

하겔과 암스트롱은《순이익 : 가상의 공동체를 통한 시장 확장》을 통해 공동체를 건설하고 이익창출에 이르기까지 3단계를 제시했다. 가상 공동체의 첫번째 관문은 「트래픽 생성(generating traffic : 가상 공동체의 잠재적 회원들이 사이트를 찾는 것)」이다. B2B익스체인지에서 이 단계는 거래 메커니즘을 확립하고 집중화된 시장영역에서의 거래를 원하는 회원들을 모으는 단계다.

두번째 관문은 「트래픽 집중(concentrating traffic : 회원들로 하여금 공동체에서 더 많은 시간을 보내도록 하는 것)」으로 B2B익스체인지는 이 단계에서 거래 회원들에게 다음과 같은 부가가치 서비스를 제공할 필요가 있다.

- 업계관련 기업들 간의 관계를 발전시키고 네트워크를 구성
- 거래 데이터 축적, 뉴스 제공, 회원이 제공한 콘텐츠 축적

하겔과 암스트롱이 「트래픽 잠금(locking traffic : 회원들이 그들이 가입한 공동체를 떠나는 것이 점점 어렵도록 장벽을 쌓는 것)」이라고 규정한 세번째 단계에서 B2B익스체인지는 다음 사항에 유념해야 한다.

- 연구 분석이나 과거의 자료와 같이 제3자가 제공하는 서비스에 대한 접근을 가능케 하여 익스체인지의 기능성을 확장한다.
- 각 회원들의 경험과 요구에 맞추어 트레이딩 커뮤니티를 설계한다.

- 회원사의 지원부서 기능을 익스체인지와 통합하거나 익스체인지의 웹사이트상에 물류 시스템(logistics) 기능을 추가한다.

고객으로서 회원의 경제적 가치

B2B익스체인지가 가치가 높은 공동체를 형성하고, 서비스를 이용해 회원들을 잡아두게 되면 고객으로서 회원의 수명 가치는 증대된다. 다시 말해 한 회원을 대상으로 회원가입 기간 동안에 창출해내는 이익의 흐름은 익스체인지가 공동체로 성장함에 따라 함께 증대되어간다는 의미다.

반대로 회원 확보에 드는 비용은 공동체가 형성되어감에 따라 점차 줄어들게 된다. 보상증대법칙이란 충분하게 유동성을 확보한 익스체인지는 별다른 마케팅 노력이나 회원 확보를 위한 비용을 들이지 않고도 더 많은 구매자와 신규 판매자를 끌어들이게 되고, 결국 이 과정이 계속 반복된다는 뜻이다.

성공적인 온라인 거래소의 경우, 각 회원의 수명 가치가 빠르게 상승하고, 회원 확보에 드는 비용이 합리적으로 감소하기 때문에 주도적인 B2B익스체인지의 이윤율은 오프라인(off-line)의 경우보다 훨씬 높아지게 될 것이다.

B2B익스체인지 공동체 서비스

B2B익스체인지 공동체의 구성 요소는 B2C 또는 C2C의 경우와 비슷하다. 결국 사업은 각 개인에 의해 운영되는 것이기 때문이다. 다만, 그 개인들의 사적 지출이나 사적 라이프스타일에 초점을 맞추는 대신 그들의 사업상 의사결정에 초점을 맞춘다는 점에서 차이

가 있을 뿐이다.

- **롤로덱스** : 공동체 서비스의 주된 목적은 업계 내의 사용자들 간에 네트워크를 구성할 수 있도록 하는 것이다. 현실 세계에서 이러한 작업은 주로 전문 잡지, 전시회, 회의 등을 통해 이루어지지만 B2B익스체인지는 이를 보완할 수도 있고 아예 이 기능을 찬탈해 모든 물리적 메커니즘을 대체할 수도 있다. 성공적인 익스체인지는 회원들 간의 통신 서비스를 추가해 익스체인지의 회원 주소록을 여러분의 버티컬 시장영역에서 롤로덱스(Rolodex)로 사용할 수 있도록 한다.

- **뉴스 제공** : 익스체인지 커뮤니티의 또 다른 목적 중 하나는 사업정보의 제공으로, 관리자들이 필요로 하는 사업정보를 이용하도록 하고 쉽게 재가공할 수 있도록 하는 것이다. 이러한 기능을 이용하면 맞춤식 뉴스 제공 서비스를 통해 해당 업계에서 요구하는 특정 뉴스를 전달할 수 있다(예를 들어, 상품 생산자들에게는 기상 예보, 수출입 업자들에게는 운송관련 뉴스). 메탈사이트는 아메리칸 메탈마켓(American Metal Market), 메탈 센터 뉴스(Metal Center News), 뉴스틸(New Steel) 등에 뉴스와 칼럼을 제공하고 있다.

- **관련 서비스 및 리소스 디렉토리** : 네트워크상의 다른 리소스와 연결되어 잘 정비된 디렉토리를 갖추고 있어 익스체인지 이용 회원들에게 편의를 제공한다. 또한 구매자, 판매자, 중개자용 디렉토리도 준비되어 있다.

- **스크롤링 티커**(scrolling ticker, 역주 컴퓨터 화면상에 실시간으로 행 단위로 뜨는 메시지) : 새로운 구매 또는 판매 주문, 새로 올라오는 게시물, 거래정보, 거래가격, 뉴스 표제 기사 등을 실시간으로 전달하는 데 쓰이며 대부분의 익스체인지들이 제공하고 있는

기능이다.

• 게시판 : 거래와 관련된 게시판 외에 사업상의 네트워크 구축을 위한 일반 게시판을 마련해 회원들이 제공하는 정보를 전달한다.

• 포럼 : 집중화된 거래 메커니즘을 통해 정식 구매자들을 유치할 경우 구매자들 간의 의사소통이 중요하다. 이들은 제한된 회원들만 참여할 수 있는 포럼을 통해 각 판매자에 대한 경험과 정보를 교환한다. 이는 또한 회원 생성 콘텐츠 구축 역할도 하게 된다. 이 포럼은 고객관리 전담 직원의 감독 아래 회원들이 게시판을 통해 계속적으로 실마리를 이어가는 형식으로 운영된다.

• 업계 소식지 : 익스체인지는 사용자들에게 다른 간행물 등에 실린 흥미로운 기사 내용 등을 포함한 맞춤형 소식지를 월별로 제공하도록 한다. 또한 중요한 소식이 있을 경우 회원들에게 전자우편을 통해 알리도록 한다.

• 업계 행사 일정표 : 좋은 예로 페이퍼익스체인지가 업계 행사 일정표를 제공하는 경우를 들 수 있다.

• 구인구직란 : 페이퍼익스체인지는 사용자들이 구직 공고나 이력서 등을 게시할 수 있도록 한다. 플라스틱넷도 커리어 센터를 운영하고 있다.

• 안내광고(classified ads) : 사이트상에 네트워킹의 기회를 추가한다. 플라스틱넷은 회원들을 위한 안내 광고를 활발하게 운영하고 있다.

버티컬 구조 영역에서의「블룸버그」터미널

블룸버그는 그의 자서전적 저서 《블룸버그의 블룸버그 (Bloomberg by Bloomberg)》에서, 자신이 어떻게 블룸버그 금융 서비스를 설립하고 이 회사를 세계의 선도적 정보제공업체로 성장시켰는지 이야기하고 있다. 그가 성공을 거둘 수 있었던 배경에는, 사업 초기에 채권거래(고정 수입 증권: fixed income securities)에 역점을 둔 것이 주효한 부분도 있다. 사실 그는 이 버티컬 영역에서 몇 년 간에 걸쳐 풍부한 경험을 쌓고 있었다. 대형 투자은행인 샐로먼 브러더스(Salomon Brothers)의 파트너와 정보 시스템의 최고경영자를 역임했고, 뉴욕에서 채권 딜러로 일한 경험도 갖고 있었다. 블룸버그는 과거의 데이터, 실시간별 가격, 뉴스, 수익곡선 분석 등 일반적인 딜러들이 효율적으로 거래하는 데 필요한 모든 정보를 그의 터미널을 통해 볼 수 있도록 했다. 따라서 뉴욕에서 홍콩에 이르기까지 채권거래소 주변에는 블룸버그 터미널이 정보와 거래의 중심으로 자리잡게 되었다.

마찬가지로 B2B익스체인지도 특히 버티컬 영역에서 자신의 웹사이트를 블룸버그 터미널에 버금가는 집중화 정보 원천으로 발전시킬 수 있도록 해야 한다.

이를 위해서는, 첫째 익스체인지가 중심시장의 가격과 거래 데이터를 실시간으로 회원들에게 제공할 수 있어야 하며, 웹사이트에 「스크롤링 티커」를 설치하고 맞춤형 전자우편 서비스를 통해 회원들에게 시장에서의 새로운 가격이나 공시사항에 관한 정보를 거의 실시간으로 제공할 수 있도록 한다.

둘째, 익스체인지는 버티컬 구조에서 활동하는 거래자들의 요구에 부합할 수 있는 맞춤형 뉴스 서비스를 제공해야 한다. 예컨대,

카텍스는 보험을 든 주요 재해에 대한 뉴스 특보 서비스와 특별 기상 추적 서비스를 제공하고 있다. 미래에는 보험관련 재해에 대한 생생한 정보와 사진이 담긴 뉴스 서비스가 추가로 제공될 계획이다.

셋째, 익스체인지는 과거의 가격정보에 관한 데이터베이스를 축적하고 분석 및 연구 서비스를 제공해야 한다. 분석 서비스는 한층 효과적인 거래를 위해 제공되며, 여기에는 거래자들이 이론적인 가격을 예측할 수 있는 전문적 가격 모델〔예를 들어, 옵션이나 파생 상품을 위한 블랙 숄즈(Black-Scholes) 가격 모델〕이나 거래 전략 비교(예를 들어, 어떤 거래자가 X라는 상품을 일정량 구매한 경우 Y라는 제품을 얼마나 구매해야 하는가) 등이 포함된다. 연구작업은 판매자 및 구매자들이 시장의 흐름을 판단할 수 있도록 제공되는 시장의 추세에 대한 분석이라 할 수 있다.

다큐먼트 센터

부가가치를 높이고 회원들을 익스체인지에 머물게 하는 방법 중 하나는 익스체인지에서 사용되는 계약 조건, 용어, 문서 등을 표준화하는 것이다. 이를 위해 「다큐먼트 익스트라넷 기능」을 웹사이트에 포함시킨다. 이 기능을 통해 회원들은 다른 회원들이 볼 수 있도록 문서를 게시하거나 계약서를 개정할 수도 있으며 문서를 다운로드할 수도 있다. 정교한 「다큐먼트 익스트라넷」은 다음과 같은 사항을 갖추어야 한다.

- 문서를 게시하는 측이 시스템상에서 그 문서를 보거나 수정할 사용자를 지정할 수 있다.
- 문서와 관련된 사용자들에게 문서 게시 통보 서비스를 제공해

야 한다.
- 개정 및 수정 과정을 추적할 수 있어야 한다.
- 다른 사용자가 문서에 접근한 사실을 문서 제공자측에 알려준다.
- 회원들이 이용할 수 있도록 이전의 문서 및 템플릿을 저장하고 있는 라이브러리를 제공한다.

기존의 문서를 제공하고 회원들이 웹사이트상에서 계약서류를 작성할 수 있게 함으로써 익스체인지는 좀더 표준화된 양식 및 조건을 업계에 도입할 수 있다. 동시에 이것은 회원들을 익스체인지에 정착시키고 잠재 경쟁자에 대한 진입 장벽을 높이는 효과를 가져온다.

물류 및 시스템 통합

B2B익스체인지는 집중화된 시장영역일 뿐만 아니라 중심적인 지원부서 기능 및 물류 시스템을 포함해 다양한 기능을 제공할 수 있고, 회원사의 시스템을 익스체인지의 중앙 하드웨어상에서 호스트할 수 있다.

증권업계에서는 비교적 소규모의 증권거래소들이 전자동 미들/백오피스 거래 시스템을 갖추고 이를 중개인 회원들을 위해 운영하고 있다. 이는 신규거래 회원이 신속하게 거래에 참여할 수 있게 하고 그 거래소에 계속 머물게 하는 효과가 있다.

물리적 상품을 거래하는 B2B익스체인지의 경우 송장 발송, 회계, 발주서 작성 등과 같은 서비스를 익스체인지가 대행해줄 수 있다(예 : 켐덱스). 상품의 배송, 주문추적 및 물류에 관련된 사항을 웹사이트를 통해 온라인상에서 해결할 수 있도록 한다면, 회원들은 역시 그 익스체인지에 머물게 될 것이다.

고급 금융 서비스

익스체인지가 발전함에 따라 다음과 같은 고급 금융 서비스가 추가로 제공될 수 있다.

- 구매자를 위한 신용거래
- 판매자를 위한 신용 분석, 신용 강화 및 신용보험 서비스
- 지불 처리
- 수금 관리
- 보험 및 보증
- 배송, 보관, 조사 대행
- 국제거래를 위한 정치적 위험보험
- 환위험을 최소화하는 외환 서비스

파생상품과 같은 복잡한 유가증권

성공적인 B2B익스체인지는 지표를 생성할 뿐만 아니라, 회원들이 현재 자신의 물리적 상태를 안전하게 유지하고 미래의 가격변동으로부터 자신을 보호하는 데 이용할 수 있도록 파생상품을 개발할 수 있다.

첫번째 지표로는 과거 특정 상품, 특정 기간, 또는 특정 지역에서 익스체인지를 통해 성사된 거래의 가중 평균치를 들 수 있다. 초기에는 가장 빈번하게 거래되는 상품에 대해, 또는 단일 카테고리나

지역에 국한해 지표를 생성한다. 일단 지표가 개발되면 이는 미래 특정 시점의 지표 수준에 기반을 둔 파생상품, 즉 옵션이나 선물계약 등의 형태로 거래될 수 있다.

예컨대, 카텍스는 자신의 시스템상에서 거래된 특정 종류의 재보험 가격을 통해 특정 재해의 위험도에 대한 지표를 생성할 수 있다. 그런 다음 그 지표를 보험회사, 투자 은행, 파생상품거래소 등이 옵션이나 선물계약 형태로 거래될 수 있도록 인가할 수 있다. 그러한 파생상품 계약은 재보험 회사들이 그들의 주된 재보험 계약 내용을 보호하는 데에도 사용될 수 있다.

미국이 스칸디나비아의 모델과 마찬가지로 전력에 대한 규제를 철폐하자 전력은 가장 활발하게 거래되는 상품 중 하나가 되었다. 이 버티컬 구조에서는 휴스턴스트리트(Houstonstreet)와 엘리넥스 사가 경합을 벌이고 있다. 거래자들은 생산업자로부터 전력을 도매 형태로 구매한 후 지역의 공공시설업자나 투기 목적으로 거래에 참여하는 투자자들에게 판매한다. 시간당 메가와트급(megawatt hour : MWH)으로 생산되는 전력은 채 사용되기도 전에 몇 회에 걸쳐 거래가 오간다. 기온, 시간대, TV시청률[예를 들어, 전국이 슈퍼볼(Super Bowl)을 시청하는 황금 시간대(peak time)] 등에 따라 전력 가격은 MWH당 10에서 1,000달러까지 크게 변동될 수 있다. 이러한 가격 급등락을 완화하기 위해 생산자들은 주요 금융시장의 마켓메이커 개입을 통한 파생상품 거래를 이용해 위험을 방지한다. 유럽의 엘리넥스사 주주들은 이러한 분야에서 상당한 경험을 갖고 있다.

엘리넥스는 FPEC(Forward Physical Electricity Contracts)를 개발하여 전력공급자들이 기상 이변이나 재해 등 예측 불가능한 요인으로 인한 전력가격 급변동의 피해를 줄일 수 있도록 했다.

이는 가격 헤징, 위험관리, 선물거래 및 계약 등을 포함하는 완전한 금융시장의 역할을 수행한다고 볼 수 있다. 거래는 3년 또는 그 이상의 기간 동안 진행되고 계약은 주, 블록, 계절 및 연 단위로 이루어진다.

콘텐츠 접근

익스체인지의 경우 시장진입 시점이 매우 중요하기 때문에 모든 공동체 서비스를 완전히 갖춘 후 시장에 진입하고자 한다면, 그 때는 이미 늦을 수도 있다. 따라서 익스체인지는 기본적인 거래기능을 먼저 출범시킨 후 가능한 한 신속하게 다양한 부가 서비스를 도입해 제공하는 것이 바람직하다.

제3자에 의해 제공되는 서비스에는 다음과 같은 것이 있다.

- 네트워킹, 포럼, 일정관리 및 기타 그룹웨어 서비스〔예 : 코즈 닷컴(Koz.com)〕
- 맞춤형 뉴스 제공(블룸버그, 로이터, 업계 뉴스 제공업체)
- 물류 및 공급 채널 관리〔예 : 스카이웨이 닷컴(skyway.com)〕
- 제3자 보증(escrow) 서비스〔예 : 아이-에스크로 닷컴(i-escrow.com)〕
- 신용 분석〔예 : 이크레디트 닷컴(ecredit.com)〕
- 문서 관리〔예 : 인트라링크 닷컴(IntraLinks.com)〕
- 맞춤형 증권시세 표시기〔예 : 페이퍼익스체인지의 야후! 파이낸스(Yahoo! Finance)〕

또한 회원이 직접 제공하는 콘텐츠는 회원들로 하여금 소유감과 소속
감을 갖게 하는 데 결정적인 역할을 한다.

회원 제공 콘텐츠는 게시판, 회의실(포럼), 통신 서비스 등을 통
한 생성이 가능하다.

사용자 그룹 피드백

B2B익스체인지는 사용자 집단이 정기회의를 갖도록 하고(12장
참조), 이를 통해 익스체인지의 시스템과 공동체 서비스에 대해 피
드백을 받도록 한다.

- 성공적인 B2B익스체인지는 강력한 가상공동체 역할을 수행한다.
- 익스체인지 출범과 관련해 집중화된 시장의 거래 메커니즘을 확립하라(게시·검색방식 또는 경매방식 등).
- 단기간에 최대한 많은 회원들을 확보하라. 그런 다음 공동체를 설립하여 부가가치를 창출한다.
- 고객관리로 회원들을 만족시켜라.
- 버티컬 시장 내의 롤로덱스, 맞춤형 뉴스, 게시판, 포럼 등 회원들을 위한 서비스를 제공하라.
- 익스체인지를 관련 시장의 중심 정보원으로 만들어라. 맞춤형 뉴스 및 정보제공 서비스, 거래 데이터, 제품정보, 분석 서비스 제공 등을 통해 익스체인지가 속한 버티컬 구조의 「블룸버그」 터미널 역할을 수행할 수 있도록 한다.
- 시장의 성장을 감안해 사용 중인 계약 조건, 용어, 문서 등을 표준화하라. 문서 전담기구를 설치하라.
- 사용자의 지원부서와 연계해 익스체인지 웹사이트상에서 물류 서비스를 지원하라.
- 지표를 생성하고 파생상품을 개발해 사용자들이 그들의 포지션을 보호·유지할 수 있도록 도움을 제공하라(예를 들어, 증권거래소들은 주식관련 지표를 생성한다).
- 정기적으로 사용자 집단 회의를 갖고 이를 통해 시스템에 대한 피드백을 얻도록 하라.

제 14 장

여섯째 : 최상의 전략적 파트너십을 구축하라

　인터넷 활용의 용이성과 보편성이란 말은, 이제 사용자들이 더 이상 유동성 창출을 위해 단일의 물리적 거래 장소로 집중할 필요가 없다는 것을 의미한다. 신규 참가자들이 좀더 낮은 비용으로 유동 자산을 구축할 수 있을 경우, B2B익스체인지는 철옹성 같은 산업화 시대의 시장에 도전할 수 있다. 이제 저렴한 비용의 컴퓨팅 성능과 원격통신 설비는 인터넷 기반 거래 네트워크가 기존의 전통적인 거래 메커니즘을 공략할 수 있도록 하는 강력한 무기로 등장하고 있다.

　그러나 성공적인 익스체인지는 단시간에 유동성을 확보하고 「인터넷 시간」으로 수요를 충족시킬 수 있어야 한다. 이러한 목표를 달성하는 가장 손쉬운 방법은, 성공적인 B2C에서 검증되었듯이 아주 초기 단계 시점부터 전략적 파트너와 손을 잡고 작업을 수행해나가는 것이다.

최상의 전략적 파트너를 확보하는 것이야말로 시장우위 확보를 위한
최상의 선택이다.

잠재 파트너

B2B익스체인지를 위한 잠재 파트너로는 거액의 자금을 보유한
투자자, 해당 시장영역의 구매자, 기존의 브로커 중개인, 정보 제공
자, 콘텐츠 제공자, IT 벤더, 그리고 거래용 시스템 소프트웨어 개
발자가 포함된다.

그러나 11장에서도 기술했듯이 익스체인지는 반드시 상업적 중립
의 입장을 고수해야 할 필요가 있다. 이 말은 어떠한 단일의 사용자
그룹(예 : 구매자, 매각자 또는 기존의 브로커)도 시장을 독단적으
로 움직여서는 안 된다는 의미다.

IT 벤더와의 성공적인 파트너십의 좋은 예로서 e-스틸을 들 수 있
다. 적합한 사업 모델을 개발한 지 몇 개월 후, e-스틸은 CSC사를
전략 및 기술적 파트너로 선택해 9개월 간의 사이트 개발에 착수
했다.

또 다른 적합한 예로 카텍스를 꼽을 수 있다. 카텍스 창립자는 보
험업계에 충분한 경험을 갖추고는 있었지만 거래 위험(trading risk)
에 관련된 전자 시스템 설계와 구축에 필요한 IT 지식에는 그다지
정통하지 않았다. 이러한 허점을 메우기 위해 그들은 사이언스 애
플리케이션 인터내셔널사(Science Applications International
Corporation : SAIC)에 접근을 시도했다. 이 기업은 종업원 지주회
사로서 미국 내에서도 가장 큰 소프트웨어 업체 중 하나다. 초기에
SAIC는 유황 이산화물 배출 증권거래소를 계획하고 구축한 바 있으
며, 네트워크 솔루션(Network Solutions, 최근 유행하고 있는 「닷

컴」)을 이용한 이후로는 인터넷상에서 그들의 지위가 더욱 강력해졌다. SAIC는 카텍스와 대등한 파트너 관계를 맺게 되었으며, 카텍스가 사용하는 인터넷 기반의 거래 시스템을 설계하고 구축했다.

거래 시스템 소프트웨어 벤더와의 성공적인 파트너십 구축 예로는 크레디트트레이드를 들 수 있다. 소프트웨어 업체인 뮤턴트 테크놀로지는 신용 파생상품을 위한 인터넷 기반의 거래 시스템을 구축하자는 아이디어를 냈는데, 이 아이디어는 바클레이스 데 조테웨드(Barclays De Zoette Wedd)에서 구조화된 파생상품 거래의 책임을 맡은 경험이 있는 전 최고경영자의 생각을 바탕으로 한 것이었다. 결국 크레디트트레이드가 출범하기에 이른다.

메탈사이트는 대규모의 여러 강철 제작 회사들을 끌어들임으로써 강철업계에서 급부상한 회사다. 이들은 필수 자본의 원천인 지분투자를 형성하면서, 동시에 주요 업계 관련자들의 보증을 등에 업고 추가적인 유동성과 신용을 쌓게 된다.

클릭, 그리고 모르타르 파트너십

온라인 버티컬 영역에서의 우위 점유를 시도하는 경우, B2B익스체인지는 반드시 기존의 전통적인 구조를 고수하는 기업과 전략적 제휴를 맺어야 하는 경우도 있다. 이러한 전략적 관계를 「클릭, 그리고 모르타르(clicks and mortar)」 모델이라 한다.

예컨대, 켐덱스는 첨단과학 시장에서 실험실 장비, 화학용품 등의 제품을 공급하는 업계 최대의 기업 중 하나인 VWR 사이언티픽 프로덕트사(VWR Scientific Products Corporation)와 제휴를 맺었다. VWR는 켐덱스의 지분 10%를 인수하는 데 동의했으며, 켐덱스는 VWR 고객을 대상으로 한 VWR 제품 목록 범위에 포함되어 있지 않은 아이템의 VWR 제3의 구매 서비스를 얻어낼 수 있었다. 『켐덱스와 VWR는 궁합이 잘 맞습니다』라고 켐덱스 공동 설립자이자 최고 경영자인 데이비드 페리(David Perry)는 말한다. 『기업 간 전자상거래를 성공의 길로 이끌기 위해서는 우선 인터넷 전문가와 관계를 맺어야 하고, 온라인이 아닌 실물 유통 쪽에서도 제품을 공급할 수 있는 능력을 갖추어야 합니다.』 이제 파트너십은 비배타적인 의미로 통용되며, 결국 켐덱스는 다른 공급업체와의 관계에서 중립적인 위치를 고수할 수 있었다.

맞춤형 시장의 구축

성공적인 B2B익스체인지라면 특정 버티컬 영역에서 우위를 차지하는 데 필요한, 매우 정확한 집중화와 전문화의 일환으로 특정 시장영역의 요구를 충족시켜줄 수 있는 맞춤형 서비스를 제공할 수 있어야 한다.

이 목표를 달성하기 위한 최상의 방법은 거대한 익스체인지 잠재 사용자들과 긴밀한 공조체제를 형성하는 것이며, 글자 그대로 「그들의 머리 속으로 들어가야 한다.」

버티컬 지식

B2B익스체인지는 다양한 사업에 채택되고 있는 인터넷 기술 덕택으로 수많은 B2B익스체인지 출범의 기회가 있을 것이라고 생각한, 경험이 풍부한 버티컬 업계의 전문가들이 주로 개발하고 있다. 일반적으로 이 전문가들은 자신의 특정 분야 및 업계에 대해 뛰어

난 지식을 갖추고 있으며, 버티컬 영역에서의 주요 구매자·판매자와 긴밀한 관계를 유지하고 있다. 버티컬 영역에서 익스체인지와 관련된 신용도를 단기간에 쌓으려면 앞에서 언급된 버티컬 지식이 필수적이며, 특정 시장을 충족시킬 수 있는 맞춤형 서비스를 제공할 수 있어야 한다.

B2B익스체인지가 특정 수준의 버티컬 지식을 갖추고 있지 않은 경우 신속하게 관련 전문가들을 확보할 수 있도록 해야 한다. 그러기 위해서는 관련 지식을 보유하고 있는 그룹과 전략적 관계를 맺거나 관련 전문가를 영입하는 방법이 있다. 초기에 어느 정도 성공을 거둔 페이퍼익스체인지 창립자들은 탄탄한 버티컬 지식이 필수적이라고 생각했으며, 결국 관련업계의 거물 스톤과 전략적 관계를 맺게 된다. 스톤은 투자자 겸 익스체인지 회장이 되었다.

잠재 경쟁자들의 영역으로 진입하고 보상증대법칙을 B2B익스체인지에 적용시키는 데 주요 장애물로 작용하는 것은 익스체인지의 버티컬 지식과 초창기 때 업계에 참여한 주요 관련자들이라 할 수 있다.

기술 아웃소스

필자는 B2B익스체인지 구축자들이 기술개발에 아웃소싱을 적용시킬 것을 강력히 권한다. 성공적인 B2B익스체인지의 요건은 자신의 경쟁, 즉 해당 시장영역에서 적용가능한 최상의 비즈니스 솔루션 개발에 도움이 될 특정 분야의 전문성에 초점을 맞추고 외부 기술진으로 하여금 시스템을 구축할 수 있도록 하는 것이다. 이에 대한 적합한 예로 CSC사와 파트너 관계를 맺은 e-스틸을 꼽을 수 있다.

필자가 기술 구축 아웃소싱에 대한 부분을 언급했으나, B2B익스체인지는 또한 강력한 최고기술책임자(chief technology officer : CTO), 즉 IT 전문가들도 영입해야 할 것이다. 신경제 체제하에서 대부분의 기업들이 직면하게 되는 위협 중 한 가지가 바로 제2의 아마존 닷컴으로 성장할 수도 있는 잠재 경쟁자를 만나게 되는 것이다. 이 말은 이미 자리매김을 한 기존의 기업들이 단시간에 시장영역의 진입 판도를 완전히 바꾸어놓을 신기술에 의해 기습공격을 받을 수 있다는 의미다. 바로 이런 식으로 아마존 닷컴은 1990년 중반에 구식 서적 유통업계에 효과적이면서도 심각한 타격을 입힐 수 있었던 것이다. 시스템 구축을 위해 외부 벤더들을 프로젝트 차원으로 관리하는 동시에 구조적 기술의 변화에 언제나 예의 주시할 수 있으려면 경험이 풍부한 CTO가 필수적이다.

최근 3년 동안 B2B익스체인지는 제3의 옵션 가용이 불가능했기 때문에 자체 시스템을 구축해야만 했으며, 최근 12개월 동안에는 온라인 경매, 그리고 다른 익스체인지 기능을 통해 경솔한 기술 구축 및 판매 붐이 일었었다. 이 중 두드러진 경우로서 온라인 카탈로그 사이트, 조작용 전자상거래 패키지를 제공하는 아리바와 커머스원, 경매 기반 사이트인 모아이 테크놀로지와 오픈사이트 테크놀로지, 그리고 B2B익스체인지를 자동 연결시켜주는 트레이드엑스와 트레이디엄을 들 수 있다. B2B익스체인지 시장영역이 확대됨에 따라 기존의 소프트웨어 업체들도 이 영역에서 자신들의 서비스 제공 범위를 확대시키기 시작했다. 예컨대, 이미 IBM은 전자상거래 제품 패키지를 제공하고 있으며, 마이크로소프트도 SSC(Site Server Commerce) 소프트웨어 경매 툴킷을 이용해 온라인 경매영역으로 발을 들여놓고 있다. 또한 전문 증권거래소 시스템 벤더들[예 : 옵티마크 테크놀로지, EFA소프트웨어(EFA Software), OM시스템(OM System), 그리고 컴퓨터셰어(Computershare)]는 곧 자신들의 강력한 거래 및 연결 엔진을 증권시장에서 다른 B2B익스체인지 응용 환경으로 돌릴 기회를 포착하게 될 것이다.

　실제로, 신규 익스체인지 기업들에게 B2B익스체인지의 성장으로 인해 파생된 커다란 기회 중 하나는 기술, 마케팅, 연결성, 콘텐츠, 그리고 컨설팅 서비스 가운데 숨어 있다.

신세대적 사고

　산업경제체제에서 기업의 공통된 개발 프로젝트 접근방법은 외부 컨설턴트들로 구성된 대기업과 관계를 맺는 것이었다. 이러한 접근방법 배후에 숨겨져 있는 방법론의 경우, 신규 프로젝트를 전개시키기 위해 주요 상임 간부들을 그들의 기존 직무로부터 분리시키는 것은 잘못된 생각이라는 믿음이 저변에 깔려 있다는 것이다. 더군다나 외부 컨설턴트 회사는 모든 이해 단체(잠재 경쟁자까지 포함해)에 대한 접근이 가능하며 독립적 시각에서 사물을 바라볼 수 있다는 점이다.

　이 접근방법은 다음과 같은 이유 때문에 B2B익스체인지 개발에는 적합지 않은 것으로 평가받고 있다. 즉 B2B익스체인지는

- 「인터넷 시간」 기준으로 개시될 필요가 있다.
- 기업가의 리더십을 필요로 하며, 매우 높은 융통성을 지니고 있어야 한다.
- 기존의 업계 참여자 영역 내의 편성 단위로 속하기보다는 제3의 중립적 위치에 적합하도록 설계되어야 한다.
- 매우 탄탄한 버티컬 지식과 업계 실무 전문가들을 필요로 한다.

정보 제공자

　도래하는 B2B익스체인지와 관련해 전략적 파트너 모색을 위한 가장 확실한 영역 중 하나는 바로 공동체 서비스 개발에 있다(13장 참조). 익스체인지의 핵심 경쟁력은 집중화된 거래 기능에 있으므로 공동체 전체가 요구하는 잠재적인 부가 서비스의 수많은 개발 경험이나 리소스를 초기부터 확보하기는 어려울 것이다.

　신뢰도가 높은 시장 통계 데이터 소스야말로 중요한 잠재 파트너라 할 수 있는데, 거래 기능의 가치는 가격 통계치, 양, 분석적 조사 서비스와 같은 시장 데이터의 입수 능력에 따라 결정된다고 보아야 한다. 이러한 개념은 익스체인지가 성장함에 따라 자체적으로 발전할 것이다. 반면에 초기 단계에서는 비용을 들여 기존의 전통적 시장영역으로부터 데이터를 구입해야 할 필요성도 생길 수 있다.

- 단기간에 시장의 우위를 확보하려면 전략적 파트너십 구축이 중요하다.
- 잠재 파트너의 범위에는 거액의 자금을 보유한 투자자, 해당 시장영역의 구매자, 기존 브로커 중개인, 정보 제공자, 콘텐츠 제공자, IT 벤더, 그리고 거래용 시스템 소프트웨어 개발자가 포함된다.
- 특정 시장영역의 요구를 충족시켜줄 수 있는 맞춤형 서비스를 제공할 수 있으려면 거물 사용자들과 긴밀한 공조체제를 형성해야 한다. (『그들의 머리 속으로 들어가야 한다』).
- 필요할 경우, 해당 업계의 전문가를 영입한다.
- 아마존 닷컴과 같은 회사의 공격에 타격을 입지 않으려면 신기술을 도입하라.
- 아웃소싱을 통해 기술을 구축한다.
- 규모가 지나치게 큰 컨설턴트 팀은 피하도록 한다.
- 이미 데이터(예 : 증권거래 통계 데이터)를 확보하고 있는 정보 제공자와 파트너 관계를 맺는다.

제 15 장

일곱째 : 가상기업으로 운영하라

신경제하의 경쟁에서 승리하려면 사업 모델을 신속히 전환하는 한편, 실시간으로 혁신을 이룰 수 있는 유연한 기업구조를 갖추어야 한다.

B2C 세계에서 우리는 몇 회에 걸친 사업 모델의 대이동을 목격한 바 있다(지난 4년 간 적어도 세 차례의 대이동이 있었다). 초기 회사들은 유료로 웹상에 콘텐츠를 제공하는 방법을 모색했었으나, 그 후 무료 콘텐츠라는 개념이 대두되면서「포털」을 구축하여 사람들의 시선을 끌어모아 광고수익을 창출한다는 개념이 등장하게 되었다. 현재는 이러한「포털」형태를 통해 전자상거래를 활성화하는 데 초점이 모아지고 있다.

인터넷 접속과 고품질의 콘텐츠를 제공하는 대가로 월 회비를 청구하는 아메리카 온라인과 같은 전통적인 사업 모델은 1999년 영국의 딕슨스 프리서브 (Dixon's Freeserve)와 같은 무료 ISP업체의 강력한 도전에 직면했다. 지금은 안정적인 브리티시 텔레콤(British Telecom)마저 영국에서는 무료 인터넷 접속 서비스를 제공하고 있으며, 이러한 위협에 대응하여 아메리카 온라인도 하룻밤 새 사업계획을 변경하여 유럽에서 무료 인터넷 서비스를 실시하기 시작했다.

위의 경우와 마찬가지로 B2B 영역은 빠른 속도로 발전해가고 있으며, 가볍고 발 빠른 기업들만이 살아남을 수 있게 될 것이다.

B2B익스체인지 업체들은 민첩하고, 혁신적이어야 하며, 고속 성장이 가능해야 한다.

B2B익스체인지는 새로운 형태의 B2B 응용사업이므로 이러한 회사 설립자들은 백지와 같은 상태에서 시작하여 처음부터 인터넷 비즈니스의 가장 바람직한 관행만을 선택적으로 따를 수 있다는 장점을 갖고 있다. 여기에서 가장 바람직한 관행이라 함은 「가상기업」이 되는 것을 의미한다.

가상기업의 해부

성공적인 가상기업이 되려면 다음 여덟 가지 핵심 사항을 따라야 한다.

• 핵심 역량에 주력한다.
• 나머지는 아웃소싱으로 해결한다.
• 항상 유연성을 잃지 않도록 한다.
• 직원 수를 최소한으로 유지한다.
• 24×7 법칙을 지켜라(하루 24시간, 주 7일 운영)

- 인터넷 창업에 전문성을 지닌 사람을 고문으로 정한다.
- 주요 업체들과 파트너 관계를 맺는다.
- 재원확보에 주력한다.

핵심 역량에 주력하는 것은 여러분이 선택한 버티컬에서 적절히 중심적 시장영역을 구축하고 업계의 요구에 부합하는 거래 메커니즘을 확립하는 것이다(6장 참조).

나머지 부분은 아웃소싱으로 해결한다는 말은, 적절한 전략적 동반자를 선택해 여러분의 핵심 역량에 가치를 더할 수 있도록 하고 (14장 참조), 제3의 공급자로 하여금 여러분의 익스체인지를 통해 부가적인 서비스를 제공할 수 있도록 하는 것이다.

유연성을 유지한다는 것은, 부분적으로는 익스체인지를 운영하는 팀이 실제 대면회의가 아닌 가상회의를 통해서 사업을 진행하도록 하는 것을 말한다.

직원 수를 최소화하는 것은 가상기업 운영에서 해결하기 어려운 문제이기도 하다. 그러나 아웃소싱을 적극 활용한다면 급여 명부상의 정식 직원 수를 최소화할 수 있을 것이다. 주요 정식 직원에는 CEO, COO, CFO, 최고 마케팅담당 이사, 최고 고객관리담당 이사, 그리고 IT 분야의 외주를 담당할 CTO 등이 포함되어야 한다.

전자상거래는 오전 9시부터 오후 5시까지 운영되는 기존의 전통적인 기업들과는 달리 하루 24시간 운영방침을 지켜야 한다.

B2B익스체인지 출범에서 가장 중요한 첫번째 임무는 시장을 설계하고, 규칙과 규정을 정하며, 익스체인지를 통해 성사되는 거래를 위한 법적 문서를 마련하는 데 필요한 최고 수준의 법률 및 재무 관련 자문을 구하는 일이다.

일류 회계법인을 회계감사로 정하되, 그들로 하여금 초기에는 비

용을 낮게 책정하도록 유도한다. 일단 익스체인지가 상장되면 회계
비용 처리에 대해서는 더 이상 걱정하지 않아도 된다.

일부 서비스 제공자나 컨설턴트들은 초창기에 서비스에 대한 사
례금을 지분 형태로 받기도 한다.

아웃소싱, 아웃소싱, 아웃소싱

핵심 역량, 즉 맞춤형 거래기관으로의 단기간 성장에 초점을 맞추
려면 익스체인지의 직원들은 다른 부가 서비스를 제공하는 데로 주
의가 흩어져서는 안 된다. 다음 사항은 아웃소싱으로 해결한다.

- 기술적 기반
- 콘텐츠 제공 및 커뮤니티 서비스의 추가
- 물류 및 문서 작업기능 제공

사기업처럼 생각하고 상장기업처럼 행동하라

현명한 인터넷 기업들은 유한책임을 지닌 사기업으로서 사업을
시작하지만, 사업 시작 단계에서부터 상장기업과 같이 행동한다.

미국의 경우 모든 상장회사들은 증권거래위원회에 정식으로 등록
되고, 기업공개를 거쳐 뉴욕증권거래소나 나스닥 상장 승인을 받아
야 한다.

상장회사처럼 행동한다는 말은 사업 초기부터 상장에 대비해야 한다는
의미다.

이러한 접근 방법에는 다음 사항이 포함된다.

- 인터넷 회사의 상장업무에 경험이 있는 최고 수준의 변호사와 회계사를 고용한다.
- 「일류급」 관계를 형성한다.
- 재무상태에 대한 감사를 사업 시작 첫해 하반기부터 매년 실시한다.
- 감사위원회와 금융위원회를 비롯해 적절한 이사회를 구성한다.
- 강력하고 독립적인 자문위원회를 구성한다.

「일류급」 관계를 형성하고 최고 수준의 전문가들로부터 자문을 얻는 것은 익스체인지에 대한 신뢰감을 형성하고 정직성을 확보하는 데 결정적인 역할을 한다.

미국 내에서 IPO를 실행하기 전에 기업공개를 원하는 B2B익스체인지는 버뮤다증권거래소의 메차닌 마켓(Mezzanine Market, www.mezzmarket.com)을 이용할 수 있다(완전 공개 : 저자들은 각각 버뮤다증권거래소의 회장과 최고경영자임). 버뮤다증권거래소의 메차닌 마켓은 전자상거래 및 기술전문 기업들을 중심으로 기업이 주식을 미국 증권거래위원회에 등록시키지 않고, 또한 개인투자자(retail investor)들에게 완전한 초기 상장공모를 실시하지 않고도 지명도 높은 거래소에 상장할 수 있도록 구성되어 있다. 대신 메차닌 마켓에 대한 투자는 인가받은 투자자들, 즉 기관투자자(벤처 캐피털 펀드 등)나 많은 자산을 보유한 투자자들로 제한된다. 메차닌 마켓에 상장함으로써 기업은 상장기업이 가질 수 있는 혜택을 누리는 동시에 미국 내 IPO 및 나스닥, 뉴욕증권거래소 상장을 정당화할 만큼 성장할 수 있는 시간적 여유를 얻는다.

고객관리

익스체인지들은 여러 부류의 고객을 보유하고 있으며, 그들은 모두 높은 수준의 고객관리 서비스를 요구한다. 성공적인 익스체인지라면 잠재고객에 대한 마케팅 활동에 주력할 필요가 있다. 왜냐하면 새로운 고객은 익스체인지의 초기 유동성 형성에 필수적인 요소이기 때문이다.

신규회원 확보를 위한 마케팅 노력 외에도 익스체인지는 철저한 고객관리 및 사용자 지원 프로그램을 마련해야 한다. 여기에는 정기교육 서비스, 주 7일 24시간 서비스가 가능한 안내 데스크, 신규공시와 거래를 지원할 거래 데스크 도우미 기능 등이 포함될 수 있다. 이와 같이 중요한 임무를 맡은 직원들은 회원들과 친밀한 관계를 유지하여 회원들이 시스템을 최대한 활용할 수 있도록 도움을 주고, 회원들이 정기적으로 시스템을 사용하도록 권장도 해야 한다.

중립적 기업과의 제휴

인터넷에 기반을 둔 업체라면 사업시작 단계에서부터 세계적 기업으로의 도약을 준비해야 한다. 세계 곳곳으로부터 수익을 얻고 있는 구조라면 버뮤다와 같이 주도적인 중립적 사법관할구역(jurisdiction) 회사를 지주회사로 편입하는 것도 좋은 방법이다. 버뮤다의 회사들은 국제적으로 지명도가 있으며 버뮤다는 세계 각지의 사용자들로부터 이상적이고 중립적인 사법관할구역으로 인식되고 있다. 더군다나 버뮤다는 B2B익스체인지 시스템과 같이 온라인상에서 이루어지는 계약의 법적 유효성에 확실성을 부여할 수 있는 독특한 전자상거래법(Electronic Transactions Act 1999)을 시행 중에 있다.

B2B익스체인지의 자금조달 방법

모든 인터넷 또는 전자상거래 업체들이 그러하듯, 초기자금은 대개 3F, 즉 가족(family), 친구(friend), 그리고 어리숙한 사람(fool)들로부터 나오는 것이 보통이다.

이후로 1차 및 2차 자금조달이 매우 중요하다. 나중의 규모 확장을 감안해 상당한 액수의 자금을 신속하게 지원해줄 수 있는 충분한 자금력을 지닌 후원자를 선택해야 한다.

지나치게 낙관적인 사업계획을 세워놓고 있다가는 예산에 차질이 생겨 후퇴기로 접어들 수도 있다. 벤처 투자자(venture capitalists)들은 후퇴기에 설립자의 영향력을 약화시킬 수 있는 「단속규정(ratchet provision)」을 늘 준비해두고 있다.

벤처 자금을 찾고 있다면 벤처 투자자들이 B2B익스체인지에서 무엇을 찾고 있는지 먼저 파악해두는 것이 좋을 것이다. 그들이 B2B익스체인지에서 찾고자 하는 부분은 다음과 같다.

- 거대시장 : 그러나 소수의 구매자에 의해 좌우되거나 소수의 판매자에 의해 독점되고 있는 시장은 피한다(예 : 반도체 시장, 인텔과 IBM)
- 풍부한 경영 경험 및 업계에 대한 높은 수준의 지식
- B2B익스체인지로 인해 단순화가 가능한, 복잡하고 단편적인 공급망 시장

- 첨단기술을 통해 판매자와 구매자가 좀더 효율적으로 연결될 수 있기를 희망하는 시장
- 시장진입 속도(최초 진입자가 이익을 누릴 수 있는가?)
- 성과의 측정가능 여부
- 수익성 있는 사업 모델

- B2B익스체인지 업체들은 민첩하고, 혁신적이어야 하며, 또한 고속 성장이 가능해야 한다.
- 핵심역량에 집중하라.
- 가능한 한 아웃소싱을 활용하라.
- 직원 수를 최소화한다.
- 사업시작부터 상장에 대비하라. 「일류」 관계를 형성하기 위해 최고 수준의 변호사와 회계사를 고용하라.
- 해마다 회계감사를 실시하라. 초기에는 수수료 대신 지분을 받고 일하고자 하는, 인터넷 창업에 전문성을 지닌 고문을 선임한다. 회계감사인으로 하여금 초기에는 낮은 수수료를 받는 대신 상장 후 보상받도록 한다.
- 기술력 문제는 아웃소싱으로 해결한다〔예 : IBM과 란테(Lante)의 인트라링크 형성〕
- 유능한 CTO를 선임해 공급 협력업체를 관리하도록 한다.
- 목표 고객에게 집중적으로 마케팅 활동을 전개한다.
- 「가족, 친구, 그리고 어리숙한 사람들」로부터 끌어들인 창업자본 조달 이후 첫번째 자금조달시 자금력이 충분한 투자자를 선택하도록 한다. 사업 규모가 커질 경우 상당한 액수의 자금을 그로부터 지원받을 수 있도록 한다.
- 예산에 차질이 생겨 「후퇴기」로 접어들지 않도록 사업계획을 지나치게 낙관적으로 잡지 않도록 한다.

제4부

B2B의 미래

제 16 장

온라인이냐 오프라인이냐

이제 기업은 「온라인 상거래로 사업 전환을 꾀해야 할지 기존 방식을 고수해야 할지」 선택의 기로에 서 있다. 물론 우리는 자신 있게 「전자상거래」를 해야 한다고 말할 수 있다.

인터넷은 미국이라는 기업이 스스로 구조개혁을 추진할 수 있도록 지원하고 있다. 그리고 지난 9년 간 미국 경제가 보여준 눈부신 성장기간 중 인터넷이 기여한 기간은 무려 5년이나 되었다. 이에 따라 전세계 기업들도 이제 인터넷을 그들의 모든 것에 통합하기 시작했다. 부즈 앨런 & 해밀턴(Booz Allen & Hamilton)과 이코노미스트 인텔리전스 유닛(Economist Intelligence Unit)의 최근 조사 보고서인 《디지털 시대의 경쟁 : 인터넷이 비즈니스를 어떻게 변화시킬 것인가(Competing in the Digital Age : How the Internet will Transform Business)》에 따르면 전세계 500대 기업의 임원들 중 92%가 2001년경에는 인터넷이 자신들의 사업을 변화시키고 세계시

장을 재편시킬 것이라고 대답했다(그리고 49%의 응답자가 2001년
경에는 인터넷이 시장에 중대한 영향을 미치게 될 것이라고 예상했
다).

구조 변화의 시기에는 모든 것이 재조명되고 분석되어 구조개혁
여부를 진단하게 되는데, 바로 이 순간 기업들은 상호간의 매매, 정
보전달 및 신규사업에 대한 상품 공급방법 등을 검토하고 있다. 이
처럼 급격한 변화 속에서 B2B익스체인지는 모든 기업 간 전자상거
래 형태의 중심이 되기 위한 확실한 위치를 잡았다.

자신들의 업계에서 인터넷을 활용하려는 기업들에게 B2B익스체인지는
킬러 애플리케이션이 되어 구매가를 낮추고 재고량을 절감시킬 뿐만 아니
라 그들의 주문경로 추적과 세계시장으로의 확장을 지원하게 될 것이다.

시장 규모

이미 2장에서 살펴보았듯이, 전체 B2B 시장 규모에 대해 포레스
터 리서치는 2003년까지 1조 3,000억 달러, 그리고 골드만 삭스 투
자연구소는 2004년까지 1조 5,000억 달러에 이를 것으로 전망했다.
골드만 삭스의 탁월한 B2B 분석가의 도움으로 우리는 독립적인 제3
의 B2B익스체인지들이 앞으로 이러한 거대시장에서 맡게 될 역할
을 분석했다. 여기에는 소프트웨어 업체와 같은 인프라 구축업체들
과 대형 제조업자들이 유지·관리할 수 있는 개별 점포들의 가치
뿐만 아니라, 앞으로 B2B익스체인지들이 창출할 가치까지도 포함
되어 있다(이에 대해서는 이미 정의한 바가 있다).

앞으로 4년 안에 총거래금액에서 B2B익스체인지들이 차지하는 비율이

적어도 40%는 될 것으로 짐작되는데, 이는 B2B익스체인지들이 창출하는 거래금액이 2004년경에는 미국에서만 6,000억 달러를 넘을 것이라는 의미다.

우리의 이러한 추정치는 저명한 기술 투자은행인 볼프 브라운 웰런사(Volpe Brown Whelan & Co.)의 B2B 인터넷 선임 분석가인 찰스 피니(Charles Finnie)가 『기업 간 온라인 거래의 총규모 중 절반 이상이 B2B익스체인지에서 나올 것이다』라고 언급한 내용에 비하면 낮은 편이다. 만일 이러한 회전율에서 B2B익스체인지가 차지하는 수익률이 0.5%만 되어도 B2B익스체인지는 2004년까지 미국에서만 매년 총 30억 달러의 수익을 올릴 것이다. 이에 대해 피니는, B2B익스체인지가 향후 85%의 높은 매출 이익률을 올릴 것이며, 따라서 B2B익스체인지는 엄청난 투자기회라고 말했다.

인터넷은 전략이다

이제는 전세계의 전통 있는 거대 다국적기업들도 자신들의 모든 사업부문을 인터넷과 통합하려는 대열에 황급히 뛰어들고 있다. 초일류의 기업들은 고도의 전략적 두뇌집단들을 고용하여 인터넷 도사들인 신생기업에게 시장을 잠식당하지 않으려고 다각적인 노력을 기울이고 있다. 63세의 잭 웰치(Jack Welch) GE 회장은 현재 「destroyyourbusiness.com(너의 사업을 부수어라.컴)」을 외치며 철저한 구조개혁을 단행하고 있다. GE는 모든 사업부문에 「너사부(dyb)」 전담팀을 두고 전임 책임자의 지휘 아래 다른 기업에 앞서 인터넷 혁신을 이루려고 애쓰고 있다.

모든 기업은 인터넷을 단순한 통신 시스템으로만 여겨서는 안 되며,
사업 전반에 걸쳐 인터넷과의 통합을 추진하는 전략을 세워야 한다.

이는 일부 회사의 경우 새로운 조직(사업체)을 편성해 온라인을
이용한 제품 및 서비스를 제공할 수 있음을 의미한다. 이러한 새로
운「닷컴」조직은 종종 전통적인 부서(회사)들과 실질적인 경쟁을
벌여야 하겠지만, 자신들의 회사가 경쟁에서 뒤처지지 않는 데 결
정적인 역할을 할 것이다. 예를 들어, 페더럴 익스프레스(Federal
Express)의 경우 공급자, 고객, 그리고 선박업체들과의 좀더 원활한
커뮤니케이션을 위해 사내에 철저한 인터넷 기반의 물류정보처리
시스템(logistics information handling system)을 구축하는 조직을
두고 있다. 이 신규 조직의 운영이 성공을 거둘 경우, 현재 전통의
FEDEX 소포 우편물 서비스(courier packages)를 이용해 동일 이해
집단 간에 주고받고 있는 정보의 양은 현저하게 줄어들 것이 확실
하다.

다른 기업들의 경우에는, 이것이 여러 인터넷 기반 회사에 투자하
면서 투자수익을 기대하는 것을 의미한다. 예컨대, 미국의 증권시
장에서는 현재 뉴욕증권거래소의 대규모 거래 회원들이 다양한
ECN 업체들과 자본거래 시스템에 투자하느라 무척 바쁘게 보내고
있다. 아키펠라고 홀딩이라고 불리는 ECN을 예로 들면 골드만 삭
스, 메릴 린치(Merril Lynch), JP 모건, 인스티넷, 그리고 이*트레이
드(E*Trade) 등이 투자자 목록에 올라 있다. 또한 골드만 삭스와 메
릴 린치의 경우에는 동시에 브래스 유틸리티(Brass Utility)와 프리
멕스(Primex)를 비롯한 다른 ECN 경쟁사 두 군데와 옵티마크 테크
놀로지에도 투자하고 있다. 그리고 골드만 삭스는 위트 캐피털(Wit
Capital) 지분의 16% 이상을 소유하고 있다. E*트레이드는 인터넷

브로커이고, 인스티넷도 ECN 업체인데, 재미있는 것은 인스티넷 역시 부상 중인 영국의 ECN 업체인 트레이드포인트에 투자하고 있다는 점이다.

이러한 환경에서 B2B익스체인지들은 진지한 투자자들을 끌어들일 수 있는 이상적인 회사로 인식되고 있다. 왜냐하면 인터넷 위주의 벤처 캐피털뿐만 아니라 「닷컴」 현상을 경험하지 못한 산업시대의 기업들도 B2B 전자상거래 기회를 탐색하고 있기 때문이다.

그러나 B2B익스체인지의 성공은 독립성과 중립성 유지에 달려 있다.

네트워크 메가트렌드

현재 미국을 비롯해 전세계적으로 일고 있는 인터넷의 급속한 비즈니스 침투 물결의 기저에는 두 줄기의 인터넷 관련 메가트렌드가 흐르고 있다. 그 중 첫번째는 켈리가 자신의 저서 《신경제를 위한 새로운 규칙》에서 규정한 「켈리의 네트워크 신법칙」이고, 두번째는 판매자에서 구매자로의 권력이양 흐름이다.

신경제에서 인터넷과 같은 네트워크의 가치는 실제로 매트캘프의 n^2 공식보다 빠르게 증대되고 있다(여기에서 n은 접속한 사람의 수). 켈리가 지적했듯이, 전자 네트워크상에서는 여러 무리의 사람들끼리 동시에 복수로 접속이 이루어져 네트워크의 잠재적 가치는 단지 $n \times n$이 아니라 n^n이 되기 때문이다.

이런 유형의 네트워크에 대한 가장 극적인 예가 바로 B2B익스체인지다. 왜냐하면 복수의 구매자와 복수의 판매자가 가상의 거래장소에 모여 서로 커뮤니케이션을 할 수 있기 때문이다.

두번째의 메가트랜드는 권력(힘)의 균형이 고객으로 넘어가는 변화다. 즉 B2B 세계에서는 인터넷의 영향으로「일생에 한 번 있는 권력의 이동」이 판매회사에서 그들의 고객 또는 구매회사로 넘어간 것이다.

B2B익스체인지는 이러한 인터넷 혁명의 킬러 애플리케이션으로서, 역동적인 가격정책을 창출한다. 따라서 구매회사는 상당히 저렴한 가격에 물품을 구입할 수 있을 뿐만 아니라, 재고량을 대폭 절감시키며, 고객과의 납품 시간도 좀더 정확하게 지킬 수 있게 되었다.

성장영역과 통합

이제 곧 출범을 서두르고 있는 새로운 B2B익스체인지들의 공격이 시작될 것이다. 그리고 이러한 신생 B2B익스체인지 중 일부는 강철, 제지, 파생금융상품, 전기, 보험과 같은 시장에서 기존의 익스체인지들과 경쟁하며 성장하게 될 것이며, 완전히 새로운 시장으로 진출하는 익스체인지들도 있을 것이다. 따라서 여러분은 새로운, 그리고 기존의 B2B익스체인지들이 대규모 수익을 올리는 시장을 지배하는 것을 보게 될 것이다. 사실 이러한 수익 중 상당 부분이 현재는 유통업자, 브로커 또는 중개인들에게 돌아가고 있는데, 이러한 시장은 B2B익스체인지가 성장하고 제조업자의 중개수수료와 높은 유통비용 절감을 유도하면서 격변을 겪게 될 것이다. 예를 들어, 페이퍼익스체인지는 제지산업에서 상당한 성공을 거두었다

(미국 시장에서만 6,000억 달러의 총수익을 올렸음). 이는 제지산업이 매우 세분화된(즉 다단계 유통구조의) 시장을 갖고 있었고, 따라서 유통업자의 수익률이 제지 제조업자들보다 월등히 높았기 때문이다.

이 책 전반에 걸쳐 누차 지적했듯이 동일한 버티컬 영역에서는 다수의 익스체인지가 공존하며 성공할 수 없다. 따라서 경쟁관계에 놓인 많은 신생 익스체인지들은 특정 버티컬 영역에서 우위를 차지하고 생존하기 위해 합병을 추진할 것이다.

그러므로 초기 고속성장 기간(12~18개월)이 지나면 합병기간(18~36개월)이 도래할 것으로 전망된다. 최근에 있었던 페이퍼익스체인지와 MPX사의 합병은 앞으로 이와 같은 합병이 계속되리라는 것을 보여주는 단적인 예다.

확장

성공적인 B2B익스체인지는 자신들이 선택한 버티컬 시장에서 우위를 점하게 되면, 밀접한 관련이 있는 다른 버티컬 영역으로의 확장을 모색할 것이다.

버티컬 영역 간에 밀접한 관련이 있다면, 익스체인지의 인프라를 둘 또는 그 이상의 시장으로 분할하는 데 상당한 이점이 있다.

예를 들어, 스칸디나비스크 크래프트메글링(Skandinavisk Kraftmegling AS, www.skm.se)은 스칸디나비아의 전력시장에서 큰 성공을 거둔 후, 현재는 미국의 전력 익스체인지인 엘리넥스의 출범 준비를 도와주고 있다. 이와 마찬가지로 커머엑스(CommerX) 의 경우 플라스틱넷 개발 경험을 살릴 수 있는 관련 버티컬 영역으로의 확장을 모색하고 있으며, 메탈사이트는 취급제품을 강철뿐만 아니라 알루미늄, 동, 아연 등으로 확대할 계획이라고 발표했다.

B2B익스체인지 네트워킹

우리는 웹사이트(www.b2bexchanges.com)를 개설해 이 책의 내용을 계속 갱신하고 전세계의 B2B익스체인지와 이해관계를 가진 기업들을 위한 네트워킹 협회를 조직할 계획이다. 켈리는 자신의 신경제 세번째 법칙에서 네트워크 경제는 「희소성이 아닌 풍부함 (Plentitude not Scarcity)」으로 지배된다고 강조했다. 이는 네트워크에 더 많이 연결되면 될수록 더 많은 가치가 창조된다는 의미다. 따라서 B2B Exchanges.com은 더욱더 많은, 성공적인 B2B익스체인지들과의 상호관계를 극대화시킬 것이다.

증권업계의 미래

증권업계에서는 범세계적인 증권거래를 위한 움직임이 지속될 전망이다. 그러나 이 같은 움직임은 전통적인 증권거래소 간의 합병이 아니라 서로 연계되어 하나의 「무리」를 구성할 수 있는 온라인 거래 네트워크를 통해 성사될 가능성이 크다. 왜냐하면 전통적인 국가단위의 증권거래소들이 하나로 통합되기에는 시스템, 개성, 전통적인 민족감정, 국내 증권거래소 사정 등 서로 상충되는 요소들이 너무 많기 때문이다. 또한 온라인 거래 네트워크 중 상당수는 오

더플로(order-flow) 유입 후 막대한 주문량을 전자 연계 엔진으로 관리되는 중앙지정가 주문시스템에 입력하려는 국제 브로커 딜러들에 의해 착수될 것이다.

이와 같이 새로운 흐름의 좋은 예가 최근에 발표되었던 CLSA(Credit Lyonnais Securities Asia : 비미국계 기업 인수·합병 전문업체)와 블룸버그 파이낸셜 마켓〔B트레이드(B Trade)라 불리는 미국 ECN 경영회사〕 사이의 거래협정이다. 이 거래협정으로 CLSA는 미국을 제외한 전세계 지역의 오더플로를 글로벌 ECN(「G Trade」)으로 유입할 수 있게 되었다. 이같이 새로운 환경에서 가장 이상적인 것은 온라인 거래 시스템이 틈새 시장에서 글로벌 ECN으로 자리매김하는 것이다. 예를 들어, 버뮤다증권거래소의 경우 미국 증권관리위원회에 등록되어 있지 않은 주식(예컨대, 헤지 펀드주와 대체 투자수단)의 전자 연계 거래를 위한 글로벌 ECN으로 확고한 입지를 다지고 있다. 이제 온라인 거래 네트워크들이 공동으로 연계해 범세계적인 네트워크 형성을 시도함에 따라 전통적인 증권거래소들은 그들과의 경쟁이 점점 더 힘들어짐을 깨닫게 될 것이다. 따라서 전통적인 증권 및 상품거래소들은 자체 구조개혁을 통해 「주식회사로의 전환」, 수익성 위주의 기업으로 변신해야만 이 경쟁에서 생존할 수 있을 것이다.

이러한 전자 글로벌 거래 시스템은 궁극적으로 다양한 상품을 공급하는 플랫폼으로 진화하게 될 것이다. 즉 파생상품, 고정수입 및 전세계의 핵심우량주 등을 포함해 모든 상품을 동일한 시스템에서 거래할 수 있는 시장을 제공하게 될 것이다.

이제 모든 기업들은 인터넷과 몇 대의 주문연결 컴퓨터가 일으킨 증권계의 근본적인 구조개혁을 통해 단호한 결단을 내려야 한다.

온라인 거래 시스템을 위한 다양한 기회

B2B익스체인지의 확산에 따른 다양한 기회 중 하나는 라이선싱과 온라인 거래 시스템을 다른 익스체인지에 판매하는 데서 잡을 수 있다. 현재 이 부분에서는 증권시장 전문가들이 B2B익스체인지용 시스템을 개발하고 있는 트레이드엑스나 트레이디엄과 같은 소프트웨어 업체들보다 월등히 앞서 있다. 그러나 곧 EFA 소프트웨

어, 옵티마크 테크놀로지와 같은 첨단 자동연계거래 시스템을 제공하는 업체들이 B2B익스체인지 시장영역을 적극적으로 공략하는 모습을 보게 될 것이다.

제임스 마틴(James Martin) 박사가 자신의 신간《인공지능(Artificial Intelligence)》에서 지적했듯이, 현재 소프트웨어의 설계는 기계, 즉 인공지능 형태로 프로그램이 진화하고 개발될 수 있도록 진행되고 있다. 따라서 머잖아 인공지능이 내장된 정교한 소프트웨어 에이전트가 인간 대신 B2B익스체인지의 온라인 거래를 수행하게 될 것이다.

맺음말

B2B 영역에서는 모든 구성요소들이 쉬지 않고 움직이고 있으며, B2B익스체인지는 인터넷을 통한 비즈니스 혁명의 킬러 애플리케이션이다. 모든 B2B익스체인지가 각자의 버티컬 시장에서 성공하기를 기원한다.

- 인터넷은 미국이라는 기업이 스스로 구조개혁을 추진할 수 있도록 지원하고 있다. 그리고 지난 9년 간 미국 경제의 눈부신 성장기간 중 인터넷이 기여한 기간은 무려 5년이나 되었다.

- 시장영역에 대한 규모 예측 : 우리는 B2B익스체인지들이 창출하는 거래금액이 2004년경에는 미국에서만 6,000억 달러가 넘을 것으로 예측한다. 또한 예상 수익은 적어도 매년 30억 달러에 이를 전망이다.

- 모든 기업은 인터넷 환경에 맞추어 자체적인 구조개혁을 단행해야 한다(예 : GE). 인터넷은 통신매체 이상의 역할을 수행할 수 있다. 따라서 인터넷을 주요 사업전략으로 삼아야 한다.

- 메트캘프의 네트워크 법칙은 켈리의 전자 네트워크 신법칙(n^n)으로 대체되고 있다. 이런 유형의 네트워크에 대한 가장 극적인 예가 바로 B2B익스체인지다. 왜냐하면 복수의 구매자와 복수의 판매자가 가상의 거래장소에 모여 서로 커뮤니케이션을 할 수 있기 때문이다.

- 현재의 환경에서 B2B익스체인지들은 「닷컴」 현상을 경험하지 못한 인터넷 위주의 벤처 캐피털리스트 업체들은 물론, 인터넷을 탐색하고 있는 전통적인 기업들로부터 진지한 투자자들을 유치할 이상적인 익스체인지로 자리잡고 있다.

- 차세대 B2B익스체인지가 개발될 가능성이 있는 산업계의 목록을 제공한다.

- 승자가 대부분을 가져간다. 경쟁 익스체인지들이 시장지배를 목표로 통합을 추진할 것이다.

- 이 책의 내용 중 갱신되는 부분은 웹사이트(www.B2Bexchanges.com)에 올릴 예정이다.

- 증권업계의 미래 : 기회는 서로 연계되어 하나의 그룹을 형성하는 온라인 거래 시스템과 브로커 딜러들을 위한 것이다. 전통적인 증권거

래소는 생존을 위해 스스로 구조개혁을 단행해야 한다.

- 증권거래 시스템용 소프트웨어 개발업체들이 일반적인 B2B익스체인지 영역으로 진출할 것이다.
- B2B 영역에서는 모든 구성요소가 쉬지 않고 움직이고 있다.

B2B익스체인지의 프로파일

선별 업체명

- Catastrophe Risk Exchange(CATEX)
- Chemdex Corporation
- CreditTrade
- e-Chemicals, Inc.
- Elinex, Inc.
- e-STEEL
- MetalSite
- National Transportation Exchange
- PaperExchange
- PlasticsNet
- TechEx

Catastrophe Risk Exchange
(CATEX)

개관

카텍스는 리스크가 높은 재보험 가입업체를 위한 공정하고도 국제적인 인터넷 기반 거래 시스템으로서 재보험 중개자 자격을 보유하고 있다. 그리고 보험업자, 재보험업자, 브로커, 자가보험 계약자 등이 인터넷상에서 재보험상품의 판매자 및 구매자와 연결해 재보험 리스크와 관련된 거래를 수행할 수 있도록 지원하고 있다. 카텍스는 환경 책임, 해상, 항공, 자동차 보험 등을 포함해 여러 가지 위험보험상품을 제공하는 동시에 원보험업자와 재보험업자들에게 위험보험상품의 폭넓은 판매와 다양성을 지원한다.

연혁

카텍스는 프랜시스 포투나토, 스위니, 새뮤얼 포투나토(Samuel Fortunato)가 지난 1996년 8월 설립했다. 1996년 말 카텍스는 사용자가 전용 특허 소프트웨어를 직접 사용해 ISDN 기반 사설망에 다이얼 접근을 할 수 있도록 리스크 거래 시스템을 도입했다. 그 후 보험업계에 인터넷 기술이 적용되기 시작하자 카텍스는 브라우저에 기반을 둔 거래 시스템을 도입했고(1998년 11월), 지난 1999년 12월에는 트레이디엄사가 개발한 XML 기반 시스템인 카텍스 2000을 선보이기에 이르렀다. 카텍스는 개인 소유 회사로서 창립사——〔사이언스 애플리케이션 인터내셔널사(Science Applications International Corporation), E W 블랜치와 스컬리 브러더스 LLC(Sculley Brothers LLC)〕——등으로부터 자금을 지원받고 있다. 카텍스는 부채가 없는 건실한 업체로서 1999년 4/4분기를 손익분기점으로 잡고 있으며, 현재 또 다른 금융 분야로의 진출도 모색하고 있다.

버티컬 시장기회

카텍스는 비상 재해에 대한 보상능력의 증대를 위한 수단으로 개발되었다. 업계는 이 거래 시스템의 도입을 환영했으며, 곧 재보험 업계의 계약자들에게 효율성과 정보량을 크게 증대시키는 효과를 낳았다. 즉 카텍스 가입자들이 시스템상에서의 익명 거래에 동의해 거래가 성사되면 카텍스는 거래가격, 규모 등을 실시간으로 제공할 수 있기 때문이다. 그 결과 가격의 투명성에 매력을 느낀 많은 가입자들이 몰리면서 위험 재보험 협상 및 거래방식에 근본적인 변화를 가져오게 되었다. 현재 카텍스는 관련 업계에 널리 알려지면서 많은 기업보험 계약자들에게 온라인으로 보험료를 살펴볼 수 있을 뿐더러 직접 구매도 가능하게 하는 메커니즘을 제공하고 있다.

멤버십 모델

카텍스는 사기업으로서 설립자들과 중립적인 민간 투자자 그룹이 관리하고 있다. 회원자격에는 특별한 기준은 없지만 리스크를 보유한 업체와 그 자회사 및 계열사로 제한을 두고 있다. 따라서 가입을 신청하는 대표나 기업들은 리스크가 있는 업체 또는 재보험 중개인이라는 법적 근거를 서류 형태로 제출해야 한다.

거래 모델

거래는 공개 「입찰 및 요청(bid and ask)」 시장, 즉 익스체인지를 운영하며 융통성 있고 안정된 환경을 제공한다. 카텍스 거래 시스템(CATEX Trading System)의 속도, 효율성 및 융통성은 보험업자가 혁신적이고 통합적인 리스크 관리전략 및 패키지 구성을 할 수 있도록 지원한다. 또한 카텍스는 보험료 현금 납부, 순수 리스크 스왑 등의 전자 재보험 거래를 실현하기 위한 이상적인 포럼을 제공하며 가입자들은 이 거래 시스템을 이용해 쿼터 할당, 리스크당 초과분 또는 비상재해 초과보상금과 같은 기존의 재보험상품을 판매 또는 구입할 수 있다. 카텍스는 또한 보험업자와 자가보험 계약자들이 카텍스에 가입한 재보험업자로부터 직접 재보험상품을 구입하는 것도 허용하고 있다. 따라서 리스크 보유(즉 손해액 규모가 엄청난) 기업들은 최소한의 비용으로 더욱 다양한 위험분산상품에 가입함으로써 발생가능한 책임부담을 분산할 수 있다. 관련업자들도 다양한 방법으로 상품 목록을 조회하고 거래협상에 참여할 수 있다. 이러한 참여방법에는 카텍스 전자우편, 실시간 텍스트 다이얼로그, 온라인 회의, 문서처리 공동작업, 전화, 팩스, 우편 등이 있다. 합의된 거래조건은 서류에 쓰는 기존방식이나 전자제안서 또는 전표를 구축할 수 있는 「트레이딩 메일」 시설을 이용해 최종 마무리할 수 있다. 끝으로 체결된 거래는 카텍스에 등록된 후 세부내역이 모든 가입자들에게 공개된다.

시장진입 전략

카텍스의 설립자는 사업을 시작하기 전부터 예상 고객들과 공동작업을 추진해 고객에게 필요한 사항을 논의하고 제안된 거래 솔루션에 대한 최상의 설계방식을 결정하는 데 18개월을 보냈다. 또한 카텍스는 기술 플랫폼 개발에 앞서 업계 전문가들의 의견을 수렴하고 시장수요 파악에 주력하면서 전자거래소에서 재보험을 구입하거나 판매하려는 전문가들로부터 폭넓은 지원을 이끌어냈다. 사업 초기에는 비상 재난 재보험에 주력했지만, 현재는 다른 종류의 재보험이 거래 시스템의 전체 게시건 중에서 60%를 차지하고 있다. 카텍스는 재보험상품의 범위를 확장하며 더욱 다양한 특약거래와 산업손실 보증상품을 취급할 뿐만 아니라 트레이딩 플랫폼의 성능도 강화시켰다.

시장지배

카텍스는 세계 최고의 전자거래 시스템으로서, 재보험 및 보험산

업을 지원하고 있다. 1999년 10월 현재 카텍스의 게재 건수는 2,000
건을 넘고 있으며, 성사된 거래만도 거의 300건으로 의무보상액 게
시내용은 약 17억 달러, 그리고 보험료는 약 9,300만 달러에 이르렀
다. 이 사이트는 보험거래를 위해 하루 24시간 쉬지 않고 운영되고
있으며 일일평균 접속 건수는 약 8,000회에 달한다. 이러한 수치는
148명의 가입자와 익스체인지 거래에 등록한 1,600명 이상의 사용
자들이 참여한 결과다. 카텍스의 가입자 중 50%는 재보험업자, 20%
는 브로커이며, 나머지 30%는 원보험업자와 자가보험 가입업자로
서 이들은 카텍스가 주요 고객층으로 삼고 있는 재보험 계약자들이
다. 지금까지 카텍스는 보험업자, 재보험업자, 그리고 브로커를 대
상으로 한 마케팅 활동에 주력해왔다.

「커뮤니티 구축」—거래 메커니즘 부가 서비스

잘 알려진 리스크 거래를 위한 최적의 분석환경을 제공하기 위해
카텍스는 임계 검색도구 접근뿐만 아니라 보험 및 금융 뉴스 서비
스, 각 기업의 평가등급 및 재무 데이터, CAT 모델링 패키지, 전문
리스크 관리 소스와 같은 정보 소스에 대한 링크도 제공한다. 따라
서 카텍스 회원들은 성사된 거래에 대한 데이터뿐만 아니라 거래활
동과 관련해 특별한 주제에 대한 온라인 보고서의 요약 데이터에
접근할 수 있다. 또한 카텍스 자료실에서는 보험관련 정보 의뢰서
를 전문적으로 취급하는 전자배포(electronic distribution)를 허용하
고 있다. 이 밖에도 카텍스는 회원에게 자신의 브랜드로 사설 카텍
스 네트워크를 구축할 수 있는 기회도 제공하는데, 이는 곧 고객들
이 대규모 개발 자금을 투자하지 않고도 자신의 고객들과 파트너
에게 온라인 보험거래를 제공하는 강력한 카텍스 트레이딩 플랫폼

을 이용할 수 있다는 의미다.

수익 모델

카텍스의 주요 수입원은 회비다. 각 참여업체는 카텍스 트레이딩 시설 사용에 대한 연회비와 카텍스에서 판매한 재보험 보험료의 0.1%를 거래수수료로 지불한다. 일반적인 업계의 수수료는 5~15% 또는 1,000베이시스 포인트다. 또한 카텍스는 원보험사와 자가보험업자에게 구매자 라이선스 비용으로 매달 100달러를 청구하는데, 이러한 구매자 라이선스로 10명까지 시스템을 사용할 수 있다. 그리고 재보험업자와 브로커에게는 판매자 라이선스 비용으로 매달 2,000달러를 청구하며, 이 판매자 라이선스를 구입하면 각 회원의 직원들은 50명까지 익스체인지에서 거래를 할 수 있다.

보안 및 중립

카텍스는 뉴욕 보험과(New York Insurance Department)로부터 재보험 중개사 자격을 부여받은 회사로서 중립적 입장을 고수하고 있다. 또한 뉴욕보험감독원(New York Superintendent of Insurance)의 감독과 심사를 받는다. 따라서 카텍스 사용자는 거래상의 심각한 이해관계가 발견되지 않는 한 익명으로 거래 시스템을 사용할 수 있다. 거래협상은 관계자들의 신원을 서로 교환한 후 신중하게 진행된다. 또한 카텍스는 부정한 방법으로 거래 데이터를 입수하는 거래자가 없고, 보험 및 재보험업계에서 불공정한 영향을 받거나 배제되는 일이 없으며, 회사를 시종일관 성실하고 공명정대하게 유지·관리한다는 사실을 내규·약관에 분명히 밝히고 있다.

더 자세한 사항은 다음 연락처를 참고하라.

Francis Fortunato, CEO
Catastrophe Risk Exchange
26 Broadway New York, NY 10004
Phone : 1-877-GO-CATEX
E-mail : francisfortunato@catex.com

Chemdex Corporation

개관

켐덱스는 생명공학 분야에서 기업 간 전자상거래 솔루션을 제공하는 선두업체이자 익스체인지다. 실험용품 공급방식의 효율적 관리에 대한 생명공학계의 요구에 부응해 설립된 켐덱스는 인터넷과 전자상거래 기술을 활용해 전체 생명공학 분야의 공급망을 자동화하며 관리 능률을 향상시켰을 뿐만 아니라, 생물공학 및 제약회사를 비롯해 대학과 연구기관들의 인터넷을 기반으로 하는 안정된 공급 솔루션 지원활동을 아끼지 않고 있다.

연혁

생명공학 산업을 위해 새롭고 효율적인 유통망을 개발한다는 목표 아래 지난 1997년에 사장이자 CEO인 페리가 제프 린(Jeff Leane)과 공동으로 켐덱스를 설립했다. 1999년 10월 현재 켐덱스의 직원은 170명이며, 1999년 7월 실시한 기업공개(IPO)에서 1억 1,250만 달러의 자금을 확보했다(Nasdaq : CMDX). IPO 이전에는 주요 생명공학 및 정보기술 벤처 투자자(VC)들의 투자를 받았는데, 이들 투자자에는 클라이너 퍼킨스 코필드 & 바이어스(Kleiner Perkins Caufield & Byers), EM워버그(EM Warburg), 핀커스 & 코 LLC(Pincus & Co. LLC), CMG@벤처(CMG@Ventures), 베이 시티 캐피털(Bay City Capital), 제네테크(Genentech)의 창립자이자 전 CEO였던 로버트 스완슨(Robert Swanson), 그리고 생명공학업체의 CEO 여섯 명이 포함되어 있다. 켐덱스는 아직 수익을 올리지 못하고 있지만, 1999년 3월 VWR사가 켐덱스에 10% 지분 투자를 했다.

버티컬 시장기회

생명공학업계의 전통적인 구매방식은 연구원, 기업, 공급자 모두에게 비효율적이고 많은 시간과 비용을 요구했을 뿐만 아니라, 제품 주문을 하는 경우에도 주로 서류를 통한 내부 구매절차에 따라 처리되어 수동으로 서류 작성, 승인, 주문 추적, 청구, 그리고 여러 관련 부서에 보고하는 등 복잡한 절차를 거쳐야 했다. 생명공학 실험용품은 전문적이고 복잡한 특성을 지니고 있어 제품 선별에 특수 지식이 필요하고, 공급자층의 세분화로 인해 연구원들은 자신의 실험에 가장 적합한 제품을 알아보기 위해 수많은 제품 카탈로그를 살피고 다양한 공급업체에서 제공한 다른 정보를 조사하느라 많은 시간을 낭비하게 된다. 또한 카탈로그 인쇄 및 유통비용이 너무 비싸 공급업체들이 시간에 민감한 정보를 빈번하게 갱신하고 배포하지 못하고 있는 실정이다.

따라서 생명공학을 취급하는 기업들의 요구사항을 해결하려면 솔루션은 반드시 비용 면에서 효율적이어야 하며, 구현 및 유지·관리가 수월해야 하며, 기업에게 자신들의 특별한 구매정책과 비즈니스 원칙을 실행할 수 있는 환경은 물론, 정보를 수집해 다수의 공급업체에게 대량구매 할인 혜택과 인터페이스를 최대한 제공할 수 있어야 한다. 또한 연구원들의 수요를 효과적으로 해결하기 위해 솔루션은 사용이 편리하고 포괄적인 제품 선택, 상세한 제품정보 전문 검색능력 및 효율적인 주문 및 트래킹 메커니즘을 제공해야 한다. 뿐만 아니라 제품목록의 정식 설명서 및 제품가격 정보를 제공하며 중립적이고 공정한 시장환경도 제공해야 한다.

저명한 생명공학 및 인터넷 투자자들은 매우 복잡한 고객층, 전문제품 및 고도의 특성을 지닌 실험용품 공급시장이 인터넷 기반 솔루션을 위한 이상적인 시장임을 간파했다. 그리하여 이들은 켐덱스의 개발에 투자하고 실험용품 공급시장의 유통망 문제를 해결하기 위해 뛰어난 업계전문가들로 구성된 관리팀을 모으기 시작했다.

멤버십 모델

켐덱스는 반개방형 회원제도로 운영되는 공기업으로서, 사전에 켐덱스의 합법적인 사용자 자격을 취득한 개별 연구원들과 기업에 소속되어 있는 구매자를 판매 대상으로 삼고 있다. 회원자격 기준에는 켐덱스의 시장영역, 즉 과학연구 분야에 관련된 공식적인 구매 조직의 회원 등록자에 대한 필요성도 포함되어 있다. 그리고 이러한 등록 회원들은 관련 기관에 채용되어 회사의 구매주문서 또는 신용카드와 같이 소속 기관에서 제공한 구매 메커니즘을 사용해 켐덱스 제품을 구입할 것이라는 점을 증명해야 한다.

거래 모델

켐덱스는 전자상거래를 통해 생명공학업계에 물자조달 솔루션을 제공하는 유일한 업체다. 켐덱스의 솔루션은 광범위한 온라인 시장에서 각 기업의 독특한 사업적 요구에 부합되는 강력한 구매력뿐만 아니라 포괄적인 고객 서비스 및 지원 서비스를 제공한다. 또한 켐덱스의 시장은 인터넷에 기반을 둔 안정된 시스템으로 생명공학 분야의 기업, 연구원, 공급자들이 이 분야의 제품, 예컨대 생화학 시약, 실험제품, 기구 및 장비 등을 매매할 수 있도록 지원한다. 이 밖에도 켐덱스는 기업, 구매자 및 공급자를 하나로 연결해 업무의 효율성, 생산성을 강화하는 한편 비용절감을 도모하고 있다.

켐덱스 시스템은 확장 중인 수백, 수천 가지 제품의 데이터베이스, 고급 검색엔진 및 거래 소프트웨어를 기반으로 사용자들이 수월하게 필요한 제품을 분별하고, 소재를 파악하며 구매할 수 있도록 지원한다. 켐덱스의 솔루션은 또한 제3자의 기업용 물품조달 응용 프로그램 및 자원조달계획 시스템을 통합할 수 있다. 뿐만 아니라 켐덱스는 성공적인 유통, 신속한 수령 및 사용, 그리고 주문추적 및 실행을 위해 포괄적이고 전문적인 서비스를 제공한다.

시장진입 전략

사업 초기 켐덱스는 생명공학업계에서 충분한 구매자와 공급자를 확보하기 위해 총력을 기울였다. 켐덱스는 공급자에게 비용을 절감할 수 있는 기회를 제공하고, 많은 고객과 접촉한 후 그들에게 인터

넷을 설치해주거나 그들의 인터넷 성능을 향상시켜주는 방법으로
제품 판매량을 증대시키고 있다. 켐덱스는 또한 공급자에게 특정
카탈로그를 제작하지 않고도 언제든지 고객 위주의 가격 구현, 제
품정보 업데이트 및 신제품 소개를 할 수 있도록 지원을 아끼지 않
고 있다. 더불어 켐덱스 시장은 공급자에 대해 중립적 입장을 지키
고 있다. 즉 공급자들이 제품의 특성이나 가격을 공정하게 비교해
제공함으로써 연구원들은 이 정보를 토대로 합리적인 선택을 할 수
있다는 의미다. 현재 켐덱스는 이 분야에 최초로 진출한 업체로서
의 위치를 고수하면서 유명 공급업체와 제품의 제공범위를 확대하
고 확장가능한 강력한 플랫폼과의 기술제휴를 계속 추진할 계획이
다. 지난 1999년 9월 켐덱스는 온라인 시장의 특수 의료제품 제공업
체인 프로메딕스 닷컴(Promedix.com)을 인수할 방침이라고 발표
했다. 이로써 켐덱스는 프로메딕스 닷컴이 의료업계에서 쌓은 폭넓
은 경험과 고객 및 공급업자와의 확실한 연대관계를 켐덱스의 광범
위한 기술 플랫폼, 버티컬 시장용 전자상거래 솔루션, 축적된 경험
과 결합할 수 있게 되었다. 따라서 켐덱스는 B2B 전자상거래 선도
자로서의 입지를 더욱더 확실하게 다지고, 프로메딕스 닷컴은 솔루션
으로 의료업계의 시장 진출에 더욱 박차를 가할 수 있게 될 것이다.

시장지배

1999년 6월 현재 켐덱스는 제약회사, 생명공학 기업, 그리고 대학
연구소를 포함해 약 49명의 고객을 확보하고 있다. 켐덱스는 직접
판매원, 내부 텔레마케팅 직원 및 VWR(업계 최대의 유통업체 중
하나)와 바이오테크놀로지 인더스트리 오거나이제이션(Bio-
technology Industry Organization)과 같은 전략적 파트너들을 함께

활용하며 자사 솔루션을 판매하고 있다. 이러한 판매 및 마케팅 접근방식은 켐덱스 솔루션의 사업 및 기술 이점에 대한 고객과 공급업자의 이해력을 높이고 일대일 교육 및 훈련을 통해 사용자 확보를 촉진하고자 마련된 것이다. 또한 켐덱스는 세미나, 직접 우편 발송, 박람회, 구두계약, 웹사이트 마케팅 등 다양한 활동도 벌이고 있다. 이 밖에도 종합적인 홍보 및 마케팅 프로그램을 활용해 연구원과 구매 에이전트들이 켐덱스의 제품을 사용하도록 교육하고 설득하며 생활과학 실험제품을 주문하도록 유도하고 있다.

수익 모델

켐덱스는 거래 및 소프트웨어 응용 프로그램 라이선싱 수수료로 수입을 올리고 있다.

보안 및 중립

켐덱스는 고객의 프라이버시를 중시하는 벤더 중립적인 마켓플레이스라 할 수 있다.
더 자세한 사항은 다음 연락처를 참고하라.

Chemdex Corporation
1500 Plymouth Street
Mountain View, CA 94043
Phone : 1-650-813-0300
E-mail : info@chemdex.com

CreditTrade

개관

크레디트트레이드는 금융기관들의 거래와 신용불량자 관리를 지원하는 인터넷 익스체인지다. 또한 가장 저렴한 신용거래수단을 제공하며, 이 사이트를 통한 거래가 무산되거나 협상이 결렬되었을 경우에는 사용료나 접속료를 청구하지 않는 것을 원칙으로 한다. 현재 신용 파생금융상품 시장의 경우 투명성 결여와 비규격 문서로 인해 혼란이 발생하고 있다. 크레디트트레이드는 문서교환, 협상, 거래, 신용불량자 관리 등에 관한 업무를 처리하는 기관들의 용이성, 투명성, 효율성 등을 대폭 개선함으로써 이 같은 문제에 대한 해결책을 제공한다. 또한 신용 파생금융상품, 대부거래 및 그 밖의 구조화된 신용거래와 관련한 모든 신용거래자들에게 종합적인 청사진을 제공하는 역할도 수행하고 있다. 크레디트트레이드는 뮤턴트 테크놀로지로부터 자금을 공급받아 설립된 익스체인지로서 비록 현재까지 특정한 수입은 없었지만, 지난 1999년 9월 21일 마침내 첫거래를 성사시켰다. 현재 크레디트트레이드는 시리즈 B 펀드를 모집 중에 있다.

연혁

런던에 본사를 둔 뮤턴트 테크놀로지는 도매금융 부문에서의 인터넷 기술 활용이라는 목표로 설립되었다. 바로 이러한 뮤턴트 테크놀로지의 취지가 지난 1999년 1월 창립한 크레디트트레이드의 설립 배경이다. 폴 엘리스(Paul Ellis)가 설립한 크레디트트레이드는 처음에는 뮤턴트 테크놀로지의 계열사로 운영되다가 1999년 9월 별도 법인으로 분리되었다. 크레디트트레이드 닷컴(CreditTrade. com)은 사업 초기인 1999년 6월 30일에 모의거래를 할 수 있도록 시험적으로 개설된 뒤 1999년 7월 26일 공식적인 출범을 하여 실제 거래를 시작했다.

버티컬 시장기회

지난 1998년 영국은행가협회(British Bankers' Association)는 전 세계 신용 파생금융상품 시장 규모가 무려 3,500억 원에 달하는 것으로 추산했다. 그러나 당시에는 누구도 이 거대한 시장을 눈여겨보지 않았고 크레디트트레이드 설립자들 역시 이 시장을 제대로 파악하지는 못한 상태였다. 고정수입, 채권, 기타 소매상품 등을 위한 전자상거래 시장이 다양하게 형성되면서 이런 상품을 취급하고 결제할 수 있는 더욱 진보된 시스템이 등장하게 되었다. 그러나 신용

시장의 경우 아직 상품화가 이루어지지 않고 있으며, 수입 역시 협상을 통한 거래 세부내역에 따라 차이가 있다. 이 때문에 시장에 대한 정확한 파악이 어렵고 솔루션 구현 역시 쉽지 않다. 결국 아직까지는 이 부문에 대한 시장 활성화가 이루어지지 않고 있는 형편이다.

인터넷이 신용거래에 적합한 두 가지 주요 이유는 바로 문서화와 투명성이다. 즉 웹을 이용해 신용거래의 정의 및 체결에 필요한 (때때로 광범위한) 문서를 자동화할 수 있으므로 사업 파트너들 간에 원활한 정보공유가 가능하다. 크레디트트레이드는 웹사이트를 통해 거래협상 및 종결에 관련된 문서들의 업로드, 다운로드, 공유, 전송 등을 위한 메커니즘을 제공한다.

또한 웹은 투명성을 제공한다. 이는 중개인들이 시장거래자들 간의 중재를 담당하던 재래식 시스템보다 향상된 형태다. 실시간 통신의 개념이 웹에 도입되기 전에는 누구나 특정 시간에 필요한 정보에 접근할 수 있었던 것은 아니었다. 따라서 크레디트트레이드 설립 이전에는 거래가 발생했을 때 상대 거래자와의 상담에 유용하게 활용할 수 있는 가치 있는 정보는 중개인들이 보유하고 있었다. 결국 불평등의 문제가 제기되면서 시장의 유동성이 저하되었는데, 이는 「빠져나갈 구멍(즉 법망을 피할 구멍)」이 없다고 느낀 거래자가 몸을 사리는 경향이 있었기 때문이다. 크레디트트레이드는 효율적이고 투명하면서 중립적인 「전자 중개인」의 개념을 웹사이트에 도입했다. 이 웹은 신용거래 시장에 투명성을 가져와 거래량 증대라는 목표를 실현시켜주는 중요한 역할을 담당한다.

멤버십 모델

민간업체인 크레디트트레이드는 개방적인 성격을 띠기는 하지만, 특정 자격을 요구하는 멤버십 정책을 적용시키고 있다. 모든 회원은 철저한 평가를 거치고 나서야 크레디트트레이드에서 거래가 가능하며, 승인 과정에서는 사용자가 평판이 좋은 통제기관의 일원이라는 입증 외에 신원증명도 포함된다. 영국에서는 금융시장들이 SFA(미국의 증권거래위원회와 유사한 기관)에 의해 통제되기 때문에, 크레디트트레이드는 멤버십 모델이 지속적으로 발전해나가는 좋은 예로 주식시장을 생각하고 있다.

거래 모델

크레디트트레이드는 다른 사용자들이 열람할 수 있는 세부 항목을 사용자가 제한할 수 있도록 하는 게시·검색 시스템을 구현한다. 게시·검색 시스템은 다른 사용자용으로 설계된 템플릿을 이용해 그 기능이 향상되고 자동화된다. 거래내용이 게시되면 사용자들은 크레디트트레이드 데이터베이스를 검색해서 자신들이 원하는 거래를 찾을 수 있다.

관심이 가는 거래가 눈에 띨 경우 그 거래를 게시한 사람과 익명으로 통신을 할 수 있다. 쌍방이 합의에 이를 경우 각 당사자의 동의를 조건으로 크레디트트레이드는 실명교환을 실행함으로써 거래 종결에 직접 관여한다. 그러면 당사자들은 시스템상의 거래를「잠금 상태」로 하여 신용 상태를 확인한 다음 오프라인으로 문서화 작업을 마무리한다. 일단 거래가 실행되면, 그 사실을 익스체인지에 다시 보고해야 한다. 만일 거래가 오프라인으로 수행되지 않을 경우 당사자들은 시스템상의 거래를 「잠금 해제」한다. 일단 거래가 실행되고 나면, 그 정보는 대조 점검 후 사이트상에 올려져 가격 참고 용도로 다른 참여자들에게 공개된다. 또한 크레디트트레이드는 거래 시스템을 확장함으로써 은행들이 크레디트트레이드 사이트를 통해 고객들에게 거래를 직접 제공할 수 있는 새로운 「고객거래」 영역을 제공하기도 한다. 은행은 다양한 거래 검색이 허용된 사용자 명단을 크레디트트레이드에 제공한다. 크레디트트레이드는 은행에 거래 단위로 요금을 청구하는 대신 BBS(bulletin board system) 이용 권한에 대한 회비 형태로 요금을 청구하게 된다.

시장진입 전략

크레디트트레이드는 거래흐름 중간에 개입해 「거래라는 엔진에 기름을 쳐주는」 역할을 한다. 본래 시장진입 전략은 좀더 규모가 크고 복잡한 신용거래 부문의 부분집합으로서 신용 파생금융시장에 초점을 맞추는 것이었다.

시장지배

크레디트트레이드는 거래자 수를 늘리는 데 초점을 맞추고 있다. 따라서 이 회사의 마케팅 담당자들은 사용자들에게 거래 게시 행위를 장려하고, 거래 성사를 지원하기 위해 직접 현장을 방문하기도 한다.

「커뮤니티 구축」―거래 메커니즘 부가 서비스

지난 2년 6개월에 걸쳐 뮤턴트 테크놀로지는 온라인 거래 시스템의 발전을 위해 다양한 기술을 개발해왔다. 이 기능의 대부분이 크레디트트레이드 익스체인지에 반영되었으며, 이 밖에도 크레디트트레이드는 신용업계 현장의 뉴스를 제공하기 위해 로이터 통신 뉴스를 이용하고, 마켓 어빌리티 언리미티드(Market Abilities Unlimited)와 제휴하여 신용상품에 관한 정보 및 교육, 사이트의 자원부문, 신용거래시장에서 일어나는 일련의 사건에 대한 비평 포럼 서비스 등을 제공한다.

수익 모델

크레디트트레이드의 수입은 거래수수료, 회비, 구독료 등을 통해 발생하며, 크레디트트레이드의 소개로 익명의 거래 사이트에서 거래가 이루어지면 계약 규모에 따라 수수료가 징수된다. 일반적으로 크레디트트레이드는 청구된 수수료 액수를 명시하지 않지만 일반 중개인 수수료에 비해 저렴하다는 점을 밝히는 것을 관례로 삼고 있다. 이 사이트에 있는 고객전용 페이지의 게시판 이용에 대해서는 회비가 청구된다. 이 회비는 전체 거래량을 기초로 계산되며, 거래별 계약수수료는 청구되지 않는다. 단, 거래 메커니즘을 통해 생성된 시장정보의 이용은 유료다.

보안 및 중립

크레디트트레이드상의 모든 계약과 통신은 익명으로 이루어진다.

게다가 모든 데이터는 암호화되므로 전송되는 정보는 절대로 도중
에 차단될 수 없다. 누구라도 이 사이트에 대한 접근, 열람, 게시,
거래에 대한 응답 등을 위한 암호를 받을 수 있지만,「거래자」신분
이 확인되어야 한다. 한편, 이 익스체인지는 투자 그룹이 광범위하
게 유지하고 있기 때문에 중립성이 보장된다.
　더 자세한 사항은 다음 연락처를 참고하라.

CreditTrade
12/13 Henrietta Street
London, WC2E 8LH
United Kingdom
E-mail : paule@mutant-tech.com

www.e-chemicals.com

e-Chemicals, Inc.

개관

e-케미컬은 산업용 화학약품의 안전하고 신속한 조달, 판매 및 인
도를 촉진하는 선도적인 전자상거래 시장영역이다. 웹사이트
(www.e-chemicals.com)는 구매자들이 온라인상에서 제품 선택,
가격정보 검색, 주문, 적송품 추적작업을 수행할 수 있게 하는 통합
솔루션을 제공한다. e-케미컬은 또한 기업 구매조직을 위한 전자상
거래 기반의 주문형 조달 솔루션을 제공하는데, 이들 솔루션은 기계
간 연결성(machine-to-machine connectivity)을 지원하며, 조달업
무 과정을 효율적으로 만든다.

연혁

e-케미컬은 1998년 가을 앨프 셔크(Alf Sherk), 론 다넬(Lorne Darnell), 요시 셰피(Yossi Sheffi)에 의해 설립되었다. 웹 사이트는 1998년 11월에 개설되었다. 미시간 주 앤아버에 본사를 둔 e-케미컬은 설립자들과 종업원, 그리고 지주회사인 인터넷 캐피털 그룹(Internet Capital Group, 나스닥 : ICGE) 등이 소유권을 갖고 있다. e-케미컬은 1년이 채 되지 않아 수익을 내기 시작했으며, 「최초의 시장진입자」가 누릴 수 있는 이점 획득에 초점을 맞추고 있다. 이 때문에 고객 확보에 지속적으로 투자하고 있으나, 아직 두드러지게 수익을 올리고 있지는 못하다.

버티컬 시장기회

e-케미컬은 경쟁적인 두 가지 목표, 즉 효율 개선을 겨냥한 공급자 주도권의 실행과 경쟁 심화를 통한 단위원가 절감을 위한 판매자 중심의 확대 사이에서 끊임없이 갈등을 일으키는 화학약품 업계 구매 전문가들이 직면하는 문제점을 해결한다는 취지로 설립되었다. 이처럼 분산된 화학약품 공급시장의 문제점을 해결하는 것이 e-케미컬의 추진 원칙이다. e-케미컬 경영팀은 화학약품 물류, 제조, 유통 분야에서 150년 이상의 축적된 경험을 보유하고 있다. 이 회사의 강점은 산업용 통합 솔루션 제공에 필요한 관련업계의 경험, 화학약품업계의 공급 체인 문제점에 대한 통찰능력, 그리고 고객들에게 전자상거래 솔루션을 제공할 수 있게 하는 유통업자 및 공급자들을 포함한 파트너들이다. e-케미컬은 우선 온라인 상거래에 집중해 고객들로 하여금 한 번의 거래를 통해서라도 주문에서 납품에

이를 수 있도록 하는 구매촉진 영역에 초점을 맞추었다. 그 다음 경매방식과 같은 동적 가격결정 도구를 도입함으로써 서비스의 질을 향상시켰다.

멤버십 모델

e-케미컬은 민간기업이며, 멤버십은 산업용 화학약품의 유자격 구매자 및 공급자들에게 한정된다.

거래 모델

e-케미컬은 복수 판매자 카탈로그 기능을 제공하는 웹사이트로 사업을 시작했고, 최근에는 판매자 본위 경매 서비스를 추가했다. 또한 이 사이트는 전자조달 솔루션 제공에 대한 자동 견적요청 기능을 추가하고 있는 중이다. e-케미컬은 새로운 공급 소스와 새로운 협상도구에 대한 접속건수 증가에 따른 이익을 주문 이행 및 금융결제와 통합해 화학약품업계의 공급 체인과 관련시켜 더욱 효율적인 솔루션을 제공한다. e-케미컬은 선 트러스트(Sun Trust)를 통해 금융결제 업무를 처리하고, 물류 서비스는 옐로 서비스(Yellow Services)를 통해 제공한다. 고객들은 언제든지 웹사이트에서 항목을 검토해 주문을 할 수 있다.

시장진입 전략

e-케미컬의 초기 사업 역점은 오로지 산업용 화학약품 부문이었으며, 그 중에서도 우선적으로 회사가 공급자와 고객 모두에게 산

업용 화학약품의 안전하고 신속한 조달, 판매, 유통을 수행하는 중립적인 경로역할을 하는 통합 온라인 사업 모델을 개발하는 것이었다.

e-케미컬은 전자상거래가 복수 유통경로 과정의 통합 요소가 될 것으로 믿고, 각기 다른 조달 전문가들의 요구에 부합되도록 서비스를 설계해왔다. e-케미컬은 1999년에 대기업 화학약품 구매자들을 위한 전자조달 솔루션을 포함시켜 서비스를 확대했으며, 특히 불필요한 여러 단계를 제거하고 자동화를 시도했다. 또한 조달과정의 능률을 높이기 위해 여러 구매조직들과 공동으로 사업을 추진해 나가고 있다. 다음 단계는 수요의 집적과 동적 가격결정 도구의 구현과 같은 전략적 구축에 초점을 맞추는 것이다. e-케미컬의 궁극적인 목표는 전자거래 시스템을 고객들의 ERP 시스템과 통합하는 것이다.

시장지배

1999년 10월 현재 e-케미컬은 1,000개 이상의 제품 목록을 사이트에 올려놓았고, 제조업체 및 공급자 20개사와 함께 600개사 이상의 구매자들을 등록시켰다. e-케미컬은 다양한 마케팅 및 판매전략을 통해 공격적인 마케팅을 구사한다. 화학약품업계 간행물에 실리는 광고는 고객 확보에 초점을 맞추고 있으며, 회사의 유지 마케팅 노력에는 DM 발송과 경매 같은 특별행사 초대 외에 전자우편을 통한 사이트 신규가입 고객을 위한 후속관리 서비스가 포함된다. e-케미컬의 기업 통신 노력은 언론매체와의 관계, 산업분석가 관계, 중역 연설 프로그램 등으로 구성된다. e-케미컬은 대형 고객 및 공급자들을 대상으로 한 전자조달 솔루션 판매활동에 참여하는 헌신적인 직판 영업요원들을 보유하고 있고, 소규모 고객들을 대상으로 텔레마케팅과 직접 마케팅 전략 방식을 적용시키고 있다. 또한 e-케미컬은 SOCMA(Synthetic Organic Chemical Manufacturers' Association)와 NACD(National Association of Chemicals Dealers) 등과의 제휴를 통해 시장경쟁력을 확보하는 동시에 IBM, 선 트러스트, 엘로 서비스 등과의 기술 및 물류 시스템 제휴를 통해 레버리지 효과를 더욱 강화시키고 있다.

「커뮤니티 구축」—거래 메커니즘 부가 서비스

e-케미컬은 업계 일일 뉴스와 화학약품 시장 및 전자상거래 산업에 영향을 줄 수 있는 중대한 사안에 대한 특집기사를 제공한다. e-케미컬의 주문방식에 익숙하지 않은 사용자들은 뉴스 기록과 웹사이트의 데모를 이용할 수도 있다. 고객들은 이 사이트의 피드백 메커니즘을 통해 문의 사항을 올릴 수 있다. 고객 서비스 연락처는 사이트에 게재되어 있다. e-케미컬은 문서관리, 환경·보건·서비스 규정 등을 만족시키기 위한 준수보고서와 같은 서비스를 현재 추가 중에 있다.

수익 모델

e-케미컬은 판매하는 제품에 대한 권리를 소유하며, 고객에게 청구서를 직접 발송한다. 소규모 고객을 위해 e-케미컬은 제품을 구매한 후 약간의 이윤을 더해 이들에게 재판매한다. 대형 고객들의 경우에는 거래비용이 청구된다.

보안 및 중립성

e-케미컬은 중립적 위치를 고수하고 있는 시장영역이라 할 수 있다. 고도의 보안기능을 채택하고 있는 e-케미컬 웹사이트에 접근하려면 이름과 비밀번호가 필요하며, 모든 고객의 등록정보 및 주문 데이터는 완벽하고 안전하게 암호화된다. 고객들은 회사의 공표된 기밀정책과 더불어 철저한 보안 시스템을 통해 자신들의 데이터가 안전하게 보호되고 있으므로 안심할 수 있다.

더 자세한 사항은 다음 연락처를 참고하라.

e-Chemicals
505 East Huron, Suite 208
Ann Arbor, MI 48104
Phone : 1-734-827-3411
E-mail : info@e-chemicals.com

Elinex, Inc.

개관

엘리넥스는 구매자와 판매자들이 전력을 거래하는 도매시장으로서, 분석도구와 실시간 시장정보를 제공하기도 한다. 고도로 경쟁적인 쌍무 전력선도계약 및 선물계약 시장의 선도 기업인 엘리넥스는 전력시장 참여자들에게 계약, 리스크 관리, 교육, 훈련, 컨설팅 등을 포함한 서비스를 제공한다. 엘리넥스는 메사추세츠 주에 본사를 둔 민간기업으로, 원래는 설립자들이 출자해서 유럽에서 가장 큰 동종의 익스체인지와의 전략적 기술제휴에 의존했다. 엘리넥스는 업계 기술과 자본 모두를 대표하는 전략적 투자자들로부터 시리즈 A 자금투자 계약을 현재 추진 중에 있다.

연혁

1998년 캘리포니아는 전력규제 완화를 실시한 최초의 주가 되었다. 나머지 주들도 곧 그 뒤를 따랐고, 현재는 2개 주를 제외한 모든 주가 규제완화법을 시행하고 있다. 전력산업의 규제완화는 세계 최대 상품시장 중 하나에 대한 문호를 열어준 셈이 되었다. 그러나 이 엄청난 기회에도 여느 자유거래 시장에서와 같은 리스크가 수반된다. 이 때문에 전력산업 참가자들은 장기 헤징 수단을 제공하는 유동성 시장으로의 접근을 고려하고 있다.

엘리넥스는 규제완화로 제기된 문제점을 의식한 피터 M. 에솔름(Petter M. Etholm)과 보게 보가드(Borge Bogaard)에 의해 설립된 회사다. 이들은 이스턴 파워 그리드(Eastern Power Grid)에서 전력거래를 위한 서비스 시장을 제공함으로써 미국 전력산업을 변화시킬 기회를 포착하기에 이르렀고, 스칸디나비스크 크래프트메글링, AS(SKM)와의 전략적 제휴를 통해 전문지식과 기술을 끌어들여 1991년에 규제완화를 개시한 스칸디나비아 시장에서 그 효과가 이미 증명된 시스템과 관행을 레버리지할 수 있게 되었다.

버티컬 시장기회

에솔름은 국제무역 경험을 통해 세계의 일부 지역에서는 발전하고 있으나 다른 지역으로는 아직 전파되지 않은 시장을 찾아내는 교육을 받았다. 이러한 교육훈련 덕분에 실전 비즈니스를 초기 시장에서 시험을 거쳐 다듬은 다음, 고도의 성공가능성과 함께 다른 시장으로 급속히 전환시킬 수 있었다. 노르웨이는 1991년에, 그리고 스웨덴은 1994년에 전력산업의 규제를 완화시켰다. 1998년에 시작된 미국 전력시장의 규제완화는 에솔름과 보가드가 찾고 있던 바로 그 기회, 즉 또 다른 거대시장으로 이동할 수 있는, 지구 한쪽에서 이미 검증된 사업 모델을 제공한 셈이었다.

이들은 추가적인 업계 전문지식 및 기술을 SKM과의 전략적 관계로부터 확보했다. 그리고 세계에서 가장 성숙한 규제완화 전력시장 중 하나인 북유럽 시장에 전력을 제공하는 검증된 경험을 SKM과 함께 몇 년 동안 다져왔다. SKM은 노르웨이 전력산업 규제완화 직후인 1992년에 운영을 시작했는데, 전력 중개인으로서의 초기 운영은 곧 SKM의 표준화된 전력선도계약(forward electricity contracts)으로 발전해 노르웨이 에너지 구매자와 판매자들에게 헤징, 투기 및 현물 인도에 대한 전문 수단을 제공했다. 그 동안 북유럽 시장의 주요 구성요소들은 엘리넥스의 거래 플랫폼을 위한 모델로 사용되어왔다.

멤버십 모델

엘리넥스는 일반 투자자들이 소유하고 있으며, 개방적인 멤버십 정책을 취하고 있다. 중립성에 대한 약속이 엘리넥스의 자금조달에 상당히 도움이 되고 있으며, 공평하고 중립적이라는 인식을 얻기 위해 미국 공공사업 회사, 발전소 또는 기타 시장 참가자들은 아무런 소유권도 없음을 확실히 했다. 엘리넥스의 멤버십은 엄격히 관리되는데, 참가자들은 지불 능력을 증명해야 하는 사전심사를 거친 기업들의 유자격 전문가이어야 하고, 현물시장에 참여할 경우에는 납품처리 능력을 증명할 수 있어야 한다.

거래 모델

엘리넥스의 웹사이트는 전력 구매자 및 판매자들의 요구에 부합할 수 있도록 그들의 거래조건에 기초한 게시·검색 시스템을 채택하고 있다. 전력산업에서는 신용이 매우 중요하므로 대부분의 참가자들은 거래가 허용되는 기업체의 목록을 보유하고 있다. 엘리넥스는 그 승인된 목록 범위에서 서로 연결되는 상대들을 자동적으로 검색해낸다. 일단 소개가 이루어지면 전화나 대화방을 통해 협상이 진행되며, 모든 통신은 당사자들이 신원을 밝히기로 결정할 때까지 익명으로 이루어진다. 비록 현재까지는 모든 연결이 전화를 통해 이루어지고 있지만, 1999년 12월경에는 인터넷 기반 솔루션이 제공될 예정이다.

엘리넥스는 표준화 제품 및 비표준화 제품을 위한 가장 유동성 있는 전력을 제공하기 위해 노력하고 있다. 표준화 계약은 용어, 인도 시점, 가격지수, 로드 프로필 등과 관련해 잘 정의되어 있다. 비표준화 및 맞춤식 계약서도 역시 빈번하게 거래되는데, 표준화 계약과는 여러 면에서 다른 점이 많다. 유효기간은 길게는 10~20년이 될 수도 있고, 짧게는 며칠 간이 될 수도 있다.

시장진입 전략

시장중심지의 장점을 감안해 엘리넥스는 기술 및 업계 전문지식과 기술을 레버리지하고, 유동성 보장을 위해 전략적 제휴에 의존하고 있다. 독점적 쌍무 라이선스 계약을 통해 엘리넥스는 SKM이 개발한 정보, 기술, 컴퓨터 시스템을 공유하고 있는데, 이는 미국 전력시장에서 엘리넥스에게 엄청난 강점을 제공해주고 있다. 전력은 「곁에서 기다려주는」 재화가 아니기 때문에 동시에 참여하는 구매자와 판매자를 모두 확보하는 것이 중요하다. 시장 유동성의 보장과 계약체결 가능성을 보장하기 위해 엘리넥스는 처음에는 마켓메이커들을 목표로 삼았고, 지속적인 발전을 원하는 기업가들과도 특별한 거래협상이 이루어졌다.

시장지배

엘리넥스는 현재 발전소, 공공사업, 중·대규모 산업용 부하, 전력 도매 구매가 가능한 소비자 집단, 조합 구매집단, 공익집단 등을 포함해 20여 종류의 다양한 사용자들을 보유하고 있다. 구매자와 판매자 간에는 멤버십 균형이 이루어져 있다. 전력시장의 중심지에서 복잡한 계약체결 발생가능성을 감안하여, 엘리넥스의 계좌 관리자들은 이용가능한 금융 옵션뿐만 아니라 전력 그리드의 실물 한계를 파악해야 한다. 신뢰성, 업계의 인맥, 다양한 지식은 필수적이고, 텔레마케팅, 세미나, 각종 회의에서의 연설, 홍보 등을 포함하는 활동을 결합해 신규고객들을 자신의 거래 시스템으로 끌어온다.

「커뮤니티 구축」―거래 메커니즘 부가 서비스

엘리넥스의 거래 시스템은 거래내용을 자동적으로 확인하고 거래 요금 청구서를 발송한다. 또한 SKM을 비롯해 기타 전략적 파트너들과 손을 잡고 있는 엘리넥스는 전력산업계에서 가장 정교한 가격 예측 모델, 거래 시스템에 의거한 시장정보 생성, 리스크 관리 컨설팅 등을 포함해 유용한 분석도구와 관련된 컨설팅 서비스를 사용자들에게 제공한다.

수익 모델

엘리넥스의 가장 중요한 수입원은 시스템을 통해 성사된 각 거래의 백분율을 기준으로 청구되는 거래수수료다. 엘리넥스는 앞으로 전력시장으로부터 생성되는 시장정보 및 통계 데이터뿐만 아니라 가격결정 모델과 같은 분석도구 사용을 유료화할 계획이다.

보안 및 중립성

엘리넥스는 익명의 전력거래를 가능케 하는 중립적 성격의 시장으로서 판매자와 구매자들을 전화로 연결시켜주는 역할을 수행하며, 이 경우 내부 규칙에 따라 철저한 통제를 받게 된다. 인터넷 기반의 거래 사이트는 익명거래의 자동화, 선입선출 실행 보장, 그리고 어음교환 기능을 수행하게 될 것이다. 엘리넥스는 거래된 전력에 대한 권리가 없으며, 안전한 금융거래를 위해 후보 회원들을 심사한다.
더 자세한 사항은 다음 연락처를 참고하라.

Elinex, Inc.
Post Office Box 3595
Peabody, MA 01960
Phone : 1-888-9elinex(888-935-4639)
E-mail : petholm@el-in-ex.com

www.e-STEEL.com

e-STEEL

개관

e-스틸은 기업들이 인터넷상에서 철강제품을 거래할 수 있도록 하는 일종의 B2B익스체인지라 할 수 있다. e-스틸은 전세계 철강시장을 대상으로 삼고 있으며, 열간압연을 비롯해 냉간압연, 도금 등을 한 박판, 강판, 틴 밀(tin mill), 콘크리트 보강용 강철봉 등을 포함한 모든 프라임 및 비프라임 철강제품을 지원한다. 또한 e-스틸은 강관, 와이어 로드, 구조용 철강제품 및 기타 철강제품을 대상 품목에 추가할 계획이다. e-스틸은 중립적이고 안전한 온라인 익스체인지, 그리고 풍부한 최신 업계정보를 제공한다. 공급자들은 마케팅 범위 확대, 고객 베이스 생성, 기존의 기업 파트너들에게 더 빠르고 효율적인 고객 서비스 제공, 거래비용 절감 등을 위해 e-스틸을 이용하게 될 것이다. 구매자들은 공급자 베이스를 확충할 수

있고, 합리적인 가격으로 거래를 하게 되므로 구매비용 절감 효과를 기대할 수 있다. 1999년 1월 벤처 캐피털 투자 회사인 클라이너 퍼킨스 코필드 & 바이어스, 그레이록(Greylock), 베세머 벤처 파트너(Bessemer Venture Partners) 등이 초기 자금으로 총 1,000만 달러를 투자했으며, 1999년 9월에는 콤디스코(Comdisco)사가 보통주와 채권으로 600만 달러를 제공했다. e-스틸은 1999년 9월 출범했으므로 아직까지는 두드러진 수익 증가를 나타내고 있지는 못하다.

연혁

e-스틸의 설립자 레빈은 거의 10년에 걸쳐 24시간 동안 철강을 거래하는 국제 전자시장을 구상해왔다. 그는 금속산업계를 괴롭히는 수많은 비즈니스 문제점에 대한 해결책은 인터넷밖에 없다고 판단해 1998년 9월 e-스틸을 설립했다. 적절한 사업 모델 개발에 몇 개월을 보낸 후 e-스틸은 컴퓨터 사이언스사(Computer Sciences Corporation)를 전략 및 기술 파트너로 선택하고 9개월 간 사이트 개발에 착수했다. 1999년 봄 e-스틸은 사이트 시험작업의 일환으로 모의거래를 실시했다. 1999년 말 신규회원 신청을 받기 시작했으며, 1999년 9월 e-스틸 익스체인지 정식 개설 직후 프라임 열간 압연강이 포함된 최초의 거래가 카길(Cargill)과 워딩턴 인더스트리(Worthington Industries) 간에 이루어졌다.

버티컬 시장기회

철강은 전세계적으로 두번째로 큰 산업인데도 불구하고 중심적인 시장이 존재하고 있지 않다. 분할된 시장은 구매자들과 판매자들을

서로 이산가족으로 만들었고, 전화, 팩스 및 서류 위주의 문서화는
높은 거래비용의 원인이 되었다. 업계에서는 투명성이란 거의 기대
하기 힘들었고, 엄청난 수익성 문제만 산재해 있었다. 철강업계 지
도자들은 전자상거래가 구매업무를 능률화하고 고객들에게 더 나은
서비스를 제공할 수 있는 방법이라고 믿기는 했지만, 전자상거래
솔루션이 언제 어떻게 채택될는지에 대해서는 잘 알지 못했다. 레
빈은 25년 간 철강업계의 여러 부문에서 경험을 쌓은 뒤 CEO들을
비롯한 기타 의사결정권자들에게 접근할 수 있게 되었고, 어떤 유
형의 솔루션이 필요한지 결정하기 위해 그들로부터 정보를 수집하
기 시작했다. 결국 레빈은 자신의 업계 경험을 바탕으로 e-스틸의
솔루션이 자신들에게 어떤 효과가 있는지 알아보고자 하는 회사들
의 초기 참여를 얻어냈다. 이런 공동시험 및 평가 과정을 통해 e-스
틸은 어떤 시스템이 필요한지 배웠고, 어떤 효과가 나타나는지, 그
리고 어떤 부가기능이 필요한지 파악할 수 있게 되었다.

멤버십 모델

e-스틸은 영리목적의 투자자들이 소유하고 있는 중립적 성격을
띠고 있다. e-스틸 회원이 되려면 기업들은 합법적인 세계 철강시
장의 참여사여야 하며, 철강 구매자들과 판매자들은 자격심사 과정
을 통과해야 하는데, 이 과정에는 신용조사와 기업 프로필이 필요
하다.

거래 모델

e-스틸은 양 당사자 중 어느 쪽에 의해서도 먼저 시작될 수 있는

구매자와 판매자 간 협상방식으로 운영된다. 예를 들면, 구매자는 선택한 제품에 대해 주문을 낼 수 있을 것이며, 판매자는 해당 제품을 제공하거나 반대주문을 낼 수 있을 것이다. 구매자는 카운터 오퍼를 수락하거나 그 자신의 반대주문을 제시할 수도 있다. 판매자들은 판매제품의 목록을 e-스틸에 직접 게시할 수도 있으며, e-스틸은 어떤 제품이 매각되었는지 전자우편이나 팩스로 회원들에게 알려줄 수도 있다. e-스틸은 클레임 절차를 변경하지 않으며, 구매자와 판매자 간에 매매계약이 이루어질 경우 거래는 지속적으로 관리된다. 모든 거래는 e-스틸 시스템상에서 완전히 문서화되고, e-스틸은 익스체인지 규칙 준수 상태를 모니터한다. e-스틸 익스체인지의 기본 개념은 사용자들로 하여금 제품구입 가능성을 살펴보고, 발주를 통해 철강을 매매할 수 있도록 하는 전자상거래와 개별 소프트웨어와의 결합체라 할 수 있다. 스틸다이렉트(STEELDIRECT ™)라고 하는 맞춤식 특허 소프트웨어는 기존의 관계, 가격결정 구조, 유통제도 등을 웹상에 반영할 수 있는 능력을 구매자와 판매자들에게 제공한다.

시장진입 전략

금속업계는 전세계적으로 대략 100만에 이르는 최종 사용자들을 위해 연간 700t의 제품을 생산하는 약 200개의 대기업들로 구성된 피라미드 형태를 취하고 있다. e-스틸 사이트는 다양하고 유용한 서비스를 제공하기 위해 노력하고 있으며, 복잡한 강철 가치사슬 환경 속에서 후속 구매자 및 판매자들은 물론 대형 철강 제조업자들까지도 목표시장으로 삼고 있다. e-스틸은 사슬의 생산 말단부 종사자들의 요구까지 처리함으로써 공급사슬의 다른 부문과 함께 좀더 가격 효율적인 거래를 촉진할 수 있는 필수적인 매개물로 자리매김하려 하고 있다. 공급사슬 내에서 최종 사용자 기업에까지 도달하려는 시도는 비효율적이고 비용이 많이 들기 때문에 대형 공급자들은 능률화된 전자상거래 솔루션 개발의 필요성에 우선순위를 두어왔다. e-스틸은 거래 및 물류업무를 전자처리함으로써 원가를 상당히 절감시킬 수 있으며, 이것이 최상위 생산자들로 하여금 나머지 공급사슬에도 이런 시스템을 적용시키도록 동기를 부여할 수 있을 것으로 굳게 믿고 있다.

시장지배

e-스틸은 개설 후 4주 만에 이미 200여 개의 회원사를 보유하고 있었다. e-스틸은 비용 측면에서 효율적으로 거래될 수 있는 사업 유치에 초점을 맞추었는데, 매매를 쉽고 신속하게 만드는 능력을 제공하고, 철강 전문가들이 기존 고객들을 통해 효율성을 높일 수 있도록 했다. 금속업계에서 전자상거래는 당연하게 받아들여지고 있지만, 아직까지 다수의 충분한 지지를 얻지는 못하고 있다. 전 산업적인 채택이 이루어지기까지는 18개월 이상 걸릴 수도 있다는 것을 인식한 e-스틸은 구현, 검사, 보안 및 확장성 보장 등에 초점을 맞추었다. 올바른 비즈니스 모델, 올바른 금융지원, 그리고 풍부한 업계 경험 등이 e-스틸의 강점이라 할 수 있다. 또한 이 회사는 업계의 흐름과 조화를 이룰 수 있으며, 효율적인 원스톱 쇼핑 서비스 제공에 필요한 모든 기회를 활용할 준비가 되어 있다.

「커뮤니티 구축」—거래 메커니즘 부가 서비스

e-스틸은 업계 뉴스, 구인광고, 재고 상태 등의 정보와 더불어 공급사슬 및 구매 시스템 통합 솔루션을 제공하고 있다. 실크넷 (Silknet), 브로드비전(Broadvision), CSC 등과 같은 기술 파트너와 손을 잡고 있는 e-스틸은 장래에 구매자들이 신용조건을 온라인으로 협상하고, 판매자에 대한 대금지불 업무를 e-스틸에게 부여할 수 있게 하는 시스템을 개발 중이다. 게다가 구매자들은 일단 거래 협상이 이루어지면 e-스틸의 물류 파트너들과 연결되어, 물품 인도 준비를 할 수 있을 것이다. 사용자 검색, 구매, 회사정보 등은 모두 저장 및 검색이 가능하므로 구매과정은 자동화되고 시간은 더욱 절약될 것이다. 구매자들뿐만 아니라 권위 있는 전문가들을 끌어들이기 위해 e-스틸은 거래현장에서 수집한 거래관련 정보를 담은 프라임 철강 인덱스(prime steel index)를 발간할 수도 있을 것이다.

수익 모델

비록 오프라인상에서 기업 파트너들 간의 대금지불이 이루어지더라도 e-스틸은 자사의 사이트에서 시작된 모든 구매에 대해 1% 미만의 거래수수료를 판매자에게 청구하게 된다. e-스틸은 전세계 강철업계에 「마찰 없는」 시장을 제공한다는 장기 계획 아래 멤버십, 구독, 게시비용을 무료로 정하고 있다. 그러나 추후에는 독점 공급자 정보를 제공하는 사이트 개설을 원하는 공급자들에게는 요금을 청구할지도 모른다.

보안과 중립성

e-스틸은 중립적 위치를 지키고, 시스템상에서 거래되는 어떠한 제품에 대해서도 소유권이 없으며, 어떠한 업계 참가자와도 제휴 관계를 맺지 않는다. 모든 정보는 절대 비밀이 유지되며, 거래활동 촉진 및 높은 만족도 보장을 위해 모든 참가자들은 공평하게 대우 받는다.

더 자세한 사항은 다음 연락처를 참고하라.

e-STEEL Corporation
1250 Broadway, 30th Floor
New York, NY 10022
Phone : 1-212-527-9997
E-mail : info@e-STEEL.com

www.metalsite.net

MetalSite

개관

메탈사이트는 금속제품의 매매를 위한 중립적이고 안전한 인터넷 시장으로서, 뉴스 및 정보를 위한 포괄적인 업계 자원 역할을 수행한다. 금속 구매자들에게 메탈사이트는 업계 및 제조자가 제공하는 제품에 대한 최신 정보를 공급하는 포괄적인 자원의 보고라 할 수 있다. 메탈사이트는 판매자들에게까지 고객 기반을 확장시키고 판매과정의 효율을 제고할 뿐만 아니라, 재고회전 향상을 꾀하고, 판매요원을 비부가가치 업무로부터 해방시킬 기회를 제공한다.

연혁

메탈사이트는 1996년에 출범했는데, 이 해에 설립자이자 CEO인

패트릭 스튜어트(Patrick Stewart)는 그의 과거 고용주 회사였던 미국 제8위의 철강 생산업체인 워튼 스틸사를 위해 인터넷 전략을 개발해달라는 요청을 받았다. 스튜어트와 그의 전문가 팀은 금속 공급사슬 전체에 존재하는 엄청난 비효율성을 인식했고 인터넷을 이용해 이 문제를 해결해야 한다고 생각했다. 워튼 스틸을 테스트 장소로 정하고 철강제품 온라인 거래라는 개념의 근거를 검증하면서 스튜어트는 1998년 메탈사이트의 사이트 출범 전에 300만 달러를 초기 투자하여 광범위한 연구 및 검사를 실시했다. 메탈사이트에는 개인 소유의 합자회사로서 초기 투자자들 중에는 LTV스틸(LTV Steel), 스틸 다이내믹스(Steel Dynamics), 워튼 스틸(Weirton Steel Corp.) 등과 같은 업체 참가자들이 포함되어 있었다. 1999년 9월 결국 업계의 거물기업인 베들레햄 스틸(Bethlehem Steel)과 라이어슨 털(Ryerson Tull)도 새 투자자로서 합류하기에 이르렀다. 현재 매년 미국에서 선적되는 철강의 22%를 메탈사이트의 투자자들이 차지하고 있으며, 메탈사이트는 영업 2차년도 말까지는 「현금 중립적」인 수익구조를 유지할 것으로 기대하고 있다.

버티컬 시장기회

전세계의 금속산업계가 매년 7억 5,000만t을 생산하지만, 미국의 최대 생산업체는 고작 10%의 시장점유율만을 보이고 있을 뿐이다. 메탈사이트의 설립자 스튜어트는 비효율적이고 분할된 금속 공급사슬을 능률화할 수 있는 기회를 꿰뚫어본 강철업계의 베테랑이라 할 수 있다. 그는 인터넷이 이 비능률적이고 복잡한 구매자 네트워크를 중앙집중화하고 능률화할 수 있는 실시간 커뮤니케이션 네트워크를 제공할 수 있다는 사실을 발견했다.

메탈사이트의 두뇌집단은 인터넷, 전자상거래, 철강업계 등에 관한 수천 쪽 분량의 정보를 검토한 다음, 웹사이트 구조결정에 이용할 정보수집을 위해 고객 인터뷰 및 조사를 실시했다. 이 연구는 MIT 교수로 전자시장 중심지의 영향에 관한 초기 이론가인 토머스 맬론(Thomas Malone), 아폴로(Apollo) 항공 예약시스템 창시자로 현재 페롯 시스템(Perot Systems)의 CTO인 마크 테플리언(Mark Teflian), 사용자 본위의 전략적 개념 창시 분야에서 세계적 선구자인 도블린 그룹(Doblin Group) 등 전문가들과의 토론을 통해 마무리되었다. 이 연구에서 특히 도블린 그룹은 강철 구매자의 행태에 초점을 맞추어 시장중심지의 효과적 마케팅 방법, 그리고 시장중심지의 설계방법 부분에 결정적인 도움을 제공했다.

멤버십 모델

메탈사이트는 업계 참여자들이 소유하고 있는 유한책임 회사다. 비록 처음에는 업계 최대의 생산업체들이 부분적으로만 자금을 제공했지만, 메탈사이트는 개방적인 멤버십과 중립적 시장중심지를 유지해왔을 뿐만 아니라 고객정보의 비밀유지를 절대 보장하는 중대한 조치를 취해왔다. 방문자들은 온라인 시장에 들어가기 전에 구매자 소개서를 완벽하게 작성해야 한다. 구매자의 적법 유무는 메탈사이트측에서 확인하고 지불능력은 구매자에 의해 결정된다.

거래 모델

메탈사이트 시장중심지는 프라임 및 비프라임 제품을 위한 폭넓은 옵션을 제공하며, 사용자들이 온라인상에서 다수의 기업으로부터 용이하고 합리적인 가격으로 제품을 찾아내어 구매할 수 있는 단일 장소를 제공한다. 메탈사이트 카탈로그에는 제품 및 밀봉입찰 경매에 관한 내용이 포함되어 있다. 제품안내서는 제품목록, 계약 가격 결정, 대량 구매에 따른 할인가, 온라인 협상업무 등을 지원한 다. 또한 프라임 제품과 비프라임 제품은 지불방식 및 재래식 물류 경로를 통해 경매방식으로 제공된다. 판매자들은 입찰을 모집하고, 입찰을 비공개로 검토한 다음 판매를 승인할 수 있다. 입찰모집, 제 출, 판매승인은 메탈사이트를 통해 비공개로 이루어진다.

시장진입 전략

구매자들을 끌어들일 성공적인 시장구축을 위해 초기에 메탈사이 트는 메이저급 철강생산 회사들로부터 매일 재고품 목록과 월별 매 출액 자료를 제공받았다. 이들 철강 공급자는 국내외 시장에서 선 도적인 위치에 있는 기술혁신적 기업이었으며, 메탈사이트 시장에 신뢰성과 제품 모두를 제공했다. 현재까지도 메탈사이트는 구매자들 의 거래 참여를 유도하기 위해 새로운 판매자들을 모집 중에 있다.

메탈사이트는 전략적 단계별로 웹 시장을 구축했는데, 처음에는 콘텐츠와 커뮤니티 서비스로 시작하여 나중에는 전자상거래 기능을 추가했다. 메탈사이트는 초기에 구매자와 판매자들을 위해 위험성 이 낮은 밀봉입찰경매 형식을 통해 과잉 프라임 제품 및 보조제품 을 취급했다. 그러나 나중에는 제품과 서비스가 확대되어 프라임 제품 및 주문제품을 표시가격, 계약가격 결정, 거래량에 의한 할인 가, 온라인 협상 등이 지원되는 카탈로그 포맷에 포함시켰다. 은행 업무, 물류, 온라인 주문 상태 등과 같은 서비스가 추가되었고, 전 자식 구입의뢰서, 어음회수 및 어음지급 시스템도 도입되었다. 이제 그 후속 단계로 취급 제품의 범위를 확대해 알루미늄, 동, 아연과 같은 기타 금속제품을 지원하게 될 것이다. 또한 전자시장에서 생성된 구매 데이터를 활용해 최고의 가치를 지닌 업계보고서도 곧 작성할 계획이다.

시장지배

메탈사이트는 현재 1,200명 이상의 구매자와 수천 개의 등록된 준회원사를 보유하고 있으며, 초기에는 3사에 불과했던 판매업체의 수도 1999년 말에는 약 40여 기업체로 늘어난 상태다. 월간 제품 규모는 2만t에서 12만t 이상으로 증가하여 매월 메탈사이트에서 판매 가능한 제품은 4,500만 달러에 달한다. 메탈사이트의 마케팅 프로그램에는 구두계약뿐만 아니라 인쇄 및 온라인 업계 광고, 공격적인 언론매체와의 관계개선 활동, 일대일 방식의 영업활동, 업계 행사 참가 및 후원활동 등이 포함된다.

「커뮤니티 구축」—거래 메커니즘 부가 서비스

메탈사이트 시장은 주문조사, 제품 검색 및 선택, 제품 주문 및 추적, 대금 지불 및 결제 등을 위해 필요한 서비스를 제공한다. 메탈사이트가 1999년에 계획하고 있는 그 밖의 서비스로는 전자청구서 발송 및 신용 옵션, 온라인 주문 상태 및 전자구매주문 시스템과 같은 회계 서비스, 그리고 추적 및 운송 기능을 지원하는 물류 프로그램 등이 포함되어 있다.

수익 모델

구매자들은 이 사이트를 무료로 접속해 이용할 수 있다. 판매자들에게는 각각의 온라인 판매에 대해 0.25~2%의 거래수수료가 청구된다. 그 밖에도 메탈사이트는 기본적으로 메탈사이트를 통해 자신의 회사를 소개하고자 하는 공급업자들을 위해 미니 웹사이트인 개별 마켓 센터를 마련했으며, 센터 개발을 위한 컨설팅 서비스도 제공한다. 또한 광고후원 및 배너 광고의 이용도 가능하다.

보안 및 중립성

메탈사이트는 보안을 가장 중요한 문제로 다루며, 아서 앤더슨 리스크 매니지먼트 그룹이 메탈사이트의 비즈니스 관행, 정책, 절차 등을 6개월마다 감사한다. 감사결과 사본과 메탈사이트 비즈니스 실무 사항을 모든 방문자들이 열람할 수 있도록 메탈사이트 홈페이지에 올린다. 또한 메탈사이트는 고용조건으로서 회사의 엄격한 기밀관련 규칙과 업무관행을 준수하도록 법률적으로 모든 종업원을 구속하는 기밀유지 계약서에 서명할 것을 요구하기도 한다.

더 자세한 사항은 다음 연락처를 참고하라.

MetalSite
Penn Center West
Building Two, Suite 200
Pittsburgh, PA 15276
Phone : 1-877-246-4900/1-412-490-4900
E-mail : info@metalsite.net

National Transportation Exchange

개관

NTE는 전자운송 시장으로서 인터넷 기술을 활용해 화주, 제3의 물류업체 및 운송업체들에게 신뢰할 수 있는 전자 네트워크를 제공하고 있다. 따라서 이 전자 네트워크를 사용할 경우 공급 체인의 비효율적인 요소가 상당 부분 제거되고, 생산성이 향상되며 각 회원의 수익률이 대폭 증대된다. 또한 이러한 NTE 시스템은 중립적인 거래 플랫폼을 실시간으로 제공한다.

연혁

NTE는 1996년 8월 그레고리 로크(Gregory Rocque)에 의해 설립되었다. 그러나 그가 NTE 사업을 구상한 것은 3년 전인 1993년이었고, 첫번째 웹 기반 인터페이스를 도입한 시기는 1997년 12월이었다. 현재 NTE는 이윤을 내고 있지는 않지만, 다양한 벤처 투자자로부터 약 1억 5,000만~2억 달러의 자금지원을 받고 있다. NTE에 투자한 회사로는 AT&T벤처(AT&T Ventures), 허머 윈블래드 벤처 파트너(Hummer Winblad Venture Partners), 크로스포인트 벤처 파트너(Crosspoint Venture Partners), 베세머 벤처 파트너(Bessemer Venture Partners), 그리고 플래티넘 벤처 파트너(Platinum Venture Partners) 등이 있다.

버티컬 시장기회

트럭 운송업체와 화주들은 지난 몇 년 동안 빈 트럭을 이용해 공동으로 화물을 적재하려는 시도를 해오고 있지만, 트럭 운송 루트가 너무 복잡하게 얽혀 있고 적송 회사들의 불규칙한 수요로 인해 해결하기 어려운 문제가 계속 발생했다. 그 결과 상당수의 트럭 운전자들이 자신들의 운송 루트와 같은 화주를 찾으려고 신경전을 벌이기보다는 만재하지 않은 채 배송하게 되었다. 물류업계의 전문가들은 운송산업만도 적재량이 기존의 50% 정도로 줄어든 것으로 추정한다. 이러한 현상으로 제품 구매자나 판매자는 적어도 연간 310억 달러의 운송 이용요금을 지불하고 있다. 따라서 NTE는 4,000억달러 규모의 트럭 운송사업에서 유통 및 거래비용(연간 150억 달러)의 절감을 목표로 정하고 있다.

비록 「화물연계(freight matching)」서비스를 도입해 이러한 문제점을 해결하려고 노력했지만, 실시간 통신수단의 부족과 호환되지 않는 IT 배치로 인해 화주와 운송업자를 연결시킬 수 있는 효율적인 메커니즘 개발이 별 진전을 보지 못하고 있다. NTE 운영팀도 인터

넷과 전자상거래 기술이 폭넓게 수용되어야 실질적으로 원활한 선
적환경이 제공되면서 공급 담당자들이 자신들의 재고량을 관리하는
정도로 효율적인 정보관리업무를 수행할 수 있을 것이라고 인정한
다. NTE는 운송사업의 복잡한 문제에 대한 솔루션을 제공해 실시간
으로 운송거래의 진행상황을 볼 수 있도록 함으로써 유통망 운영능
력을 향상시키고 있다.

멤버십 모델

NTE는 중립적 입장의 민간 투자자들이 소유한 회사로서 공개적
이며 유자격 회원제 정책을 갖고 있다. 따라서 NTE는 트럭 운송업
체들의 적격심사를 실시해 평판이 좋고 보험에 가입한 회사들만 등
록회원으로 받고 있으며, 거래를 위해 회원들은 안전평가 등급, 보
험, 차대(車隊) 규모, 화물종류 및 신용상태(credit history)를 근거
로 자격을 부여받아야 한다. NTE는 모든 거래에 대해 품질, 보전
(保全) 및 결제를 보증한다.

거래 모델

NTE는 탁송 주문을 데이터베이스에 수집해 각 건당 시가를 산출
한 후 운송업체에서 제공한 트럭 루트에 연결시킨다. 데이터베이스
는 새로운 운송주문이 들어올 때마다 즉시 갱신되므로 운송업자들
은 바로 자신들의 예정 운송경로와 일치하는 화물 목록을 입수할
수 있다. 또한 NTE 시스템은 멤버들이 (상대방의 동의를 구하는)
확정견적서를 제출함으로써 서로간에 희망하는 운송료를 조정하며
맞추는 것을 허용하고 있다. 화물 인도가 확인되면 NTE는 운송업자

에게 배송료를 지불하고 화주에게는 송장을 작성하여 보낸다.

또한 NTE는 수백 명의 차량 담당자가 보내오는 자신들의 차량 목적지와 적재가능 용량에 대한 자료를 토대로 당일 요금을 책정하며 현물시장을 창출한 후, 화주와 운송업자 간에 맞는 거래를 찾아 연결시킨다. NTE의 가격 모델은 주문형 소프트웨어를 사용해 수송경로, 시간, 날짜, 기온, 거리별로 세분화된다. 또한 NTE는 운송업자에게 각 화물에 대한 그들의 이익금이 얼마인지를 알려주어 트럭 운송업자들이 추가 화물을 적재하는 행위를 미연에 방지한다. NTE는 관련 기술에 대한 프로세스, 정보 수집 · 제공, 인터페이스를 규정하고 있으며, 제3자의 단속을 통해 이를 위반하는 사례가 적발되면 운송료에 추가로 청구하거나 지불한다.

시장진입 전략

사업을 시작할 당시 NTE는 작은 지역을 무대로 사업을 펼치는 데 주력했지만, 비즈니스 모델로서의 가능성을 입증하고 거래 엔진의 보안 및 신뢰성을 증명하게 되자 서비스와 회원을 확장하기 시작했다. 그리고 지난 3년 동안 NTE는 운송산업의 특이한 환경에 맞도록 설계된 강력한 기술 인프라를 구축해왔다. 이 시스템은 현재 전국에서 운영되고 있는데, 당분간은 어떠한 시스템도 쉽게 복제하지 못할 것이다.

시장지배

NTE의 회원 수는 현재 350명 이상이며, 가까운 장래에 취급할 운송 건수는 12만 5,000건에서 17만 5,000건에 이를 전망이다. NTE의 운송 회원자격에는 계약 운송차량, 전용 운송차량, 그리고 주요 회사들의 개인용 차량에 관한 사항이 포함되고, 화주 회원자격은 제조업관련 업체라면 모두 회원이 될 수 있다. NTE는 온라인과 오프라인 양쪽에서 다채로운 마케팅 및 영업활동을 펼치며 회원을 지속적으로 늘리고 있다. NTE의 과제는 더 많은 비즈니스를 유인할 수 있을 정도로 고객층을 구축하는 것이다.

「커뮤니티 구축」—거래 메커니즘 부가 서비스

NTE는 전자상거래 시스템과 공급사슬 통합을 강화하기 위한 새로운 기능, 즉 회원용 인터넷 및 익스트라넷 툴 등이 추가되면 거기에 맞춰 가항성(可航性), 안정성 및 확장성에 초점을 맞춘 새로운 기능도 꾸준히 개발한다. 사실 NTE의 목표는 공급자와 구매자의 일괄 시스템을 확실히 통합하는 것이다. 운송업체와 화주들 간에 개선된 연결성과 통합성을 제공하기 위해 NTE는 「소프트웨어 동맹」을 구축했다. 여기에 가입한 회사로는 SAP AG, 매뉴지스틱스 트랜스포테이션 매니지먼트(Manugistics Transportation Management), 맥레오드 소프트웨어(McLeod Software), TMW시스템(TMW Systems), 그리고 크리에이티브 시스템(Creative Systems) 등이 있다. NTE는 빠른 시일 내에 소프트웨어를 출시할 예정인데, 이 소프트웨어를 사용하는 업체는 실시간으로 당일 이윤과 비용을 알아볼 수 있다. 익스트라넷 사이트를 이용하는 회원들은 인터넷에는 제공되지 않는 요금, 적하 목록 및 서비스 안내를 검색할 수 있다. 이렇듯 NTE는 회원들에게 폭넓은 정보를 제공함으로써 사업을 최대한 확장하는 데 일조할 수 있도록 최선을 다한다.

수익 모델

　NTE의 회원들은 가입비(1회)를 내는데, 회원들의 기존 데이터베이스를 NTE의 데이터베이스에 연결하기 위해 NTE의 엔지니어들이 해야 할 작업 양에 따라 이 회비는 차이가 난다. 왜냐하면 일부 운송업체의 경우 상당한 작업을 요하는 레거시 시스템(legacy system)을 보유하고 있는 반면에, 수화물이 없어 서비스 방문조차 요청하지 않는 업체들도 있기 때문이다. NTE는 또한 각각 이루어지는 거래의 가치를 근거로 거래수수료를 징수한다. 거래가 체결되면 NTE는 계약서를 발행하고 요금결제 업무를 처리한다. NTE는 거래 메커니즘을 통해 데이터가 축적됨에 따라 축적 또는 삭제된 정보를 관련 산업체에 유료로 제공하는 것도 고려하고 있다. 고객들 역시 NTE에 직접 연결되는 통합 모듈을 사용하기 위해 NTE의 전략적 파트너에게 비용을 지불하는 방식을 선택할 수도 있다.

보안 및 중립

　NTE는 중립적 성격을 띠며, 기밀사항으로 철저히 보호되고 있는 회원들의 신원은 거래 발생 때까지 공개되지 않는다.
　더 자세한 사항은 다음 연락처를 참고하라.

National Transportation Exchange
1400 Opus Place, Suite 800
Downers Grove, IL 60515
E-mail : info@nte.net

PaperExchange

개관

  페이퍼익스체인지는 제지 구매자, 판매자, 거래자 및 브로커를 위한 인터넷 시장으로 모든 등급(1등급~트림 롤)의 종이를 구입 또는 판매할 수 있다. 현재 세계 75개국의 회원들이 가입되어 있으며 하루 24시간, 일 주일 내내 사이트에 접속할 수 있다. 또한 페이퍼익스체인지의 거래장에서는 회원들 스스로가 종이를 소지, 구입, 판매하는 것은 물론, 가격과 양도 조건도 정하기 때문에 가장 효율적으로 운영되는 중립적 시장이라 할 수 있다. 거래는 익명으로 이루어지고 있으며, 페이퍼익스체인지는 회원 목록이나 거래정보의 비공개를 원칙으로 하고 있다.

연혁

힐턴 플레인(Hilton Plein)이 페이퍼익스체인지의 전신을 설립한 시기는 1996년 말이었으며, 사업 초기에는 컨테이너보드 부문만을 취급했다. 그 후 1998년에 현재의 투자자들이 페이퍼익스체인지에 참여하게 되면서 실질적인 확장이 진행되어 이제는 모든 주요 등급의 제지시장으로 진출하게 되었다. 페이퍼익스체인지는 사업 초창기부터 회원들이 좀더 많은 가치를 제공받을 수 있도록, 익스체인지를 부가 서비스를 제공하는 핵심 사업으로 키우는 데 주력해오고 있다. 페이퍼익스체인지의 주요 투자자들로는 크래프트 그룹(Kraft Group, 지금도 많은 투자를 하고 있다), 인터넷 캐피털 그룹 (Internet Capital Group : ICG, 약 25%), 테라핀 파트너(Terrapin Partners), 로저 스톤[Roger Stone, 스톤 컨테이너사(Stone Container Corp.)의 전 CEO] 등이 있다. ICG의 경우 지난 1999년 8월 이 회사에 투자하면서 소유주가 되었으며, 페이퍼익스체인지는 지난 1999년 9월 모든 투자자들로부터 추가로 자금지원을 받은 바 있다. 페이퍼익스체인지의 본사는 보스턴(메사추세츠 주)에 있으며 현재까지 특정 수익은 없지만, 제지시장의 점유율 확보에 총력을 기울이고 있다.

버티컬 시장기회

페이퍼익스체인지의 강점은 이 분야에 대한 지식과 기술이 풍부하다는 점이다. 회사의 창립자는 컨테이너보드 산업에 대한 폭넓은 경험을 갖고 있으며, 직원들도 주요 제지 분야에서 채용한 산업 전문가로 구성되어 있다. 또한 영업, 사업개발, 마케팅, 그리고 IT 부서를 총괄하는 핵심 관리자들을 펄프 및 종이산업 출신자들로 발탁했으며, 페이퍼익스체인지가 사용자에게 요긴한 툴을 공급하고 있음을 보여주고 있다.

그러나 아직도 제지업자들은 유통업자, 브로커, 대표자의 복잡한 네트워크에 의존하고 있는 실정이다. 그리고 이로 인해 시장은 비효율성과 만성적인 수급 불균형에 시달리고 있다. 이에 페이퍼익스체인지의 설립자들은 익스체인지 시스템을 도입함으로써 이러한 거대시장의 문제점을 해결할 수 있다는 판단을 내리게 되었다. 페이퍼익스체인지는 구매자와 판매자를 효율적으로 연결하고 있는데, 이는 불규칙한 수요로 인해 가변성이 심한 시장에서는 사뭇 중요한 역할이다. 또한 제지사업은 전세계를 대상으로 이루어지기 때문에 지역경제나 국가경제에 따라 서로 다른 수요 사이클의 영향을 받는다. 따라서 현재 익스체인지를 기반으로 하는 헤징 툴이 없는 시장 거래자들은 시장의 영향에 적절한 대응책을 마련하지 못하고 있는 실정이며, 여기에 덧붙여 정해진 시일에 마감되어야 될 전통적인 가격증명서들이 실제 거래에서 늦게 제출되거나 누락되는 사태가 벌어짐으로써 가뜩이나 복잡한 상황을 더욱 악화시키고 있다. 페이퍼익스체인지는 이러한 문제에 대한 솔루션을 공급할 계획인데, 아마도 제지산업에서는 최초의 실시간 공개 가격결정 포럼이 될 것이며, 이 야심찬 계획이 성공할 경우 페이퍼익스체인지는 수급 변동을 진정시키는 것은 물론 리스크 관리 툴까지 제공할 수 있게 될 것이다.

멤버십 모델

페이퍼익스체인지는 민간 투자자들이 소유하고 있으며 개방적인 회원제 형태를 취하고 있다. 또한 중립적이고 독립적인 성격을 띤 사이트는 다른 펄프와 제지 기관 또는 회사의 회원들에 의해 자율적으로 운영된다. 익스체인지의 회원은 펄프와 제지업체, 그리고 관련 산업전문가라면 누구나 될 수 있다. 비록 익스체인지에서 매매행위를 할 수 있는 대상은 회원들로 규정되어 있지만, 일반 사이트 방문자들에게도 정보를 제공하는 서비스가 실시되고 있다.

거래 모델

페이퍼익스체인지는 실시간으로 가격을 제공하고 온라인 거래를 집행하는 진정한 의미의 익스체인지를 운영하면서 종이 및 펄프 제품과 관련 서비스의 매매자들을 원활히 연결시키는 서비스 사업을 펼치고 있다. 또한 페이퍼익스체인지가 제공하는 입찰 시스템은 구매자들로 하여금 판매자가 제공하는 제품에 입찰할 수 있게 하거나 구매할 제품의 요청서를 올릴 수 있도록 한다. 이 밖에도 「결제」 프로세스를 제공하는데, 이는 사전에 특정 구매자들의 신용 상태를 증명하며 그들의 지불 능력을 보증하는 수단으로 사용될 것이다.

시장진입 전략

페이퍼익스체인지의 사업 초기에는 충분한 회원과 제지 물량을 확보하기 위해 판매자를 목표로 삼았었다. 그러나 많은 공급업자와 제조업자에게 인정을 받고 그들이 사이트에 참여하며 제품을 제공하게 되면서 구매자 회원을 확보하는 데 매진하고 있다. 애초에 페이퍼익스체인지의 주력 상품은 펄프와 제지산업에서 큰 비중을 차지하는 부문 중 하나인 컨테이너보드(용기용 판지)였고, 이 부문의 시장점유율을 어느 정도 차지하게 된 후에는 제품 범위를 다른 제지부문으로까지 확장했다. 지금도 페이퍼익스체인지는 인쇄 및 필기용 제지까지 온라인으로 공급하기 위한 사업확장에 주력하고 있다. 물론 사이트의 기능과 서비스 강화에도 많은 노력을 기울이고 있다.

시장지배

지난 1999년 10월을 기점으로 페이퍼익스체인지의 회원 수는 2,000명을 넘었으며, 세계 75개국에서 수백 명의 제지 매매자들이 이 익스체인지를 이용하고 있다(미국의 경우 상위 12위 공급업체 중 9개 업체가 참여하고 있다). 페이퍼익스체인지는 또한 홍보, 박람회, 거래 및 온라인 광고 등 다양한 판매와 마케팅 활동을 펼치며 연간 3,000억 달러 규모의 세계 제지시장을 적극적으로 공략하고 있다.

「커뮤니티 구축」—거래 메커니즘 부가 서비스

페이퍼익스체인지의 웹사이트에서는 뉴스, 주식정보, 업계 자원 정보, 행사 달력, 장비 판매, 구인 · 구직 및 기타 정보 서비스를 제공한다. 또한 페이퍼익스체인지는 세계 각국의 파트너들을 통해 결제 및 물류 서비스 사업도 펼치고 있으며, 곧 크레디트 서비스, 백오피스 시스템 및 사용자 시스템으로부터 페이퍼익스체인지에 직접 연결되는 서비스도 도입할 예정이다.

수익 모델

페이퍼익스체인지의 서비스를 이용해 실제로 구매행위가 발생할 경우, 공급자에게 부과되는 제품당 3%의 거래수수료가 이 회사의 주요 수입원이며, 단순히 판매용 제품을 게시하는 경우에는 별도의 수수료를 받지 않고 있다. 물론 회비도 없다.

보안 및 중립

페이퍼익스체인지는 중립적 입장을 취하며 공정하게 운영되는 시장으로서 철저한 기밀과 보안을 유지하고 있다. 또한 고객의 ID, 직원 ID, 그리고 암호를 결합한 방식으로 접근 및 서비스 사용을 관리하고 있다. 이 익스체인지는 회원들에게 익명의 게시를 허용하고 있으며, 거래에 대한 합의가 도출되지 않으면 거래 당사자들의 신원과 신용등급을 절대로 공개하지 않는다. 물론 거래합의가 이루어지면 판매자와 구매자 모두의 신원과 신용등급을 공개함으로써 물량 및 지불 조건이 최종적으로 마무리되도록 한다. 현재 페이퍼익스체인지는 언스트&영(Ernst & Young)사로부터 데이터 보안에 관한 인증을 받게 되면 온라인 제지산업에서 첫번째로 데이터 보안 및 프라이버시에 대한 엄격한 기준을 통과하는 업체가 될 것이라는 기대에 부풀어 있다.

더 자세한 사항은 다음 연락처를 참고하라.

PaperExchange
545 Boylston Street, 8th Floor
Boston, MA 02116
Phone : 1-617-536-4310
E-mail : info@paperexchange.com

www.plasticsnet.com

PlasticsNet

개관

플라스틱넷은 전자상거래를 활성화하고 아이디어와 정보의 교환을 촉진하는 거래 서비스를 제공하는 플라스틱 업계를 위한 전자시장이다. 제공되는 서비스에는 디렉토리, 업무목록 작성, 무료 안내광고, 뉴스, 토론 포럼, 그리고 제품 및 서비스 정보에 관한 업계 최대의 데이터베이스 등이 포함된다. 플라스틱넷은 20개가 넘는 공급업체의 수천 가지 제품을 한데 모음으로써 구매 과정을 합리화하고 전반적인 판매비용을 절감해준다. 일급정보 중개자인 플라스틱넷은 플라스틱 산업을 위한 「원스톱」 정보원 역할을 한다. 목록에 오른 제품에는 주형 구성부품, 기계부품, 소프트웨어, 교육자료, 대체 부품, 원료 등이 포함된다. 이 사이트에서 사용자들은 키워드, 회사, 범주 등으로 검색할 수 있다. 도표, 그림, 가격정보 등도 함께 제공된다.

연혁

1994년 초에 팀(Tim)과 닉 스토이카(Nick Stojka)는 플라스틱 산업에서 공급 체인 과정을 합리화하는 데 인터넷을 활용하는 방법을 발견하고 플라스틱넷의 개념을 연구하기 시작했다. 플라스틱 업계의 공급업체인 패스트 히트(Fast Heat)를 세운 설립자의 아들인 스토이카 형제는 플라스틱 업계에서 성장하면서 공업용 플라스틱을 이해하게 되었고, 여러 가지 문제점을 인터넷이 해결할 수 있다는 것을 깨달았다. 시카고에 기반을 둔 커머엑스(CommerX)는 1995년 10월에 플라스틱넷 사이트를 개설했다. 이 사이트는 현재 플라스틱 산업을 위한 최초의 전자상거래 센터를 운영하고 있다. 이 사이트는 1999년 3월, 플라스틱 산업을 위한 트레이딩 커뮤니티이자 소싱 가이드로 출범한 이래 완벽한 전자상거래 능력을 갖춘 원숙한 시장으로 거듭나고 있다. 커머엑스는 플라스틱넷 서비스를 제공하는 개인 회사이며 제2기 자금은 인터넷 캐피털 그룹에서 조달했다. 커머엑스는 현재 제3기 자금을 조달 중이다.

버티컬 시장기회

플라스틱 산업은 현재 연간 사업 규모 3,700억 달러로 미국에서 네번째로 큰 제조부문을 점하고 있다. 한편 플라스틱 산업은 5,000개가 넘는 공급업체와 1만 8,000개가 넘는 가공업자 및 도매업자, 유지·보수, 수리, 영업회사들로 이루어져 극히 분산된 업종이라 할 수 있다. 거대하기는 하나 분산된 플라스틱 산업에 대한 충분한 이해를 통해 그냥 지나칠 수 없을 정도로 좋은 기회가 주어졌고, 이로써 최초의 기업 간 공동체 중 하나인 플라스틱넷이 창립되었다. 1999년 1월에는 채 15명에 못 미치던 플라스틱넷의 직원이 이제는 벌써 70명으로 늘어났다. 플라스틱넷은 전통적인 구매 및 판매 과정을 이해하고 플라스틱 제품 구매자의 필요에 맞는 적절한 판매 채널을 개발할 수 있는 팀을 만드는 일에 주력하고 있다. 이 과정에서, 플라스틱넷의 신뢰도와 전문지식을 보존하기 위해 전통적인 업계 리더들을 충원하는 방법이 사용되고 있다.

멤버십 모델

회원들은 플라스틱넷의 서비스를 무료로 이용할 수 있다. 공급업자들과 사용자들은 먼저 회원으로 등록을 해야만 입찰할 수 있지만 별도의 자격 요건이나 가입비는 없다.

거래 모델

구매되는 제품의 유형에 따라 다양한 거래 메커니즘을 이용할 수 있다. 플라스틱넷은 온라인 구매 사이트와 온라인 시장을 통한 전자상거래를 가능케 해주며 수취계정을 관리한다. 플라스틱넷의 익스체인지에서는 주로 초과 공급품, 중고품 또는 찾기 힘든 제품에 대한 경매와 역경매가 이용된다. 전통적인 고정가격 모델은 고객이 복수 제조업체의 제품과 가격을 검토할 수 있게 되어 있는 온라인 카탈로그와 검색식 데이터베이스 등에 이용된다. 카탈로그는 일용품 형태의 제품에 이용되며 구매자에 따라 「고정가격」이 다를 수 있다는 점에 유의해야 한다.

시장진입 전략

플라스틱넷은 최초의 버티컬 B2B 시장 중 하나이며 철저히 구매자 지향적이다. 실제로 이 사이트가 제공하는 모든 기능은 구매자의 피드백을 근거로 개발되었다. 트래픽에 일차적으로 초점을 맞춘 플라스틱넷은 집중된 정보에 대한 구매자의 필요를 공략 목표로 삼고 거래량이 증가함에 따라 점차 서비스를 늘려가고 있다. 현재 플라스틱넷은 검색가능한 카탈로그, 공급자 웹사이트, 최대의 온라인 플라스틱 산업 인재은행, 교육용 데이터베이스, 안내광고 게시, 전문 포럼, 플라스틱 제품에 관한 방대한 규모의 전문 데이터시트 등을 망라하는 폭넓은 공동체 서비스를 자랑하고 있다. 플라스틱 산업이 처음부터 전자상거래 채비를 갖추고 있었던 것은 아니기 때문에 1999년까지 사이트 운영은 광고수입에 의존했다. 오늘날 플라스틱넷은 대부분의 수입을 전자상거래 관련 서비스에서 올릴 것으로 기대하고 있다.

시장지배

플라스틱넷은 현재 모든 사이트에 접속할 수 있는 3만여 명의 등록 사용자 베이스를 보유하고 있다. 이 사용자 베이스는 급속히 늘고 있으며 이미 월 평균 9만여 회의 세션을 지원하고 있다. 165개가 넘는 공급업체가 플라스틱넷에서 판매 · 마케팅 · 광고 등의 활동을 벌이고 있다. 플라스틱넷은 심한 경쟁을 치르지 않아도 될 정도로 드물게 바람직한 지위를 확보한 상태다. 이처럼 온라인 플라스틱 시장을 지배하게 된 것은 1999년부터 시작된 탁월한 제휴 전략과 공격적인 마케팅 활동의 결과다. 헬러 파이낸셜(Heller Financial)이나 JD 에드워즈(JD Edwards) 같은 기술 협력업체와 콘텐츠를 공급하는 일류 출판사들과의 제휴는 플라스틱넷의 성공을 보장해주었다. 온라인(30%)과 오프라인(70%)을 혼합한, 전통적 채널(홍보, 이벤트, 인쇄 광고, 직접 마케팅) 전반에 걸친 마케팅 활동 또한 플라스틱넷이 경쟁력의 우위를 유지하는 데 도움이 되었다.

「커뮤니티 구축」—거래 메커니즘 부가 서비스

지난 4년 간에 걸쳐 플라스틱넷은 거래 메커니즘을 보완하고 강화하기 위해 꾸준히 새로운 서비스를 추가해왔다. 교육센터는 현재 교육 프로그램과 교육자료를 제공하고 있다. 직업센터는 충원 서비스를 제공하며 매트웹(MatWeb)과의 제휴로 사용자들에게 종합적인 기술정보에 관한 자료 데이터베이스가 제공되고 있다. 이 밖에도 플라스틱넷의 전자상거래 기능은 온라인 경매에까지 확장되었으며, 사용자들은 이제 구매자를 위한 데스크탑 솔루션의 발표를 기대하고 있다. 이 백오피스 시스템은 재고 및 회계 시스템을 결합함으로써 매매거래를 자동화해 사용자들이 하나의 구입청구서로 복수의 공급업체에 주문할 수 있도록 해준다.

수익 모델

플라스틱넷은 거래수수료, 게시수수료, 광고 및 마케팅 서비스, 백오피스 서비스와 소프트웨어 사용권에 대한 수수료 등 다양한 수입원을 갖고 있다. 거래수수료는 제품 종류에 따라 다양하며 2000년까지 수입의 대부분을 차지하게 될 것으로 예상된다. 게시수수료는 커리어 애플리케이션과 게시에 부과된다. 플라스틱넷은 광고수

입을 거둬들이는 한편 「스폰서」가 플라스틱넷 회원을 온라인으로
개관할 수 있는 수단을 제공하고 이러한 시장조사 데이터를 수집하
는 데 따르는 수수료를 부과한다. 웹 기반 시스템에는 사용자 설치
수수료가 없지만, 플라스틱넷은 기능이 강화된 데스크탑 구매 솔루
션을 제공해 협력업체의 시스템을 플라스틱넷과 연결한다. 데스크
탑 구매 시스템 소프트웨어 및 실행에 대해 설치 및 컨설팅 수수료
가 부과되며, 추적, 송장 작성, 수취 계정관리 등과 같은 백오피스
서비스에 대한 수수료도 부과된다.

보안 및 중립

플라스틱넷의 독특한 시스템은 은밀성을 유지하고 가격결정 시스
템을 자동화하기 위해 고객 ID를 토대로 등록회원을 확인한다. 사
용자와 공급업자는 누가 무엇을 구매하는지 볼 수 없으며, 사용자
는 자신의 프로필과 등급에 따라 자동으로 다양한 가격과 정보를
제시받는다.
더 자세한 사항은 다음 연락처를 참고하라.

PlasticsNet.com, a service of CommerX, Inc.
350 North LaSalle Street, Suite 1000
Chicago, IL 60610
Phone : 1-312-832-9330
E-mail : trodak@plasticsnet.com

TechEx

개관

테크엑스는 생명과학산업의 기술이전을 선도하는 인터넷 익스체인지다. 테크엑스의 설비는 연구기관의 기술이전 부서와 기업 기술 개발자들 사이의 의사소통을 공략 목표로 삼고 있다. 테크엑스 웹 사이트는 일급 연구기관의 기술과 지적재산 목록을 주요 생명과학 회사의 라이선스 담당 간부에게 자동으로 연결한다. 회원들은 부적절하거나 원치 않는 정보에 신경을 쓰지 않고도 신기술을 효과적으로 훑어볼 수 있다. 이와 동시에 네트워크는 기술 공급자들이 자신의 기술에 관심을 가진 상업 개발자들을 가려내는 데 도움을 준다. 테크엑스는 아직 수익을 올리지 못하고 있으며 최근에 1차 자금조달을 완료했다.

연혁

예일대학교 공동 연구소의 존 개런(Jon Garen)이 인터넷을 기술이전의 수단으로 활용하기 위해 1997년 처음으로 만든 테크엑스용 특허 애플리케이션은 1998년 출원되었다. 예일대학교에 의해 상당한 상업적 가치를 지닌 것으로 인정된 테크엑스는 1999년 7월에 지적재산 기술 익스체인지사에 독점적으로 사용권이 허가되었다. 테크엑스를 별도의 영리회사로 전환함으로써 공격적 성장에 필요한 자본을 공급할 뿐 아니라, 비영리 대학의 관심사가 아니었던 상업적 기회를 활용할 수 있는 지위를 확보하게 되었다. 스컬리 브러더스사는 테크엑스의 투자자 중 하나다.

버티컬 시장기회

개런과 예일대학교는 연구자가 자기 기관의 기술이전 부서와 강한 유대관계를 맺고 있지 않은 한, 그리고 그 부서 내의 사례 관리자가 그 기술의 잠재적 구매자와 접촉체계를 확립하지 않는 한, 학술기관에서 밖으로 기술을 돌리는 과정이 비능률적임을 인식했다. 개런은 인터넷이 기술을 필요로 하는 사람들을 효과적으로 연결해줌으로써 이러한 관계의 문제를 상당 부분 해결할 수 있다고 믿었다. 테크엑스 익스체인지는 기술이전 시장의 70%를 점하는 생명과학산업의 필요에 부응하기 위해 창립되었다. 테크엑스는 생명과학기술에 연간 7억 달러를 지출하는 학술기관들을 이미 확보해놓고 있다. 이 회사는 생명과학산업의 기술이전을 위해(이와 관련된 합병 및 매수활동 포함) 연간 60억 달러에 가까운 세계시장에서 임계량을 확보하려는 노력의 일환으로 부가가치 서비스를 개발하는 데 주력하고 있다. 테크엑스는 일단 생명과학에서 일정 수준에 도달한 이후 자사의 모델을 정보기술 및 자연과학 시장에 적용하여 다른 버티컬로 확장한다는 계획을 세우고 있다.

멤버십 모델

테크엑스는 상업적 투자자들이 소유하고 있으며 개방적인 회원 자격 제도를 유지하고 있다. 참여는 공인된 연구기관의 기술이전 부서들과 초기 단계의 발명을 시장에 도입할 수 있는 기업 라이선 스 전문가들, 그리고 상업화 노력을 재정적으로 원조할 수 있고 신뢰할 수 있는 투자자 등으로 제한된다. 테크엑스는 회원들의 기관 또는 기업 소속 여부를 확인하고 단체 내의 개인이 기술을 사고 팔수 있는 권한을 갖고 있는지 인증하는 작업을 게을리하지 않는다. 테크엑스 서비스에 대한 접근은 비밀번호로 보호되어 안전이 보장된다. 일반 사용자에게는 시스템의 사용이 허용되지 않는다.

거래 모델

테크엑스는 자동화된 익명 전자우편과 푸시형 전자우편 통지가 가능한 게시·검색 거래 모델을 실행하고 있다. 테크엑스의 웹사이트에서 등록된 연구자들은 팔고자 하는 기술을 설명하고, 한편으로 회사 담당자들은 자신들이 추적하고자 하는 종류의 연구를 기술한 「관심 프로필」을 작성할 수 있다. 일단 하나의 기술이 게시되면 시스템은 키워드 및 어의검색(semantic search) 기능을 이용해 전자우편 통지와 한 쪽짜리 초록을 프로필에서 잠재적 관심을 표시한 구매자들에게 발송한다. 자체에서 작성한 관심 프로필을 바탕으로 적절한 수취자에게 기술을 직접 권하고 수취자 목록을 다시 대학교에 전달함으로써 테크엑스는 현재의 시장 관행을 좀더 효율적인 접근 방식으로 대체하게 될 것이다. 거래 및 결제 기능은 현재 전략적 제휴업체와 함께 개발 중에 있으며, 테크엑스가 거래수수료를 부과하기 시작할 때 가동될 예정이다.

시장진입 전략

예일대학교에서 시작한 테크엑스는 처음에 대학의 기술이전 활동을 편리하게 해주는 솔루션으로서 연구기관을 목표로 삼았다. 비영리단체가 기업보다 먼저 기술을 접하는 경우가 많았고, 연구를 대학에 의뢰하는 기업들이 점점 늘어나고 있었기 때문에, 대학 플랫폼은 특히 테크엑스에 도움이 되었다. 실제로 연구기관은 생명과학 버티컬에서 막대한 신뢰를 얻고 있다. 이것은 주로 IT나 자연과학과 같은 다른 기술이전 시장에서 볼 수 없는 강한 학술적·의학적 연대에서 비롯된다. 연구기관과의 탄탄한 교류가 정착되어 널리 수용되고 있는 현재 시점에서 기관 사용자들의 임계량을 확보한 테크엑스는 앞으로 기업 참여를 유도할 가능성이 매우 높다. 기술 플랫폼이 완전히 개발되고 나면 테크엑스는 다른 기술이전 시장으로 사업을 확장할 계획이다. 결국 테크엑스는 기업 간 기술이전이 활성화될 수 있도록 기업의 참여가 확대되기를 희망하고 있다.

시장지배

생명공학 및 제약 회사, 투자 회사, 연구단체 등을 포함해 600명이 넘는 회원과 함께 테크엑스는 매주 평균 25개씩 등록되는 기술을 자랑하는데, 현재 데이터베이스에는 1,900여 개의 기술이 올라 있다. 지금까지 연구 과학자들과 라이선스 전문가들 사이에 5만 회가 넘는 접속이 이루어졌다. 테크엑스 웹사이트는 현재 미국 전역에서 매주 개발되는 50~60개의 새로운 생명과학 기술 중 절반가량을 추적하고 있다. 테크엑스는 처음으로 회비를 부과하기 시작하면 기존의 회원이 바로 전환할 수 있도록 해주는 강력한 고객 서비스 프로그램을 준비 중이다. 급속한 성장을 이루기 위해 테크엑스는 모든 기술개발을 아웃소싱했으며, 콘텐츠 공급을 원활하게 하고 신규사용자를 확보하기 위해 전략적 제휴에 의존하고 있다. 신규 회원을 받아들이고 기존회원들에게 새로운 서비스를 홍보하기 위해 온라인 및 오프라인 매체를 통한 전통적인 마케팅이 이용되고 있다.

「커뮤니티 구축」—거래 메커니즘 부가 서비스

테크엑스는 명망 있는 전략적 제휴업체들과 공동으로 구매자들이 기술 구입 여부에 대해 더 정확하고 신속한 결정을 내릴 수 있도록 하기 위해 리스트 작성과 관련해 중요한 정보 콘텐츠를 제공할 계획이다. 개발 중인 기능에는 회원들이 관련된 연구에 즉시 접근할 수 있도록 하는 기능, 경쟁 기술에 관한 정보, 발명자와 소속 기관에 관한 이면 정보 등이 포함된다. 특허 현장에 대한 사전 포맷된 검색 또한 기술 설명 및 연계 서비스를 강화시켜준다. 전환비용을 높이려는 의도에서, 테크엑스는 생명과학 시장을 목표로 하는 종합 서비스를 포함해 전략적 제휴업체들의 정보 시스템에 대한 링크를 제공하고 있다. 기업들의 「공급자」가 테크엑스와 직접 결속되어 있어 기업들의 경쟁 익스체인지 이용을 어렵게 만든다.

수익 모델

기술 목록 작성을 장려하기 위해 테크엑스는 연구기관이 완전히 무료로 접속할 수 있도록 하고 있다. 기업 회원들은 부과되는 연간 수수료를 내면 단체들이 제공하는 (사용자 단위의 라이선스가 아니라) 시스템을 무제한 사용할 수 있다. 테크엑스는 가치를 높이기 위한 수단을 개발하고 기술이전 과정에 도움을 줄 수 있는 능력을 갖고 있으므로 자사의 시스템을 통해 성립된 거래에 대해 거래수수료를 부과할 계획이다. 거래 시스템을 통해 창출된 업계 데이터에 대한 수요를 확신하는 테크엑스는 기술 추세를 발표하고 이 정보의 접근에 따르는 사용자 수수료를 부과할 계획이다.

보안 및 중립

테크엑스 사용자들은 기술의 출처를 알고는 있지만, 누가 또 그 기술에 주목하고 있는지 알지 못한다. 시스템은 얼마나 많은 회사들이 동일한 기술을 열람하고 있는지를 표시해주며, 회원 프로필은 절대적 기밀로 유지되어 경쟁 기업이나 연구자들이 다른 사람의 특정한 이익에 관여할 수 없도록 되어 있다.

더 자세한 사항은 다음 연락처를 참고하라.

Intellectual Property Technology Exchange, Inc.

25 Science Park, Box 20

New Haven, CT 06511

Phone : 1-203-865-5522

E-mail : jerry.Williamson@techex.com

•

저자 약력

•

아서 스컬리(Arthur B. Sculley, arthur@b2bexchanges.com)

JP모건사에서 25년간 자산관리와 기업금융 담당 디렉터로 재직하면서 홍콩, 싱가포르, 미국
등에서 근무했다. 현재 뉴욕에서 형제인 존 데이비드와 사설 투자회사인 스컬리 브라더즈LLC사
를 공동으로 경영하고 있으며 자신이 설립한 B2B전자상거래 회사인 인트라링크의 회장으로 있다.
1997년에는 온라인 금융을 변혁시키는 〈기관투자가〉 20대 인물로 선정된 바 있다.

윌리엄 우즈(W. Willian A. Woods, william@b2bexchanges.com)

주식관련 변호사이자 주식시장 컨설턴트로서 15년간 근무했으며 홍콩 증권거래소에서 자문역을
맡기도 했다. 1990년 전세계 증권거래소의 설계 및 개발에 관해 전문적인 조언을 제공하는
국제증권 컨설턴트사를 공동으로 설립했고 현재는 버뮤다 증권거래소의 대표로 재직하면서
이 회사를 선도적인 완전 전자식 증권거래소의 하나로 키우는데 주력하고 있다.

•

역자 약력

•

안경태

서울대 상과대를 졸업하고 동 대학원 경영학과와 홍익대 대학원 경영학과 박사과정을 졸업했다
(경영학박사). 현재 한국공인회계사회 회원이며 삼일회계법인 대표(ABAS Leader)로 있다.
기금정책심의회(위원장:기획예산처장관) 위원, 정보통신부 회계고문으로도 활동하고 있다.
저서로 《회계 감사연습》이 있으며 역서로는 《현금은 왕이다》가 있다.

•

B2B

•

지은이 / 아서 스컬리 · 윌리엄 우즈
옮긴이 / 안 경 태
펴낸이 / 김 경 태
펴낸곳 / 한국경제신문 한경BP
등록 / 제 2-315(1967. 5. 15)
제1판 1쇄 인쇄 / 2000년 7월 5일
제1판 1쇄 발행 / 2000년 7월 15일
주소 / 서울특별시 중구 중림동 441
기획출판팀 / 3604-553~6
영업마케팅팀 / 3604-595~7
FAX / 360-4599

•

* 파본이나 잘못된 책은 바꿔 드립니다.
ISBN 89-475-2312-7

•

값 12,000원

강대국의 흥망

폴 케네디 지음 / 이왈수 외 옮김

역사학자이자 미국 예일대 교수인 저자는 이 책에서 지난 5세기 동안에 전개되었던 강대국들의 흥망성쇠는 그들의 경제력과 군사력의 변화 추이에 따라 좌우되어 왔다고 진단하면서 다가오는 21세기에는 미국·소련·서유럽 등의 쇠퇴와 중국·일본 등 아시아 강국들의 부상을 예언하고 있다. 〈뉴욕 타임스〉 선정 최우수 도서.

양장 / 13,000원

21세기 준비

폴 케네디 지음 / 변도은·이왈수 옮김

우리에게 충격을 던졌던 「강대국의 흥망」 저자 폴 케네디 교수가 다가올 21세기 문명세계의 각종 위기를 명쾌히 분석·정리한 역저. 향후 30년 사이 우리에게 닥칠 도전들과 그 대응방법 그리고 인구폭발, 환경오염, 생명공학, 로봇, 통신수단, 가공할 파워의 양태 등을 특유의 통찰력으로 분석·예견하고 있다.

양장 / 11,000원

메가트렌드 2000

존 나이스비트 외 지음 / 김홍기 옮김

90년대는 정치개혁과 경이적인 기술혁신 등으로 인류에게 지금까지와 전혀 다른 변화양상을 안겨줄 것이다. 이 책은 90년대의 변화로 경제호전, 예술의 번영, 시장사회주의의 출현, 복지국가의 쇠퇴 등을 예시하고 있다. 과거 어둡고 비관적인 세기말적 변화보다는 밝고 새로운 흐름을 부각시키고 있다.

양장 / 9,800원

메가트렌드 아시아

존 나이스비트 지음 / 홍수원 옮김

미래예측가로 세계적 명성을 떨치고 있는 나이스비트는 21세기에는 아시아가 미국주도의 상품과 소비시장에 가장 중요한 경쟁자로 떠오를 것으로 내다보고 현재 역동적으로 변화하는 아시아의 모습을 8가지 트렌드로 분석했다. 특히 아시아와 세계라는 맥락 속에서 한국에 나타나고 있는 폭넓은 변화들을 살펴보고 한국이 아시아에 기여할 수 있는 방안도 짚고 있다.

양장 / 9,500원

20세기를 움직인 사상가들

기 소르망 지음 / 강위석 옮김

20세기 사상계에 결정적인 영향을 끼친 사람들은 과연 누구인가? 프랑스의 저명한 경제학자이자 사회학자인 기 소르망이 29명의 생존해 있는 현대 최고의 사상가들과 직접 인터뷰를 통해 그들 자신이 선택한 분야에 전 생애를 바친 사상과 사색의 놀라운 통찰을 기록·정리한 「살아있는 도서관」.

신국판 / 8,000원

자본주의 종말과 새 세기

기 소르망 지음 / 김정은 옮김

세계적인 석학인 저자는 자본주의 체제를 위협하는 것은 「도덕적 불만」과 「자본주의에 대한 몰이해」라고 주장하고 러시아·중국·독일·인도 등 20여 개국의 자본주의의 현재 모습을 생생히 그리고 있다. 또한 현재의 자본주의의 위기를 극복하기 위한 구체적인 실천방안에 대해서도 통찰하고 있다. 방대한 분량인데도 르포형식이어서 전혀 지루하지 않다.

양장 / 13,000원

열린 세계와 문명창조

기 소르망 지음 / 박 선 옮김

서로 다른 문화가 충돌하는 유럽, 러시아, 중국, 일본, 아프리카, 라틴아메리카의 국경으로 우리를 이끈다. 서양인의 독백이나 나르시시즘이 아니라 바로 한반도에 대한 진단이며 치료제가 될 수 있다. 통독 이후의 문제, 북한의 실상과 우리의 미래, 미국화로 상징되는 맥몽드(McMonde)의 악몽 속에서 나름대로의 대응법을 찾을 수 있다.

양장 / 13,000원

편집광만이 살아남는다

앤드류 그로브 지음 / 유영수 옮김

인텔 불패(不敗) 신화의 주인공, 앤드류 그로브의 경영과 인생! 경쟁에서 이기기 위한 키워드 '편집광'을 주목하라. 지루함을 모르는 직장, 도전정신으로 머릿속이 꽉찬 편집광 직원들, 그리고 인텔에 대한 진솔한 이야기가 담겨 있다. 예리한 판단력과 관찰력을 겸비한 그로브는 첨단산업을 경영하는 데 필요한 이론으로 「전략적 변곡점」을 정립해 자세히 설명하고 있다.

양장 / 10,000원

코피티션

배리 네일버프 외 지음 / 김광전 옮김

비즈니스 게임은 끊임없이 변하므로 전략도 당연히 변해야 한다. 경쟁(competition)과 협력(cooperation)에 관한 과거의 법칙들을 넘어서서 양자의 장점을 결합한 코피티션 전략은 기존의 비즈니스 게임을 혁신할 혁명적인 신사고다. 저자들은 게임 자체를 변화시켜서 이득을 최대화하는 방법을 보여주는 5가지 요소(전략의 PARTS)의 비즈니스 전략을 체계적으로 제시했다.

양장/9,000원

회사인간의 흥망

앤소니 샘슨 지음 / 이재규 옮김

이 책은 17세기 동인도회사에서 현재의 마이크로소프트사에 이르기까지 기업의 변화과정과 직장인들의 문화변천사를 통해 회사인간이란 무엇인가를 규명했다. 생생한 인물묘사와 인터뷰, 사례를 곁들이면서 전혀 도전받을 일이 없을 듯이 보였던 「기업관료들」이 어떻게 레이더스, 모험기업가, 일본의 경쟁자들, 컴퓨터, 여자 회사인간들에 의해 차례차례 공격당했는가를 밝히고 있다.

양장/9,800원

팝 인터내셔널리즘

폴 크루그먼 지음 / 김광전 옮김

산업위축과 실업증가, 실질소득 향상의 둔화를 비롯해 소득격차의 확대, 산업시설의 유출 등 선진경제가 지닌 문제점을 상세히 분석하고 그 원인이 개발도상국과의 교역에 있는 것이 아니라 선진국의 산업구조 변화와 기술발전에 있다고 밝히고 있다. 레스터 서로에 필적하는 20세기 최고의 경제학자인 저자가 지적하는 개도국 성장 비결은 우리에게 시사하는 바가 크다.

신국판/7,000원

2020년

헤미시 맥레이 지음 / 김광전 옮김

다양한 인종만큼이나 상이한 정치·경제체제와 독특한 문화양식을 지니고 있는 세계 각국은 저마다의 주무기를 앞세워 미래를 설계하고 있다. 경제평론가인 저자는 앞으로 국가경쟁력을 결정짓는 요인은 기술이 아니라 문화라고 강조한다. 현재 세계 각국이 처해있는 상황을 바탕으로 치밀하게 전망한 2020년경의 세계 각국의 모습에서 우리의 진로는 어떻게 모색해야 할 것인가?

양장/9,000원

제4물결

허먼 메이너드 2세, 수전 E.머턴스 지음 / 한영환 옮김

21세기 범세계적 기업을 위한 낙관적 비전을 제시하고 있는 이 책은 한마디로 앨빈 토플러의 《제3물결》을 넘어 장기적 미래의 비전에 집중하고 있다. 지금 우리는 공업화를 상징하는 「제2물결」에서 탈공업화적인 「제3물결」로 전이하고 있지만, 머지 않은 곳에서 새로운 차원의 「제4물결」이 밀려오고 있다고 진단하고 있다.

양장/4×6판/5,000원

소명으로서의 기업

마이클 노박 지음 / 김진현 감역

실업과 빈곤의 해결책은 무엇일까. 마이클 노박은 종교적 윤리 기반위에 선 민간기업만이 그 해결책이 될 것이라고 명쾌하게 주장한다. 민주자본주의 하에서 신학적·윤리적 기초를 갖는 기업이야말로 이윤창출기관인 동시에 민주주의와 인권을 증진시키는 기관이며 사회공동체를 만드는 기관이다. 기업의 위치, 정신의 설정과 사회관계 정립에 등불이 될 내용들이 가득하다.

신국판/7,000원

21세기 오디세이

마이클 더투조스 지음 / 이재규 옮김

20년 동안 기술 전도사, 기업가, 경영 컨설턴트로서 정보혁명을 이끌어온 마이클 더투조스는 농업혁명과 산업혁명을 밀어낼 제3의 정보혁명에 대해 보다 폭넓은 관점을 제시한다. 저자는 21세기 글로벌 정보시장의 생생한 모습을 보여 주는 한편, 그 기술적인 문제점들을 폭로하고 한편으로 해결책을 제시하여, 영감에 가득찬 미래의 청사진을 제공한다. 보디넷, 전자 코, 촉각 인터페이스의 미래를……

양장/12,000원

21세기를 여는 7가지 키워드

오마에 겐이치 지음 / 임승혁 옮김

다가오는 21세기에는 서구 선진국의 뒤만을 쫓을 수는 없다. 그들을 앞서 나가기 위해서는 지금까지와는 다른 창의적인 발상, 새로운 전략, 확실한 준비가 필요하다. 21세기를 능동적으로 맞이하려는 사람들에게 띄우는 오마에 겐이치의 독특한 키워드. 1.시간축 발상 2.신커뮤니케이션론 3.자유재량시간 4.글로벌경쟁시대 5.정보발신시스템 6.이미지전략 7.네트워크의 힘

양장/4×6판/6,500원

신창조론

이면우 지음

미증유의 경제위기를 맞은 한국, 한국인, 한국기업은 어디로 가야 하는가? IMF는 변화를 모르는 기업전통, 말만 많은 우매한 현자들의 득세, 재벌의 출혈경쟁, 모방으로 날새는 제조업, 부서이기주의에 찌든 업무절차 등 우리의 병세를 알려 준 고마운 의사다. 난장의 활기, 국가적 비전, 중소기업 활성화, 가상연구소, 동북아 경제 네트워크(신창조론)가 강력한 치료약이 될 것이다.

신국판/8,000원

내인생 내가 살지

서상록 지음

예순둘의 나이에 대기업그룹 부회장에서 식당 견습웨이터로 변신한 서상록씨의 자전에세이. 그는 이 책을 통해 왜 최고경영자의 위치에서 모두들 하찮게 여기는 식당 견습웨이터를 하게 되었는지, 그의 평범하지 않은 인생을 감칠맛나게 들려주고 있다. 더불어 인생의 눈높이를 낮춰 하고 싶은 일을 하면서 누구보다 즐겁게 살라는 충고도 들려준다.

신국판/7,800원

유머인생 1~6

한국경제신문 출판부 편

많은 독자들이 1980년 12월부터 본지에 연재되고 있는 「해외유머」를 책으로 출판하면 어떨지, 그런 계획은 없는지 물어왔다. 이 책은 독자들의 그러한 성원에 보답하자는 취지로 출판되었으며 우스갯소리 가운데서 인생의 묘미도 느끼고 영어공부도 할 수 있게끔 어려운 단어나 어구에는 주석을 달아 독자들의 이해를 돕고자 노력했다.

4X6판/각권 4,500원

성공적인 점포경영 33선

류광선 지음

5,000만원 정도의 소자본으로, 심지어 무자본으로도 사업을 시작할 수 있는 아이디어를 담았다. 저자가 현장을 발로 뛰면서 바로 개업하기에 유망한 33개 업종을 선별, 입지선정부터 개업절차·경영 비법까지 최신 노하우를 총집결시켰다. 경영지침이나 사업의 성패진단법은 물론 직접 점포를 운영하는 사람들의 현장 목소리를 담아 차별화를 꾀했다.

신국판/9,000원

실전 부동산 경매

전 철 지음

법원경매든 성업공사 공매든 경매는 이제 누구나 쉽게 배우고 참여할 수 있게 되었다. 경매물건에 대한 마음가짐을 얼마나 유연하고 객관적인 자세로 평가할 수 있느냐가 성공의 지름길이다. 이 책은 부동산 경매에 대한 전반적인 원리를 누구나 알기쉽게 배울 수 있도록 설명했다. 실전사례중심으로 실패없는 부동산 경매 방법을 체계적으로 정리한 실전 가이드.

신국판/12,000원

사장님을 위한 5분 경제

손정식 지음

경영일선에 있는 경영자가 매일매일 직면하는 경제·경영현상에 대해 기본적인 원리를 설명한 이 책은 경제현상을 올바로 이해하여 기업경영의 이론적 토대를 튼튼히 하는 데 보탬이 되는 경제상식들만 모았다. 가격관리와 비용관리에서부터 기업전략, 경쟁과 윤리, 기업과 금융, 국제무역과 국제금융에 이르기까지 꼭 알고 있어야 할 경제원리들을 강의하듯 풀어서 설명했다.

신국판/8,500원

새노동법 해설

(개정판)

윤욱현 지음

노동법이 전면 개정되었다. 개정 노동법은 개별적 노동관계법의 대명사인 근로기준법상의 변형근로시간제, 정리해고제 등을 도입하고 집단적 노동관계법에서 금지됐던 복수노조, 제3자개입, 정치활동 등을 허용했다. 이 책은 저자가 현장에서 직접 느끼고 체험한 노사간의 문제점들을 살펴보고 개정 노동법 전반을 알기 쉽게 해설한 책이다.

신국판/11,000원

금융시장 예측

김성우 지음

주식, 금리, 상품 등의 현물시장은 물론 선물 및 옵션 등의 파생상품시장에서도 생존할 수 있는 방법을 다양하게 제시하고 있다. 20여년간 외환시장 등 다양한 시장에서 딜러, 투자가, 분석가로 활동하며 풍부한 현장경험을 가지고 있는 저자가 시장상황에 따른 기술적 지표의 분석요령과 심리적 동요의 극복방안을 현장사례 중심으로 상세히 설명하고 있다.

양장/12,000원

걱정하지 말고 살아라

리처드 칼슨 지음 / 채선영 옮김

스트레스 컨설턴트이자, 강연가인 리처드 칼슨이 풍요롭고 즐거운 인생을 창조하는 100가지 아이디어를 알려준다. 걱정이 사라졌을 때 어떤 멋진 인생이 펼쳐질지 따뜻하면서도 설득력있는 문체로 읽는 사람을 격려하고 있는 이 책은 걱정과 불안으로 마음을 어지럽힐 것이 아니라 결심과 실천으로 이어지도록 마술과도 같은 삶의 방법들을 제공하고 있다.

신국판 / 8,000원

시간이동

스테판 레트샤픈 지음 / 형선호 옮김

사람들에게 있어서 시간은 객관적인 것이 아니라 주관적인 것이다. 이 책에서 저자는 시간에 대한 사고방식을 바꿈으로써 자신의 인생에 대한 통제를 되찾을 수 있다고 강조한다. 그 과정을 통해 우리는 인생을 최대한 즐길 수 있으며 많은 시간을 자신과 가족과 함께 더 한층 고양된 삶의 의미를 느낄 수 있다. 이 책은 명상서로서 자신의 삶을 컨트롤하는 방법을 제시한다.

신국판 / 9,000원

마음을 치유하는 79가지 지혜

레이첼 나오미 레멘 지음 / 채선영 옮김

정신분석학자로서 영혼의 연금술사로 평가받는 저자는 보다 큰 평화를 가져다주는 것은 우리가 서 있는 바로 이곳, 또 이곳에서 만나는 사람들을 있는 그대로 받아들일 수 있게 해줄 치료제, 즉 영혼을 위한 약이 필요하다는데 초점을 맞추고 있다. 저자의 따뜻한 식탁 의자에 영혼이 충만한 의사와 환자, 그리고 동료들이 둘러앉아 나누는 그들의 삶은 무한한 가능성의 목소리로 들린다.

신국판 / 7,500원

밀레니엄

펠리프 페르난데스 아메스토 지음 / 허종열 옮김

지난 1000년을 마감하고 다음 1000년을 준비하기 위해, 한 시대를 평가하기 보다는 새로운 시대를 창조하려는 의도로 쓴 이 책은 유럽 중심적인 위장된 세계사가 아닌 진정한 세계사 정립을 위해 역사 이면을 자리매김하려고 노력했다. 인류역사의 주도권, 즉 민족의 힘은 태평양 주변국가에서 대서양으로 다시 태평양으로 옮아가고 있다고 주장하고 있다.

전2권 / 양장 / 각권 12,000원

복잡계란 무엇인가

요시나가 요시마사 지음 / 주명갑 옮김

『무수한 구성요소로 이루어진 한 덩어리의 집단으로 각 부분의 움직임이 총화이상으로 무엇인가 독자적인 행동을 보이는 것』으로 정의되는 복잡계, 복잡계 과학은 「잃어버린 세계로의 여행」이 될 것이다. 복잡계의 과학은 그 꿈을 현실화시킬지도 모른다. 21세기를 주도하게 될 최첨단 키워드, 복잡계의 모든 것을 담았다.

양장 / 4×6판 / 7,000원

복잡계 경영

다사카 히로시 지음 / 주명갑 옮김

복잡계 이론이 예언하는 21세기적 경영의 모든 것이 여기 있다. 복잡계는 세기말의 혼돈 속에 지식의 최첨단 이론으로 등장, 구미지역에서 폭발적인 관심을 끌고 있다. 이 이론은 세계를 몇 개의 단순한 요소로 환원할 수 없는 '부분 이상의 총화', 자기조직화의 동적 프로세스로 이해한다. 또 세계관의 근본적인 변화를 통해 탈근대시대의 새로운 경영, 경영자를 위한 경영학의 혁명을 꿈꾼다.

양장 / 4×6판 / 6,500원

세계를 움직인 경제학 명저 88

네이 마사히로 지음 / 이균 옮김

한치 앞도 예측하기 어려운 경제. 환율, 주가, 금리… 어느 하나 앞을 내다보기 어렵기만 하다. 지금까지의 경제논리로는 더이상 예측하기 불가능하다. 여기 17세기의 페티에서 20세기 경제학의 거두 스티글리츠까지 경제의 흐름을 읽기 위해, 그리고 예측하기 위해 고뇌했던 수많은 경제학자들이 있다. 세상을 움직이던 일류 경제학자들이 피와 땀으로 써내려간 역작들을 통해 경제의 흐름을 짚어볼 수 있다.

신국판 / 9,500원

비즈니스 사회에서 가르쳐주지 않는 60가지

나카타니 아키히로 지음 / 이선희 옮김

회사에서는 학교처럼 음식을 입에다 떠먹여주듯이 친절하게 가르쳐주지 않는다. 회사는 방대한 교과서와 같다. 그곳에서 배우느냐, 배우지 못하느냐는 것은 모두 이 책을 읽는 당신에게 달려 있다. 이 책에는 회사인으로서 최소한 지켜야 할, 최소한 알아야 할, 그리고 최소한 갖추어야 할 비즈니스 사회에 필요한 성공발상을 저자 특유의 감각적인 문체로 펼쳐보이고 있다.

신국판 / 7,500원

리스크

피터 번스타인 지음 /
안진환 외 옮김

세계적인 경영 컨설턴트
인 저자가 리스크의 역사
와 발전과정을 담았다.
탁월한 통찰력으로 현재
의 시점에서 미래를 다루
는 방법을 밝혀낸 여러
사상가들의 이야기가 담
겨 있다. 그리스시대부터
현재까지 인류의 다양한
위기의 순간들과 이를 헤
쳐나가는 과정을 역사와
철학, 경제학 관점에서
돌아본다. 투자나 선택이
일상인 경영자들을 위한
책이다.

양장 / 12, 000원

중산층이 살아야
나라가 산다

에드먼드 펠프스 지음 / 신동욱 옮김

자본주의의 야수성과 복
지제도의 단견에서 비롯
된 중산층의 붕괴는 우리
를 당황하게 한다. 이 책
은 바로 중산층이 살아야
내가 살고 지역사회가 살
고 나라가 살고 더 나아
가 민주주의와 자본주의
가 산다는 인식 위에서
씌어졌다. 국민의 정부
제2기 복지정책의 기초
가 된 이 책은 장기적으
로 인류 모두에게 혜택을
줄 자유시장 경제체제와
기술진보를 가능케 해주
는 유일한 길을 설파하고
있다.

신국판 / 8, 500원

지구의
변경지대

로버트 케이플런 지음 / 황 건 옮김

베일에 가려져 있던 서아
프리카에서 중동을 거쳐
러시아의 외곽지대인 중
앙아시아, 중국, 인도를
거쳐 캄보디아, 태국, 베
트남에 이르는 대장정을
끝내고 저자가 내린 결론
은 한마디로 암울하다는
것이다. 저자는 새로운
분쟁지역으로 떠오르고
있는 지구 곳곳을 다니면
서 문제점을 지적하고 혼
란에 빠진 이들에게도 따
뜻한 시선을 보내자고 제
안하고 있다.

양장 / 12, 000원

대기업을 이기는
벤처비즈니스

마키노 노보루 · 강동우 지음 /
유세준 옮김

첨단 기술력과 재빠른 정
보수집력을 갖춘 모험심
강한 중소기업이 대기업
보다 훨씬 더 유연하게
시장상황에 대처하고 있
으며 성공하고 있다. 마
이크로소프트, 인텔 등이
그 예다. 이 책은 재편되
고 있는 경제구조 속에서
앞서 나가고 있는 일본
벤처기업들의 사례와 실
리콘밸리의 성공전략을
살펴보고 틈새시장을 공
략하는 요령과 아이디어,
국제적 제휴전략 등을 다
루고 있다.

신국판 / 5, 500원

경제학은 없다

미첼 무솔리노 지음 / 김찬우 옮김

경제학자들의 수많은 예
측의 오류 중에는 몇몇은
유명해졌고 그보다 많은
수의 오류는 잊혀졌다.
프랑스에서 화제를 불러
일으켰던 이 책에서 저자
는 20세기 모든 위대한
예견과 모든 환상을 신랄
하게 공격한다. 주류 경
제학의 일반론을 분해하
고 실업과 생산성에 대한
허튼소리와 거짓말, 그리
고 시장법칙에 이르기까
지 현대 초자본주의의 속
성들을 발가벗기고 있다.

신국판 / 8, 000원

기업경영에 창의력을
길러주는 50가지 키워드

톰 램버트 지음 / 정규석 옮김

이 책은 기업에 관여하는
사람이 기회나 문제에 직
면했을 때 잘못된 것을
바로잡고 창의력을 고양
시킬 수 있게 해주는 문
제해결기법으로 가득하
다. 경영자들이 최저의
노력과 최저의 비용으로
최단시간내에 필수적인
과제들을 해결하는데 필
요한 도구와 점검목록,
직무 지시사항이 담겨 있
다. 내일 성공하려면 벤
치마킹하지 말고 오늘 도
약하라는 것이 이 책의
결론이다.

신국판 / 10, 000원

골프란 무엇인가

김흥구 지음

세계에서 가장 쉽고 재미
있는 골프책을 목표로 연
애소설을 쓰듯이 재미있
게 쓴 책이다. 80대 초반
굳히기, 70대 진입하기
등 현 수준에서의 구체적
도약 방법이 설명된다.
완결편은 통계나 속성 차
원에서 접근한 상당한 수
준의 골프 분석이다. 입
문자라면 처음부터, 구력
이 5년 이상됐고 성질이
급한 골퍼는 13번홀부
터, 프로만큼의 플레이를
하려면 16번홀로, 머리
가 아프면 4번홀로 가서
마음껏 웃으면 된다.

양장 / 11, 000원

타이거 우즈
스윙의 비밀

존 안드리사니 지음 / 김흥구 옮김

타이거 우즈의 스윙 테크
닉은 너무도 쉽기 때문에
어떤 아마추어 골퍼라도
응용할 수 있다. 우즈는 아
놀드 파머와 같은 카리스
마와 벤 호건의 집중력, 샘
스니드의 운동 능력, 잭 니
클로스의 멘탈 지배력, 닉
팔도의 탁월한 매니지먼
트 능력을 그대로 간직하
고 있다. 우즈 스윙의 모든
비밀이 담겨 있는 이 책을
통해 우즈 스윙을 카피하
게 된다면 당신의 볼은 두
말할 것 없이 까마득히 날
아갈 것이다.

양장 / 4×6판 / 9, 000원

주식시장 흐름 읽는 법

우라가미 구니오 지음 / 박승원 옮김

언뜻 보기에 무질서하고 예측이 불가능해 보이는 주식시장도 장기적으로 보면 특정한 네 개의 국면을 반복하고 있다는 것을 알 수 있다. 이 책은 이 네 개의 국면이 어떤 요인에 의해 순환되고 각각의 국면에서 어떤 종목이 활약하는가를 숙지할 수 있는 안목을 제시해주고 주식투자시 리스크를 피하는 방법에 대해서도 설명하고 있다.

신국판／5,500원

증시테마 알아야 주식투자 성공한다

안창희 지음

이 책은 주식투자자들이 어떤 상황에서 어떤 종목을 사고 팔아야 수익을 올릴 수 있는지 그 구체적인 방법을 제시한다. 더불어 투자이론이 실제 상황에서는 어떻게 적용되고, 앞으로 전개될 상황에서는 어떻게 대응해야 할지를 분석, 정리했다. 특히 실제 일어났던 증시상황에 대한 분석은 물론, 전망까지 곁들여 주식초보자라도 쉽게 이해할 수 있도록 했다.

신국판／9,800원

주식@ 살 때와 팔 때

한국경제신문 증권부 지음

증권투자는 사는 기술이 아니라 파는 예술이다. 기관투자가를 두려워할 필요는 없다. 수익률이 오르지 않아 밤잠을 못이루는 것은 오히려 그들이다. 단기필마야말로 혼돈의 전쟁터에서 자신을 지키는 방법이며 주식투자로 성공할 확률은 개인투자가들이 높다. 한국경제신문 증권부가 개인투자가들을 지원하기 위해 펴낸 이 책을 통해 확실한 재테크의 길을 찾아보자.

신국판／9,000원

선물시장 흐름 읽는 법

현대선물 지음

이제 선물을 모르고는 주식, 채권 등 투자를 제대로 할 수 없는 세상이 되었다. 선물시장은 특정상품의 가격 수준에 대해 생각을 달리하는 사람들이 생사를 건 전쟁터다. 그동안 어렵게만 느껴졌던 선물거래를 일반인들이 이해하기 쉽도록 만화로 꾸몄다. 읽다보면 선물거래의 기본개념에서부터 선물거래의 실전투자 및 매매 타이밍까지 단번에 이해할 수 있도록 재미있는 스토리를 곁들여 설명했다.

신국판／7,000원

금융혁명 ABS

자산유동화 실무위원회 지음

자산유동화(ABS)제도에 대해 자산유동화 거래실무에 종사하는 국내외금융기관의 담당자, 전문변호사, 정책입안을 담당하는 재경부와 금융감독원의 관계자들이 함께 참여하여 알기 쉽게 종합적으로 풀어썼다. ABS에 관련된 각 분야를 사례중심으로 현장감 있게 분석 정리했고 법률 축조해설까지 곁들여 누구나 쉽게 실전에 활용할 수 있도록 했다.

양장／20,000원

월가 천재소년의 100가지 투자법칙

맷 세토 지음 / 형선호 옮김

10대 천재소년 맷 세토가 세운 뮤추얼 펀드의 연간 수익률은 단연 압도적이다. 이 소년은 〈월 스트리트 저널〉의 표지인물로 등장한 바 있으며, 전세계 투자자들이 조언을 듣기 위해 애쓴다. 17세에 억대 부자가 된 맷 세토가 100가지의 성공적인 주식투자 비법을 소개한다. 신선하고 반짝이는 그의 투자전략은 폭락과 반전을 거듭하는 우리 주식시장에서 성공을 보장할 것이다.

신국판／8,500원

뮤추얼펀드 투자가이드

한국펀드평가 지음

뮤추얼펀드는 주식형수익증권, 외국인과 함께 주식시장의 큰손이다. 그들이 어떤 종목에 관심을 갖고 매수하며 어느 정도 보유한 뒤 매도하는가? 한국펀드평가(주)가 국내 최초로 뮤추얼펀드 69개를 집중 분석한 이 책은 펀드매니저는 물론이고 증권사 종사자, 뮤추얼펀드에 새로 가입하려는 투자자에게 매우 유익한 지침서가 될 것이다. 국내최초의 펴낸 뮤추얼펀드 종합 분석 전략 가이드.

신국판／15,000원

맥킨지 금융보고서

맥킨지 금융팀 지음

20년간 아시아 금융시스템을 분석, 컨설팅해온 맥킨지 금융팀은 21세기 한국을 비롯한 아시아의 은행 및 금융시스템이 어떤 도전을 받을 것이며 어떤 새로운 기회가 도래할 것인지 2010년까지의 금융 패러다임을 예측하고 있다. 금융시장의 어제와 오늘 그리고 미래를 열어가는데 없어서는 안될 미래지향적 금융산업 구축에 과연 무엇이 필요한지 그 비결을 담고 있다.

신국판／18,000원